U0138965

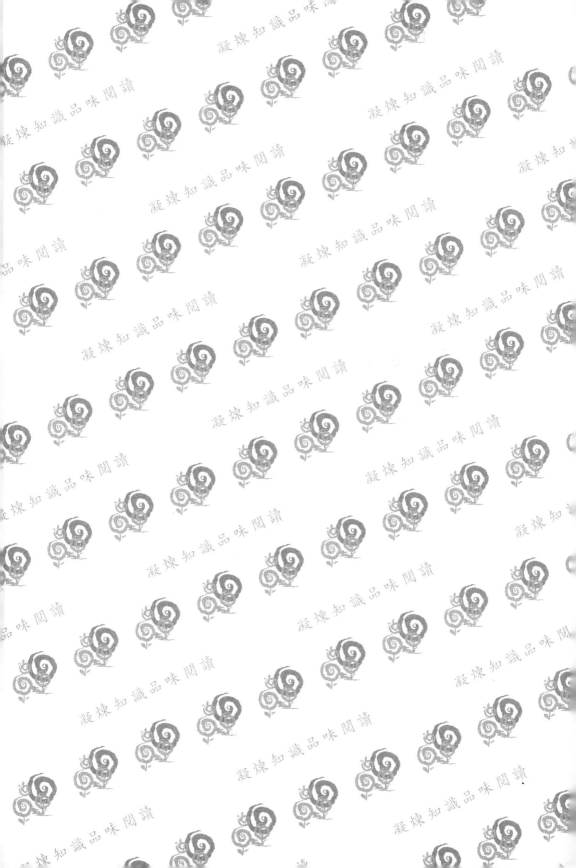

FOREIGN EXCHANGE 第十四版

國際金融與匯兌

張錦源、康蕙芬 著

五南圖書出版公司 印行

序　言

　　「Foreign Exchange」一詞有動態與靜態兩種意義，動態的意義為「國際匯兌」，靜態的意義為「外匯」。由於國際匯兌通常涉及兩種通貨的兌換，因此進行國際匯兌時，必然會面臨外匯市場、外匯匯率、外匯交易與外匯風險等外匯實務的相關課題，因此，「國際匯兌」與「外匯」事實上有著相當密切的關係。本書除各以專章探討上述諸主題外，由於現代國際匯兌多透過銀行進行，國際匯兌乃成為銀行的重要業務項目之一。因此本書亦就銀行的外匯業務作扼要的介紹，另以專章介紹國際匯兌的重要工具——匯票與信用狀，最後說明我國外匯市場的發展，並簡介國際匯兌相關的重要國際慣例及國內法規。

　　本書旨在充作大專「國際匯兌」或「外匯實務」等相關課程的教本，並供金融從業人員、相關廠商及投資人自修參考用，故具有以下各項特色：

　　1. 參酌教育部訂定的課程標準編寫。

　　2. 配合當前實際情勢作實務性的探討，俾利學習者得學以致用。

　　3. 力求行文淺顯，說明深入淺出。

　　4. 相關數據資料力求最新，以助於現勢的說明。

　　5. 內容新穎，豐富而不雜亂。

　　6. 各項問題均以「實例演練」輔助說明，以期達「做中學」（learning by doing）的效果。

　　7. 每章後均附有習題及具啟發性的問題討論。

　　8. 為提高教學效果，附有精心製作的教學投影片。

張錦源

康蕙芬

目錄 Contents

10 外匯風險與管理 437

緒論

International Exchange

第一節　匯兌的意義

匯兌（exchange）係指債務人與債權人之間，或資金供給者與資金需求者之間，不直接輸送現金，藉由匯票、電報或信函等工具，以委託支付或債權讓與的方式，清償兩地間債權債務或調撥款項的一種活動。

匯兌的原理乃是將兩個不同地區間的債權債務轉變爲同一地區的債權債務，而後互相抵銷，以避免爲結清兩地間債權債務而必須輸送現金的不便與風險。

例如：位於甲地的A向位於乙地的B購進一批三十萬元的貨物，付款時間爲六月底；另外，位於甲地的C售出一批三十萬元的貨物給位於乙地的D，付款時間也是六月底，如果這兩筆貨款以「輸送現金」的方式清償，則其方式可顯示如圖1-1：

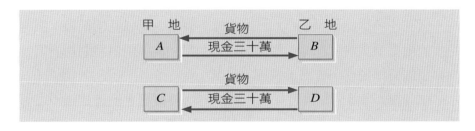

圖1-1

然而以上述輸送現金清償債權債務的方法，非但不方便，而且輸送過程中難免會有失竊的風險，所以並不是理想的方法。若是以匯兌的方法，由A將三十萬付給同在甲地的C，同時由D將三十萬付給同在乙地的B，將兩地間的債權債務相互抵銷，則甲乙兩地之間的債權債務就可以不必相互輸送現金而獲得清理（如圖1-2）。這種利用本

地對外地的債權抵銷外地對本地的債權,亦即將兩地間的債權債務關係轉為同地間的債權債務關係,以避免現金的輸送,就是匯兌所依據的原理,茲圖示如下:

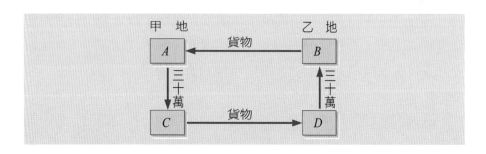

圖1-2

以上述匯兌的原理清償兩地間的債權債務,理論上雖可行,但實務上卻仍有一些困難,例如:

(一)不易尋得另一筆恰好可以相互抵銷的債權債務,本例中甲地的A應於六月底支付三十萬元給乙地的B,恰巧乙地的D也將於六月底支付三十萬元給甲地的C,因此兩筆債權債務可以互相抵銷;但若每次的債權債務清償都必須尋得另一筆金額相同、清償時間相同但方向相反的債權債務,實際上並不容易。

(二)縱然尋得另一筆可以互相抵銷的債權債務,但是如果不了解對方的信用狀況,將影響以匯兌方法清償債權債務的意願。本例中A應支付B三十萬元,現在改由D支付給B,如果B不清楚D的信用,為避免D不付款的風險,而堅持仍由A付款給B,如此則無法達成以匯兌方法清算債權債務的目的。

要克服上述的困難,使匯兌得以順利地進行,就有賴銀行居間處理匯兌的業務,因為銀行分行或通匯銀行遍布各地,任兩地之間的債權債務清償,透過銀行作為匯兌的橋梁,可省去尋找另一筆相對債權債務的工夫。此外,銀行信用可靠,可降低匯兌的信用風險。事實

上，匯兌業務已成為銀行的主要業務之一。茲圖示如下（圖1-3）：

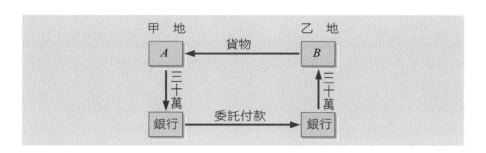

圖1-3

 第二節 　國際匯兌的意義與特質

一、國際匯兌的意義

匯兌可分為國內匯兌（domestic exchange）與國外匯兌（foreign exchange）。國內匯兌係指同一國內兩地區之間的匯兌，國外匯兌又稱為國際匯兌，指的是兩個不同國家之間的匯兌。依上一節匯兌的意義，「國際匯兌」即指：

　　債務人與債權人之間，或資金供給者與資金需求者之間，不直接輸送現金，藉由匯票、電報或信函等工具，以委託支付或債權讓與的方式，清償國際間債權債務或調撥款項的一種活動。

二、外匯的意義

Foreign exchange 除了上述「國際匯兌」的意義外,另有一靜態的意義,稱為「外匯」(foreign exchangs)。什麼是外匯?有人以為外匯就是外國貨幣,其實並不盡然。廣義地說,外匯係指「外國貨幣與對外國貨幣,以及以外國貨幣表示之債權的請求權」。具體而言,外匯即「一國所擁有的外幣資產」,包括一國政府及民間所持有的:

(一)外國貨幣

外國發行的貨幣,包括外幣存款。

(二)外幣票據

以外幣計值的匯票、支票及本票等票據。

(三)外國有價證券

包括外國公債、公司債、股票及金融債券。

表1-1為國際間主要國家(或地區)的貨幣名稱及其代號。

表1-1　國際間主要國家(或地區)貨幣名稱及代號

國　別(或地區)	貨幣名稱	ISO Code
澳大利亞(Australia)	澳幣(Dollar)	AUD
加拿大(Canada)	加幣(Dollar)	CAD
中國大陸(China)	人民幣(Chinese Renminbi yuan)	CNY
歐盟(European Union)	歐元(Euro)	EUR
香港(Hong Kong)	港幣(Dollar)	HKD
日本(Japan)	日圓(Yen)	JPY
紐西蘭(New Zealand)	紐幣(Dollar)	NZD
新加坡(Singapore)	新加坡幣(Dollar)	SGD

(接下頁)

（承上頁）

瑞士（Switzerland）	瑞士法郎（Franc）	CHF
英國（United Kingdom）	英鎊（Pound）	GBP
美國（United States）	美元（Dollar）	USD

三、外匯準備

外匯準備（foreign exchange reserves）又稱為國際準備（international reserves）或官方準備（offical reserves），俗稱「外匯存底」，係指一國貨幣當局（即中央銀行）用來干預外匯市場，或清償國際債務的流動性資產。

(一)可作為外匯存底的資產項目

目前為世界各國所共同認定，可作為外匯準備的資產，有下列四項：

1. 政府所持有的黃金

即中央銀行所持有當作金融性資產的「貨幣性黃金」（monetary gold）。不過在二次大戰之後，由於黃金在貨幣用途上的重要性逐漸下降，尤其是在國際支付的實際行為中，已鮮少將黃金作為清算的工具，因此，在比較各國的外匯存底時，一般較重視的是「不含黃金的外匯存底」。

2. 政府所持有的可兌換通貨（convertible currency）

所謂可兌換通貨，即國際間所共同接受，廣泛地被用作國際支付工具的關鍵貨幣（key currency）（例如：表1-1中所列出的，即為常見的可兌換通貨）。一國政府持有可兌換通貨的方式，可以是現金、存款、票據及有價證券等。

3. 在國際貨幣基金的準備部位

國際貨幣基金（International Monetary Fund, IMF）成立於1944

年，係聯合國的專門機構，其主要宗旨之一在於提供會員國除了黃金及美元以外新的外匯準備。IMF根據各會員國在世界上國際貿易的相對重要性，決定其應認繳攤額（quota）的多寡，每一會員國所應認繳的攤額，75%應以該會員國的本國通貨繳付，其餘25%則以其外匯準備資產繳付。

所謂「在IMF的準備部位」（IMF reserve position）又稱為普通提款權（General Drawing Rights, GDRs），係指會員國在IMF的債權頭寸，即會員國能向IMF無條件自由動用的外匯準備淨額，任一會員國在IMF的準備部位包括：

(1) 該國在IMF攤額中以外匯繳付的25%部分，稱為準備部分（reserve tranche）。

(2) IMF為滿足會員國借款需求而使用的該國貨幣。

(3) IMF向該國借款的淨額。

由於會員國對於其在IMF的準備部位具有無條件使用的權利，因此各國均將其視為外匯準備的一部分。

4. 特別提款權（Special Drawing Rights, SDRs）

傳統的外匯準備資產只限於黃金、可兌換通貨以及在IMF的準備部位，為了解決國際間外匯準備不足的問題，IMF遂創設了新的外匯準備資產——特別提款權，於1970年開始將SDRs分配給參與特別提款權帳戶的國家。

本質上，SDRs只是IMF帳戶的一項紀錄，是用一個共同會計單位來表示的一種國際準備資產，在初創時期，附有黃金價值的保證（每35單位SDRs等於一英兩黃金），為順應世界經貿的改變，自1981年起，SDRs的價值改以美元、馬克、日圓、英鎊及法國法郎五種通貨組成的計價標準籃（standard basket）表示，目前則是根據美元、歐元、人民幣、日圓及英鎊這五種貨幣組成的計價標籃表示。

IMF根據計價籃五種通貨的構成單位數，以及每日上午倫敦市場對美元匯率的開盤價計算SDRs以美元表示的價值，IMF每日於其網站上刊載SDRs的價值。

表1-2即為IMF於2020年6月10日公布的SDR價值。

表1-2　IMF公布的SDR價值（2020年6月10日）

Wednesday, June 10, 2020			
Currency	Currency amount under Rule O-1	Exchange rate	U.S. dollar equivalent	Percent change in exchange rate against U.S. dollar from previous calculation
Chinese Yuan	1.017400	7.05830	0.144142	0.384
Euro	0.386710	1.13665	0.439554	0.762
Japanese Yen	11.900000	107.36500	0.110837	0.652
U.K. Pound Sterling	0.085946	1.27705	0.109757	0.996
U.S. Dollar	0.582520	1.00000	0.582520	
			1.386810	
	U.S.$1.00 = SDR		0.721079	-0.410
	SDR1 = US$		1.386810	

資料來源：http://www.imf.org

IMF依照會員國所認繳的攤額的比例來分配SDRs，撥入會員國在IMF的特別提款權帳戶中，全部列為外匯準備，當會員國在國際收支發生逆差時，即可利用SDRs向其他會員國交換等值的外匯，惟須支付利息。

如果不是IMF的成員國（例如：我國），其外匯存底當中就不包含上述3、4項。而我國的外匯存底除了上述1、2項之外，另外加計「中央銀行資產負債表中的國外資金」與「全體金融機構資產負債表中的國外資產淨額」。

(二)一國握有外匯存底的動機

1. 融通本國的外匯需求

一國向國外進口貨物或對外投資，大多必須以外匯來支付，如果外匯存底過少或不足，將不足以應付這些國際支付的需求，尤其是對於開發中國家而言，由於其本國貨幣多非可兌換通貨，因此必須以外匯作為國際支付的工具，其外匯存底的多寡往往被視為評估其國際債信的重要因素之一。

2. 用以干預外匯市場，維持匯率穩定

為防止匯率的過度波動妨礙到正常的國際交易活動，一國的中央銀行往往會在匯率有大幅波動時，利用所持有的外匯存底進行外匯市場干預，以維持匯率及該國物價的穩定。

3. 表彰一國承受外部債務的能力

外匯存底可表彰一國承受外部債務的能力，進而建立市場的信心。在發生信用危機或貸款緊縮時，可舒緩外部衝擊，降低市場的波動，同時，外匯存底可作為支應國家危難及緊急情況所需的準備金。

至於一國外匯存底的最適水準為何？有諸多學術性及實務性的看法，例如：一國外匯存底應以滿足該國三個月的進口需求最為恰當，或一國外匯存底必須足夠支應未來一年內到期的所有外債，或一國外匯存底應相當於貨幣供應量的5%-20%。然而，由於各國持有外匯存底的動機並不完全相同，再加上影響每個動機的因素也不一而足，因此，要估計一國期望的或最適的外匯存底水準，必須視該國的經濟開放程度、匯率制度、外匯管制情況、經濟調整能力，以及對外籌措應急資金的能力等來決定。

四、國際匯兌的特質

國際匯兌與國內匯兌雖然原理大體相同，但國際匯兌仍具有一些

與國內匯兌不同的特質，茲說明如下：

(一)國際匯兌涉及不同國家之間貨幣的兌換

國與國之間的匯兌，由於各國使用不同的貨幣，因此將涉及貨幣的兌換。在這些貨幣進行兌換時，必須以匯率（foreign exchange rate）來表示不同貨幣的兌換比率。而國內匯兌因為是同一種貨幣制度下的收付，既無須進行通貨兌換，也沒有匯率問題的存在。

(二)國際匯兌會影響一國的國際收支

國際收支（balance of international payments）係指一國某一期間（通常為一年）的外匯收支。在國際匯兌當中，若外匯自本國匯至外國，則構成該國的外匯支出；若外匯自外國匯至本國，則構成該國的外匯收入，因此國際匯兌會影響一國的國際收支。而國內匯兌由於不涉及外匯的匯出或匯入，因此與一國的國際收支無關。

(三)國際匯兌的清算較複雜

國際匯兌所涉及的貨幣種類甚多，其兌換比率繁多，清算的工作原本就比較複雜，再加上國際間的匯兌並沒有一個類似中央銀行的清算機構，係以國際金融市場代之。但是國際金融市場經常受到各國外匯政策與措施的影響，無法充分發揮其功能，以致債權債務的清算工作常較國內匯兌複雜。

(四)國際匯兌會影響國際經濟

國際間資金的移動，係透過國際匯兌，因此國際匯兌不僅會影響一國的國內經濟，也會影響國際經濟。而國內匯兌並不涉及他國，其影響力僅及於本國。

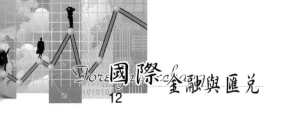

第三節　國際匯兌的功能

(一)避免國際間現金輸送的不便與風險

國際間債權債務的清算，倘若以現金輸送的方式，不僅不方便，而且風險較高；以匯兌的方式進行清算，不但可節省時間、精神及費用，而且也比較安全。

(二)便利國際間通貨的兌換

國際匯兌可以使一國的通貨方便地兌換成另一國的通貨，以為國際支付的工具；換句話說，國際匯兌有助於國際間購買力的移轉。

(三)促進國際貿易的發展

國際貿易所產生的債權債務，不僅可利用國際匯兌的方式來清算，而且匯兌過程中所使用的信用狀、遠期匯票等工具，又可提供信用擔保、資金融通等功能，使國際貿易的進行更為便捷。

(四)便利國際資金的移動

國際匯兌迅速方便，可以在很短的時間內將資金從一國轉移到另一國，調節各國資金供需的不平衡，有助於國際經濟的發展與繁榮。

第四節　國際匯兌的方法

國際間常用的匯兌方法有以下兩種：

一、順匯（to remit, remittance）

(一)意義

順匯又稱匯付，也可稱匯款，是指債務人或買方（亦即匯款人）將款項交給當地銀行，請其委託其在債權人或賣方（亦即受款人）所在地的總分支行或同業，將該款項支付債權人或賣方的一種匯兌方法。

(二)方法

順匯由於使用的匯兌工具不同，可以分為以下三種：

1. 票匯（demand draft, D/D或draft transfer, D/T）

由債務人將款項交給當地銀行，由該行簽發一張以債權人所在地總分支行或同業為付款人的匯票，交給債務人，由其逕寄債權人，憑票向付款銀行兌款。

假設位於臺北的債務人以票匯方式向位於紐約的債權人清償USD 10,000的債款，USD與TWD之間的匯率為1：32，則其匯款流程如圖1-4所示。

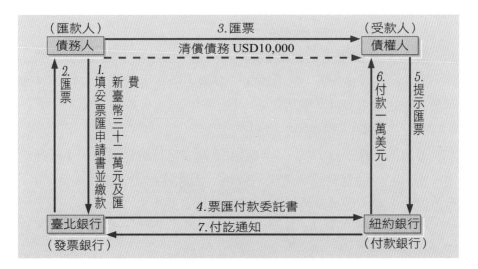

圖1-4　D/D流程

2. 信匯（mail transfer, M/T）

債務人將款項交給當地銀行，由該行填具匯款委託書，郵寄給該行位於債權人所在地的總分支行或往來同業，委託其將該款項解付某債權人。

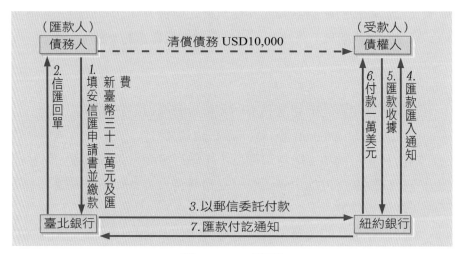

圖1-5　M/T流程

同上例，圖1-5為信匯的流程。

3. 電匯（telegraphic transfer, T/T）

債務人將款項交給當地銀行，由該行以電傳方式（例如：cable、telex、SWIFT等）委託其位於債權人所在地的總分支行或往來同業，將該款項解付某債權人。

同上例，圖1-6為電匯的流程。

上述的三種順匯方式，D/D須由匯款人自行寄送匯票，不僅速度慢、不方便，而且有匯票遺失的風險，因此實務上較少用。而T/T不但方便、低廉，而且匯款速度快，故最為普遍。

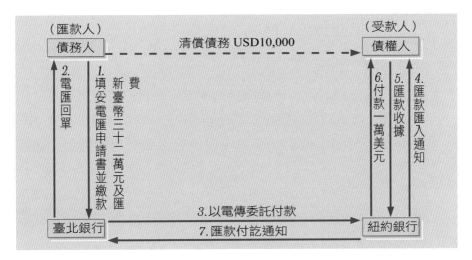

圖1-6　T/T流程

　　順匯係由債務人主動透過銀行，清償債務的方法，因為其匯兌工具（D/D之下的匯票，M/T之下的郵信，T/T之下的電傳）的流動方向與資金的流動方向一致，所以稱為「順匯」。

二、逆匯（to draw a draft, reverse remittance）

(一)意義

　　又稱為出票，是指債權人或賣方主動簽發以債務人或買方為付款人的匯票，透過銀行向債務人或買方收取一定款項的匯兌方法。

(二)方法

逆匯的方式主要有：

1. 信用狀（letter of credit, L/C）

信用狀是國際間使用普遍的付款方式，係由銀行依進口商的申請向出口商簽發，以銀行的信用代替進口商的信用，向出口商保證付

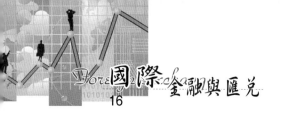

款。圖1-7為信用狀流程：

(1) 進口商（即申請人）與出口商（即受益人）簽立買賣契約。
(2) 進口商依約向銀行申請開發信用狀，銀行於審查並接受其申請後，由進口商繳納規定的保證金。
(3) 開狀銀行開出信用狀，請出口地的通知銀行代為通知信用狀。
(4) 通知銀行將信用狀通知受益人。
(5) 受益人於收到信用狀後，依契約及信用狀的規定將貨物交給運送人。
(6) 運送人簽發提單給受益人。

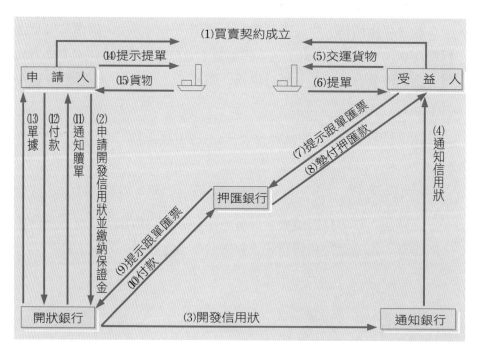

圖1-7　信用狀流程

(7) 受益人取得提單後，備齊信用狀所規定的單據，簽發匯票
　　（或免簽），併同信用狀向押匯銀行提示申請辦理押匯。

(8) 銀行經審核無誤後，即將押匯金額扣除各項押匯費用後的餘
　　額墊付給受益人。

(9) 押匯銀行將押匯單據寄交開狀銀行。

(10)開狀銀行於審核無誤後，即支付票款給押匯銀行。

(11)開狀銀行通知申請人前來贖單。

(12)申請人支付扣除保證金後的信用狀餘額及其利息。

(13)開狀銀行將單據交付申請人。

(14)～(15)申請人於取得單據後，即可憑提單向運送人辦理提貨。

2. 託收（collection）

託收是出口商（債權人）為向進口商（債務人）收取貨款或勞務
費用，簽發匯票，委託銀行代向進口商（債務人）收款的結算方式。
託收按是否附有單據，分為跟單託收與光票託收兩種。

(1) 跟單託收（documentary collection）：指出口商除簽發匯票
　　外，尚附有貨運單據的託收。跟單託收依交單條件的不同，
　　又可分為以下兩種：

　　①付款交單（Documents Against Payment, D/P）：委託人於
　　　貨物裝運出口後，即準備跟單匯票，委託銀行向付款人
　　　收款，付款人於付清貨款後，才能自銀行取得單據辦理提
　　　貨。因為付款人付款後，銀行才交付單據，故稱為付款交
　　　單。付款交單的流程圖示如下（圖1-8）：

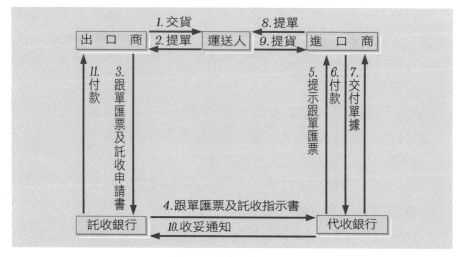

圖1-8　付款交單流程

　②承兌交單（documents against acceptance, D/A）：委託人於
　　貨物裝運出口後，即準備遠期跟單匯票，委託銀行向付款
　　人收款，付款人於承兌匯票後，即可自銀行取得單據辦理
　　提貨，俟匯票到期才付款。因為付款人於承兌匯票後，銀
　　行即交付單據，故稱為承兌交單。承兌交單的流程圖示如
　　圖1-9。

(2) 光票託收（clean collection）：光票（clean bill）係指未隨附
　　任何貨運單據的票據。光票託收即客戶委託銀行將其光票向
　　債務人提示，待款項收妥後再撥付給客戶。
　　光票託收的使用範圍廣，使用的票據除匯票外，也有支票或
　　本票。在國際貿易中，光票託收通常只用於收取佣金、代墊
　　費用、樣品費、其他貿易從屬費用及索賠款等。

　　逆匯係由債權人或賣方主動，透過銀行向債務人或買方收取債款
的方法，因為其匯兌工具（即匯票）的流動方向與資金的流動方向相
反，所以稱為「逆匯」。

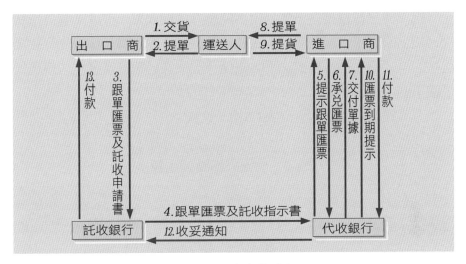

圖1-9　承兌交單流程

　　在國際貿易中，如果買賣雙方彼此之間存在著信用風險，而且當事人又沒有採取避險措施，則通常不會採用順匯的方式付款。因為以順匯方式付款，付款的時間不是在交貨之前，就必須在交貨之後，而這兩種方式，前者對買方不利，後者對賣方不利，如果以逆匯方式，就可以免除這種風險與不利。

　　例如：以信用狀方式付款時，出口商將貨物裝運出口，向銀行辦理押匯時，押匯銀行即將款項墊付給出口商，在此情形下，便能符合出口商裝船後即可收回貨款的期望。另一方面，就進口商而言，當單據寄抵進口地之後，即可向開狀銀行付款贖單，憑提單辦理提貨，如此也符合貨物運抵後才付款的願望，因為在付款的過程中有銀行提供資金融通，而匯兌的工具——跟單匯票，其中的提單，因為代表貨物的所有權，所以可作為資金融通的擔保。

　　在D/P的場合，進口商必須付款後才能領得單據；在D/A的場合，進口商必須承兌匯票後才能領得單據。對進出口商而言，可避免彼此的信用風險，這也是因為匯兌的工具是「跟單匯票」的緣故。

　　現代通訊科技發達，貿易對手間相互接觸頻繁，彼此了解信用狀況，加上國際市場競爭激烈，因此，多數的國際交易是採用先交貨後付款的模式，在這種模式之下，方便、經濟又迅速的電匯就成為現代最常用的付款工具了。

　　茲將順匯及逆匯兩者以表1-3作一比較：

表1-3　順匯與逆匯的比較

	順　匯	逆　匯
主要的匯兌方法	D/D、M/T、T/T	L/C、D/P、D/A、clean collection
匯兌的發動人	債務人或進口商	債權人或出口商
匯兌工具與資金的流向	相　同	相　反
匯票的種類	D/D之下使用的是銀行簽發的光票（註）	L/C、D/P、D/A之下使用的是出口商簽發的跟單匯票

註：光票（clean bill, clean draft）即未附有貨運單據的匯票。

> 習 題

一、是非題

1. （ ） 匯兌的原理係將同地間的債權債務關係轉為兩地間的債權債務關係，以避免現金的輸送。

2. （ ） 目前匯兌的進行多倚賴銀行作為中介的機構。

3. （ ） 外匯係指一國政府所持有的外國貨幣、外幣票據及外國有價證券等。

4. （ ） 由於國際間目前已少有將黃金作為清算的工具，因此，在比較各國的外匯存底時，一般較重視的是「不含黃金的外匯存底」。

5. （ ） 奧地利的貨幣名稱是dollar，代號為AUD。

6. （ ） IMF係根據各會員國在世界上國際貿易的相對重要性，決定其應認繳攤額的多寡。

7. （ ） 國際匯兌與國內匯兌都會影響一國的國際收支。

8. （ ） 目前使用得最多的順匯方式是電匯。

9. （ ） 以信用狀付款時，由於其匯兌工具（即信用狀）的流動方向與資金的流動方向相反，所以稱為逆匯。

10. （ ） 票匯方式下，使用的是銀行所簽發的光票。

二、選擇題

1. （ ） 以下何者不是作為外匯準備的資產？ (A)非貨幣性黃金 (B)政府所持有的可兌換通貨 (C)在IMF的準備部位 (D)特別提款權。

2. （　） JPY是哪一個國家的貨幣代號？　(A)英國　(B)日本　(C)丹麥　(D)比利時。

3. （　） IMF會員國向IMF借款額度的極限為其攤額的：　(A)25%　(B)75%　(C)125%　(D)175%。

4. （　） 目前外匯存底最多的國家是：　(A)美國　(B)日本　(C)德國　(D)中國大陸。

5. （　） 以下何者不是屬於順匯？　(A)D/P　(B)D/D　(C)M/T　(D)T/T。

6. （　） 以下有關順匯的敘述，何者有誤？　(A)由債務人主動匯款　(B)電匯是目前最普遍的順匯方法　(C)由債權人簽發跟單匯票　(D)匯兌工具與資金流動方向相同。

7. （　） 在信用狀交易中，是由誰簽發匯票？　(A)申請人　(B)開狀銀行　(C)押匯銀行　(D)受益人。

8. （　） 以下何者屬於跟單託收？　(A)L/C　(B)D/A　(C)T/T　(D)D/D。

9. （　） 以下有關逆匯的敘述，何者有誤？　(A)匯兌工具多為跟單匯票　(B)由債權人主動　(C)T/T為常見的逆匯方式　(D)匯兌工具與資金流動方向相反。

10. （　） CHF是哪一個國家的貨幣代號？　(A)新加坡　(B)瑞士　(C)瑞典　(D)奧地利。

三、填充題

1. 外匯準備又稱為_____或_____，俗稱_____，係指一國_____所持有，用以干預外匯市場，或清償國際債務的流動性資產。

2. 會員國在IMF的準備部位＝_____－IMF所持有該國通貨＝會員國的準備部分－_____。

3. 構成SDRs計價標準籃的通貨，目前有_____、_____、_____、_____、_____五種。

4. 跟單託收依交單條件的不同，可分為_____及_____兩種。

5. 若國際貿易的買賣雙方彼此有信用風險的顧慮時，多採用＿＿＿＿＿（逆匯或順匯）的匯款方式付款。

四、解釋名詞

1. foreign exchange
2. foreign exchange reserves
3. SDRs
4. D/D
5. D/A

五、問答題

1. 何謂外匯？包括哪些項目？
2. 目前為世界各國所共同認定，可作為外匯準備的資產有哪四項？
3. 各國政府持有外匯存底的動機為何？
4. 國際匯兌與國內匯兌有何不同？
5. 請以圖說明T/T的流程。
6. 國際間常用的匯兌方法可區分為哪兩類？兩者主要的不同為何？
7. 近年來，中國大陸的外匯存底金額快速累積，目前已是全球外匯存底最多的國家，請分析其主要的原因。
8. 請至中央銀行網站，查得我國2019年出進口外匯付款方式的統計數據資料，將其填入下表。

（續接次頁）

單位：百萬美元

匯兌方式	付款方式	出口外匯收入		進口外匯支出	
		amount	%	amount	%
逆匯	即期信用狀 sight L/C				
	遠期信用狀 usance L/C				
	託收 collection				
順匯	匯款 remittance				

2

國際收支平衡表

International Exchange

第一節　國際收支的意義

國際收支（balance of payment）係某一特定期間內，本國居民與外國居民之間各種經濟交易的有系統紀錄。

一、特定期間

可以是一季、半年或一年，但通常以一年為準。

二、居民

居民與非居民的區分並非根據國籍，而是根據其是否以長期為基礎在一國從事生產、消費及其他經濟活動。依據我國的規定，「居民」係指：

(一)依中華民國法令在中華民國設立或經中華民國政府認許並登記的公司、行號或團體領有主管機關核准設立統一編號者；

(二)領有中華民國國民身分證、臺灣地區居留證或外僑居留證證載有效期限一年以上的個人。

爰此，凡長期居住在本國的個人、本國政府機構、公民營企業和非營利團體、外國企業和非營利團體長期設在本國的分支機構，均屬本國居民。而長期住在國外的本國國民、本國企業和非營利團體長期設在外國的分支機構則視為非居民。比較特別的是本國政府機構的駐外人員，由於治外法權的機構視為領土延伸，故不論長期或短期駐外，均屬本國常住居民。

三、經濟活動

(一)商品、勞務及貨幣與金融資產的有償交易。

(二)無償取得或供給外國實質資源或金融項目（如贈與、援助）。

上述有償的交易或無償的移轉，無論是透過外匯市場的貨幣形式進行，或是未透過外匯市場而以實物的形式進行，均須計入國際收支。

第二節　國際收支平衡表的編製

一、目的

(一)有助於各國了解其外匯的供需以及資金的移動狀況，作為制定經貿金融政策的依據，並作為國際金融分析與預測的參考資料。

(二)國際收支平衡表乃國內對外經濟活動的總記錄，可作為其他經濟金融統計（例如：國民所得、資金流量統計）的資料來源，對這些經濟金融統計的正確性有重大影響。

(三)對IMF的會員國而言，提供國際收支平衡表乃是會員國的義務之一。

二、借貸法則

國際收支平衡表的記錄方式，與一般商業會計相同，係採用複式簿記原理。根據此原理，每一筆交易需要兩個分錄，一是借方（debit），一是貸方（credit）。而區分一筆交易的借貸，乃是以資產負債的變動為出發點，除了無償性移轉之外，一切國際收支的交易，無非是資產與負債的交換，每一項資產的增加，必有另一項資產的減少

或負債的增加；而每一項負債的增加，必有另一項負債的減少或資產的增加。

貸方：記錄「資產的減少」或「負債的增加」。

借方：記錄「資產的增加」或「負債的減少」。

進一步說：

貸方：記載涉及外國支付本國，構成外匯收入的交易；以「＋」表示。

借方：記載涉及本國對外支付，構成外匯支出的交易；以「－」表示。

例如：我國出口價值USD10,000的產品，應記載如下：

借　方	貸　方
外匯收入 USD10,000	貨物出口 USD10,000

由於採用上述複式簿記原理，每一筆交易須同時記入借方與貸方，因此不論國際收支是順差或逆差，最後的借方總額必等於貸方總額，而保持「帳面上的收支平衡」，故稱為國際收支平衡表。

三、內容

國際收支平衡表所包含的內容十分繁雜，為了統一格式，以便對照與比較，IMF要求會員國必須依據其所出版《國際收支手冊》的標準編製國際收支平衡表，且須定期提交。我國雖然不是IMF會員，但亦依據IMF的規定編製。

依據IMF制定的標準，國際收支平衡表的主要項目包括以下四大項：

(一)經常帳

1. 商品

居民與非居民間涉及所有權移轉之可移動貨品的交易。

(1) 一般商品：根據通關統計，就計價基礎、時差及範圍予以調整。貨品雖經我國通關但所有權未移轉者，須自商品出進口剔除；反之，雖未經我國通關，但貨品所有權已移轉者，須計入商品出進口。居民國外購料，或支付加工費委託國外加工後銷售國外，過程中貨品未經我國通關，惟貨款由居民收付，亦包含於一般商品貿易中。

(2) 商仲貿易商品淨出口：居民向國外買入原料、半成品或成品後，未經委外加工，直接銷售國外，過程中貨品未經我國通關，惟貨款由居民收付，以淨額列帳。

(3) 非貨幣性黃金：準備資產以外的黃金商品。除了實體黃金外，亦包括可分配黃金帳戶（allocated gold accounts）的交易。（註：可分配黃金帳戶所有人擁有投資等級金條、金幣的所有權，通常儲存於黃金條塊保管中心，由於採記名制，列帳方式與實體黃金相同，按所有權移轉原則，列於商品項下之非貨幣用黃金。）

　　商品出口總值與進口總值的差額，稱為「商品貿易淨額」，是經常帳中的主要項目，商品貿易淨額若為正值，則形成貿易順差，若為負值，則為貿易逆差。

　　如表2-1，我國2019年的商品出口總額為330,779百萬美元，商品進口總額為273,113百萬美元，貿易順差57,666（330,779 - 273,113）百萬美元。

　2. 服務

(1) 加工服務：居民接受非居民委託，對非居民的貨品進行加

工、組裝、加標籤及包裝等服務的收入；或居民為貨品所有人，委託非居民進行上述加工服務的支出。

(2) 維修服務：提供或接受非居民對船舶、飛機等運輸工具的修理。不包括建築或電腦的維修，兩者分別列於「營建」及「電信、電腦與資訊服務」。

(3) 運輸：包括客貨運及其他（如包機、包船費用、港埠費用及郵務費用）。

(4) 旅行：指旅客在其前往國家所購買商品與服務的費用（但不包括國際間的交通費──屬「運輸」）。旅客指停留期間在一年以下之非居民，惟學生與就醫病人停留期間超過一年仍視為旅客。

(5) 其他服務：包括營建、保險及退休金服務、金融服務、智慧財產權使用費、電信、電腦與資訊服務、研發服務、專業與管理顧問服務、貿易相關與雜項技術服務、個人、文化與休閒服務。

　　如表2-1，我國2019年的服務出口總額為51,789百萬美元，服務進口總額為56,908百萬美元，服務貿易逆差5,119（56,908 − 51,789）百萬美元。

3. 初次所得

(1) 薪資所得：指居留期間在一年以下的非居民（包括季節性工作者、越境工作者或其他短期工作者）工作的報酬。

(2) 投資所得：指持有國外金融資產一定期間的收益，或使用國外金融負債一定期間的支出。持有金融資產期間因評價所發生的未實現利得或損失，不列為投資所得。而已實現的資本利得或損失則列為金融帳交易。投資所得區分為直接投資所得、證券投資所得與其他投資所得。

(3) 其他初次所得：使用自然資源及土地的收入或費用，包括領

空權或領海權的使用費。

如表2-1，我國2019年的初次所得收入爲39,156百萬美元，初次所得支出爲23,751百萬美元。

4. 二次所得

舊版的國際收支表稱爲「經常移轉」，指居民向非居民無償提供了一項實際資源或金融資產，如工作者匯款（居留期間在一年以上的外籍人員的工作報酬）、捐贈、贍家匯款、禮物與樣品、保險理賠收支等。

如表2-1，我國2019年的二次所得收入爲8,238百萬美元，二次所得支出爲11,102百萬美元。

以上經常帳的四個項目收入總額減去支出總額的餘額，稱爲「經常帳餘額」。

如表2-1，我國2019年的經常帳收入爲429,962（330,779 ＋ 51,789 ＋ 39,156 ＋ 8,238）百萬美元，經常帳支出爲364,874（273,113 ＋ 56,908 ＋ 23,751 ＋ 11,102）百萬美元，合計有經常帳順差65,088（429,962 － 364,874）百萬美元。

(二)資本帳

包括資本移轉及非生產性、非金融性資產（如商標、經銷權、網域名稱）的取得與處分。本國居民向外國購買資產或在外國投資構成資本流出，應記載於支出，外國居民向本國購買資產或投資構成資本流入，應記載於收入。

如表2-1，我國2019年的資本帳淨支出3百萬美元，經常帳與資本帳合計有順差65,085（65,088 － 3）百萬美元。

(三)金融帳

記載一經濟體對外的金融資產與負債的交易，根據投資的功能或

種類，分為直接投資、證券投資、衍生金融商品與其他投資，各類投資均區分為資產（居民對非居民之債權）及負債（居民對非居民之債務）。

1. 直接投資

指投資者對於企業具有持久性利益之投資。包括股本投資、盈餘再投資與債務工具（關係企業間的往來借貸）。

如表2-1，我國2019年的直接投資資產（資金流出，即我國對外直接投資）為11,798百萬美元，直接投資負債（資金流入，即外國對我國直接投資）為8,245百萬美元。

2. 證券投資

包括股權和投資基金與債務證券投資。股權和投資基金包括股份、股票、參加憑證或其他足以表彰股權的證券如存託憑證等，相互基金與信託投資皆屬之；債務證券包括債券與貨幣市場工具。

如表2-1，我國2019年的證券投資資產（資金流出）為54,877百萬美元，證券投資負債（資金流入）為8,476百萬美元。

3. 衍生金融商品

包括避險與非避險交易之衍生金融商品，如期貨、交換、遠期契約及選擇權等。衍生金融商品係結算後的收入或支出金額。

如表2-1，我國2019年的衍生金融商品資產為-15,490百萬美元，衍生金融商品負債為-17,991百萬美元。

4. 其他投資

凡不屬於直接投資、證券投資及衍生金融商品的金融交易，均歸類在其他投資。包括其他股本與債務工具，後者包括現金與存款、貸（借）款、貿易信用及預收（付）款以及其他應收（付）款項，其中，不可分配黃金帳戶（unallocated gold accounts）包含於存款。（註：不可分配黃金帳戶係指帳戶所有人持有帳戶發行人以黃金計價的憑證，有權要求交割黃金；性質為以黃金計價的外幣存款，列於其他投資項下的「存款」。）

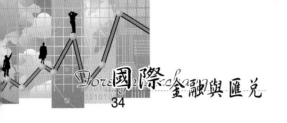

如表2-1，我國2019年的其他投資資產為6,757百萬美元，其他投資負債為6,987百萬美元。

如表2-1，我國2019年的金融帳餘額為−52,225（8,245 ＋ 8,476 − 17,991 ＋ 6,987 − 11,798 − 54,877 ＋ 15,490 − 6,757）百萬美元（亦即金融帳淨資產增加52,225百萬美元），呈現逆差。

經常帳、資本帳與金融帳三項淨額的總和，稱為國際收支淨額，國際收支淨額為正值，稱為國際收支順差，若為負值，則為國際收支逆差。

如表2-1，我國2019年的國際收支淨額為順差12,860（65,088 − 3 − 52,225）百萬美元。

(四)準備資產

係指貨幣當局所控管隨時可動用的國外資產。包括貨幣用黃金、外匯存底（含外幣現金、存款、放款及有價證券）與其他債權。

當一國的國際收支有盈餘時，其貨幣當局持有的準備資產淨額將增加；相反的，當一國的國際收支發生赤字時，其準備資產淨額將減少。

如表2-1，我國2019年準備資產增加16,658百萬美元。

(五)誤差與遺漏

理論上，雖然上述四個帳戶的借方總額應等於貸方總額，不過實際上，國際收支平衡表並無法逐筆記載每筆交易，只能利用各種統計數字（例如：商品的輸出入採用海關的道關統計），如有某一種統計的包括範圍及計入時點有誤差，甚至資料數據有錯誤，則國際收支平衡表即無法借貸平衡，因此，本項目即是用來平衡未能平衡的借貸差額。

如表2-1，我國2019年國際收支平衡表中，誤差與遺漏總額有貸方3,798百萬美元。

上列國際收支平衡表中的五大項目，其關係為：

經常帳餘額＋資本帳餘額＋金融帳餘額＋誤差與遺漏
＝準備資產淨額的變動

如表2-1，我國2019年有：

經常帳順差	（＋）	65,088百萬美元
資本帳逆差	（－）	3百萬美元
金融帳逆差	（－）	52,225百萬美元
誤差與遺漏	（＋）	3,798百萬美元
合計順差	（＋）	16,658百萬美元 => 中央銀行準備資產
		增加16,658百萬美元

表2-1　臺灣地區2019年國際收支平衡表（簡表）

單位：百萬美元

A. 經常帳	65,088	A. Current Account
商品：出口（FOB）	330,779	Goods：credit（exports）
商品：進口（FOB）	273,113	Goods：debit（imports）
商品貿易淨額	57,666	*Balance on Goods*
服務：收入	51,789	Services：credit（exports）
服務：支出	56,908	Services：debit（imports）
商品與服務收支淨額	52,547	*Balance on Goods and Services*
初次所得：收入	39,156	Primary income：credit
初次所得：支出	23,751	Primary income：debit
商品、服務與所得收支淨額	67,952	*Balance on Goods, Services, and Primary Income*
二次所得：收入	8,238	Secondary income：credit
二次所得：支出	11,102	Secondary income：debit

（接下頁）

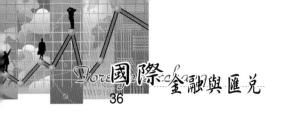

（承上頁）

B. 資本帳	-3	B. Capital Account
資本帳：收入	63	Capital account：credit
資本帳：支出	66	Capital account：debit
經常帳+資本帳	65,085	Balance on Current and Capital Account
C. 金融帳	**52,225**	**C. Financial Account**
對外直接投資	11,798	Direct investment：assets
來臺直接投資	8,245	Direct investment：liabilities
證券投資（資產）	54,877	Portfolio investment：assets
股權和投資基金	-2,301	Equity and investment fund shares
債務證券	57,178	Debt securities
證券投資（負債）	8,476	Portfolio investment：liabilities
股權和投資基金	8,114	Equity and investment fund shares
債務證券	362	Debt securities
衍生性金融商品	2,501	Financial derivatives
衍生性金融商品（資產）	-15,490	Financial derivatives：assets
衍生性金融商品（負債）	-17,991	Financial derivatives：liabilities
其他投資（資產）	6,757	Other investment：assets
其他股本	5	Other equity
債務工具	6,752	Debt instruments
其他投資（負債）	6,987	Other investment：liabilities
其他股本	0	Other equity
債務工具	6,987	Debt instruments
經常帳+資本帳-金融帳	12,860	Current + Capital - Financial Account Balance

（接下頁）

（承上頁）

D. 誤差與遺漏淨額	3,798	D. Net Errors and Omissions
E. 準備與相關項目	16,658	E. Reserves and Related Items
準備資產	16,658	Reserve assets
基金信用的使用及自基金的借款	－	Use of Fund credit and loans
特殊融資	－	Exceptional financing

資料來源：中央銀行

註：正號表示經常帳及資本帳的收入、支出，以及金融資產或負債的增加；負號表示相
　　關項目的減少。經常帳及資本帳餘額，正號表示順差，負號表示逆差。金融帳及準
　　備資產餘額，正號表示淨資產的增加；負號表示淨資產的減少。

第三節　我國的國際收支

　　近年來我國國際收支的發展，由於對外貿易的擴張以及外匯管制
的大幅放寬，有了明顯的變化，茲依表2-2說明如下：

表2-2　我國國際收支簡表（年資料）
BALANCE OF PAYMENTS

單位：百萬美元

	2012	2013	2014	2015	2016	2017	2018	2019
A. 經常帳	**42,925**	**49,937**	**60,607**	**72,769**	**71,259**	**83,093**	**70,843**	**65,088**
商品：收入（出口）	390,231	384,701	382,253	339,837	309,283	342,706	345,495	330,779
商品：支出（進口）	340,941	330,123	322,004	266,698	238,323	261,448	278,461	273,113
商品貿易淨額	49,290	54,578	60,249	73,139	70,960	81,258	67,034	57,666
服務：收入（輸出）	34,546	36,461	41,578	40,968	41,291	45,213	50,209	51,789
服務：支出（輸入）	52,920	51,658	52,922	51,748	51,778	53,936	56,831	56,908
商品與服務收支淨額	30,916	39,381	48,905	62,359	60,473	72,535	60,412	52,547
初次所得：收入	25,022	24,609	29,212	28,893	29,480	34,239	39,051	39,156
初次所得：支出	10,429	11,089	14,754	15,114	15,524	19,544	25,299	23,751
商品、服務與初次所得收支淨額	45,509	52,901	63,363	76,138	74,429	87,230	74,164	67,952
二次所得：收入	5,540	6,218	6,698	6,617	6,909	7,189	7,643	8,238
二次所得：支出	8,124	9,182	9,454	9,986	10,079	11,326	10,964	11,102
B. 資本帳	**-24**	**67**	**-8**	**-5**	**-9**	**-12**	**63**	**-3**
資本帳：收入	4	103	29	15	17	14	86	63
資本帳：支出	28	36	37	20	26	26	23	66

（接下頁）

（承上頁）

經常帳暨資本帳合計	42,901	50,004	60,599	72,764	71,250	83,081	70,906	65,085
C. 金融帳	31,465	41,053	50,531	65,012	58,530	71,343	54,220	52,225
直接投資：資產	13,137	14,285	12,711	14,709	17,946	11,552	18,058	11,798
股權和投資基金	13,153	14,282	12,690	13,649	16,913	10,736	17,431	10,771
債務工具	-16	3	21	1,060	1,033	816	627	1,027
直接投資：負債	3,207	3,598	2,828	2,391	9,261	3,291	6,998	8,245
股權和投資基金	3,341	3,643	2,933	2,478	7,342	4,781	7,195	8,087
債務工具	-134	-45	-105	-87	1,919	-1,490	-197	158
證券投資：資產	45,710	37,082	57,096	56,340	81,463	81,797	68,853	54,877
股權和投資基金	16,933	6,095	20,328	6,922	6,445	13,755	2,376	-2,301
債務證券	28,777	30,987	36,768	49,418	75,018	68,042	66,477	57,178
證券投資：負債	3,214	7,953	13,055	1,228	4,343	3,958	-15,175	8,476
股權和投資基金	2,908	9,591	13,792	3,744	7,025	4,284	-14,385	8,114
債務證券	306	-1,638	-737	-2,516	-2,682	-326	-790	362
衍生金融商品	-391	-838	-546	2,195	1,700	-503	1,638	2,501
衍生金融商品：資產	-4,771	-6,055	-5,977	-11,227	-11,166	-11,505	-16,748	-15,490
衍生金融商品：負債	-4,380	-5,217	-5,431	-13,422	-12,866	-11,002	-18,386	-17,991
其他投資：資產	-5,348	47,469	11,939	-16,526	-6,936	11,891	-20,082	6,757

（接下頁）

（承上頁）

	3	7	8	8	9	6	5	5
其他股本	-5,351	47,462	11,931	-16,534	-6,945	11,885	-20,087	6,752
債務工具								
其他投資：負債	15,222	45,394	14,786	-11,913	22,039	26,145	22,424	6,987
其他股本								
債務工具	15,222	45,394	14,786	-11,913	22,039	26,145	22,424	6,987
經常帳＋資本帳－金融帳	*11,436*	*8,951*	*10,068*	*7,752*	*12,720*	*11,738*	*16,686*	*12,860*
D. 誤差與遺漏淨額	**4,048**	**2,367**	**2,947**	**7,259**	**-2,057**	**729**	**-4,187**	**3,798**
E. 準備與相關項目	**15,484**	**11,318**	**13,015**	**15,011**	**10,663**	**12,467**	**12,499**	**16,658**
準備資產	15,484	11,318	13,015	15,011	10,663	12,467	12,499	16,658
基金信用的使用及自基金的借款	–	–	–	–	–	–	–	–
特殊融資	–	–	–	–	–	–	–	–

一、經常帳

　　我國係一小型開放經濟體，仰賴出口貿易以支持經濟的成長，由表2-1可發現，我國的國際收支以商品貿易項下的「一般商品」最爲重要。由於長期以來我國商品貿易皆呈順差，而商品貿易餘額又是我國經常帳的最重要來源，因此我國的經常帳餘額長期以來皆爲順差（見圖2-1）。

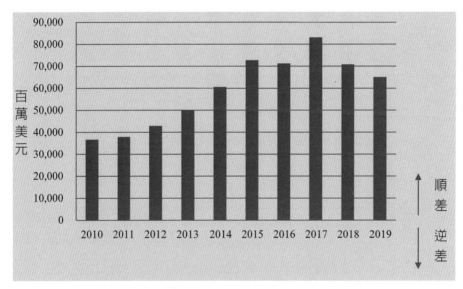

圖2-1　我國經常帳餘額（2010～2019年）

(一)商品貿易餘額

　　我國商品貿易餘額在1987年達到高峰，爲順差201.60億美元，之後由於我國積極推行貿易自由化，大幅開放進口，商品進出口貿易金額均有可觀的成長（出口自1987年535億美元，成長至2019年爲3,093億美元；進口自1987年的333億美元，成長至2019年爲2,383億美元），且進出口金額相差不大，呈穩定的均衡狀態（見圖2-2）。

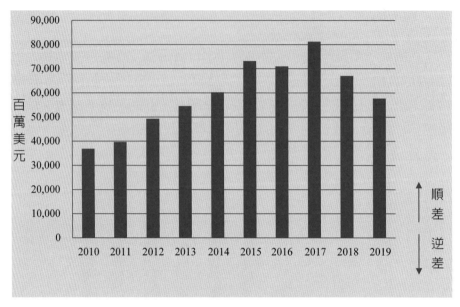

圖2-2　我國商品貿易餘額（2010～2019年）

(二)服務貿易餘額

　　我國服務貿易餘額向來為逆差。2019年我國服務貿易餘額逆差約51億美元，逆差主要來源為旅行。

(三)初次所得餘額

　　我國的所得收支餘額自1980年代起即呈順差，近年來皆維持在150億美元上下。所得項目主要係來自於投資所得，薪資所得比重較低。

(四)二次所得餘額

　　我國向來呈現逆差，大多維持在20-40億美元。

二、資本帳

我國通常為資本流出，且多來自於移民匯出款，2013年因居民出售專利權收入增加，以及2018年國外債權人對國內廠商債務免除，致產生順差，近年來資本帳多為逆差（見圖2-3）。

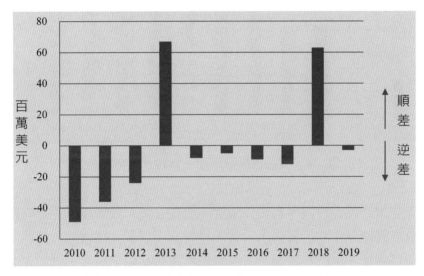

圖2-3　我國資本帳餘額（2010～2019年）

三、金融帳

近年來，我國的金融帳大多呈資金淨流出（見圖2-4）。在直接投資方面，我國廠商基於投資成本的考量，紛紛至外國投資設廠，因此對外直接投資金額通常大於來臺投資金額。對外投資地區以中國大陸居首，主要投資行業為電子零組件製造業、金融及保險業與批發及零售業；來臺直接投資主要行業為批發及零售業、電子零組件製造業與金融及保險業。

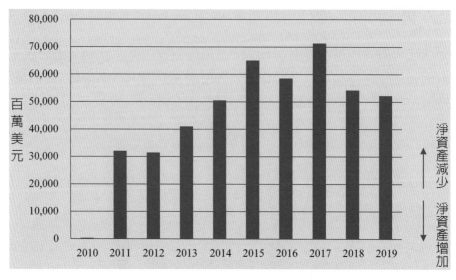

圖2-4　我國金融帳餘額（2010～2019年）

　　在證券投資方面，自從外匯管制放寬之後，我國股市逐漸成為全球資產管理公司的投資對象，外人投資國內證券大幅增加。此外，國人所得增加，理財視野擴大，投資理財國際化風氣日盛，信託資金投資國外股權證券與債權證券大幅增加。整體來看，近幾年我國證券投資多呈淨流出。

四、準備資產

　　1990年以來，我國除了1995年因中國對臺試射飛彈，資本逃避嚴重，中央銀行為維持匯率穩定，在外匯市場拋售外匯存底，以及2007年因國人海外證券投資遽增，金融帳淨流出約400億美元，導致國際收支逆差以外，其餘各年均為順差（見圖2-5）。因此中央銀行的準備資產逐年增加。

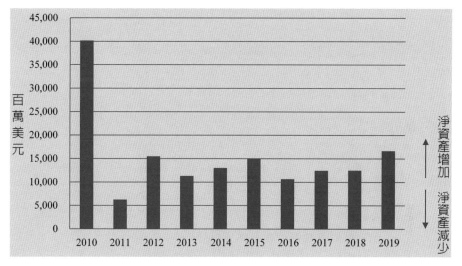

圖2-5　我國中央銀行準備資產（2010～2019年）

習　題

一、是非題

1. （　）　在國際收支平衡表中，居民與非居民的區分是根據國籍。

2. （　）　無償的贈與並不列入國際收支。

3. （　）　凡資產的減少或負債的增加，均列入國際收支平衡表的貸方。

4. （　）　一國若有國際收支的順差或逆差，則其國際收支平衡表的借貸即會不平衡。

5. （　）　商品的進出口係記載於國際收支的經常帳。

6. （　）　我國的二次所得餘額一向都是呈現逆差。

7. （　）　當一國的國際收支有盈餘時，其貨幣當局持有的準備資產淨額將減少。

8. （　）　商品貿易餘額又稱為經常帳餘額。

9. （　）　持有國外金融資產一定期間的收益，應列入國際收支的金融帳項下。

10. （　）　本國居民捐助國外的支出，應列入國際收支的資本帳。

二、選擇題

1. （　）　在統計國際收支時，以下何者不視為居民？　(A)常住本國的國民　(B)本國政府機構駐外人員　(C)外國企業長期設在本國的分支機構　(D)長期在國外工作的本國國民。

2. （　）　非貨幣性黃金的進出口應記載於：　(A)經常帳　(B)資本帳　(C)金融帳　(D)準備資產。

3. （　）　以下何者構成國際收入？　(A)出國旅行購物的費用　(B)購買

外國有價證券　(C)臺商赴海外直接投資　(D)持有外國有價證券的收益。

4. (　) 以下何者不包含於金融帳中？　(A)海外直接投資　(B)購買外國股票　(C)外幣存款　(D)取得國外專利權的支出。

5. (　) 我國一向呈現順差的是：　(A)商品貿易餘額　(B)金融帳餘額　(C)經常移轉收支餘額　(D)資本帳餘額。

6. (　) 以下何者為我國經常帳中的最重要項目？　(A)商品　(B)勞務　(C)所得　(D)經常移轉。

7. (　) 以下何者為調整項目，以使國際收支借貸平衡？　(A)經常帳　(B)資本帳　(C)金融帳　(D)誤差與遺漏。

8. (　) 我國旅客在其他國家所購買商品與服務的費用，應列入國際收支的：　(A)商品貿易　(B)服務貿易　(C)初次所得　(D)二次所得。

9. (　) 期貨、交換、遠期契約及選擇權等結算後的收入或支出金額，應列入國際收支的：　(A)直接投資　(B)證券投資　(C)衍生性金融商品　(D)其他投資。

10. (　) 當本國因對外進行投資導致資金大量流出，將使得本國的國際收支呈現：　(A)金融帳淨資產的減少　(B)金融帳淨資產的增加　(C)資本帳的順差　(D)資本帳的逆差。

三、填充題

1. 國際收支的記錄，係採用_____原理，根據此原理，每一筆交易需要兩個分錄，一是_____，一是_____。

2. 國際收支的經常帳，包括四個項目，分別是_____、_____、_____和_____。

3. 資本帳包括_____移轉與非_____性、非_____性資產的取得與處分。

4. 金融帳分為＿＿＿、＿＿＿、＿＿＿、＿＿＿四大項目。

5. 國際收支餘額＝＿＿＿餘額＋＿＿＿餘額＋＿＿＿餘額＋＿＿＿。

四、解釋名詞

1. balance of payment
2. current account
3. capital account
4. financial account
5. reserve assets

五、問答題

1. 一國編製國際收支平衡表的主要目的為何？

2. 國際收支平衡表的借貸法則為何？

3. 國際收支平衡表包含哪五大項？該五大項目如何影響（或構成）國際收支餘額的順差或逆差？

4. 請依中央銀行的統計，說明最近一季我國國際收支的情形，並分析影響其變化的主要原因。

5. 我國2020年第一季的國際收支如下表，請回答以下問題：

   (1) 經常帳餘額有多少？

   (2) 資本帳餘額有多少？

   (3) 金融帳餘額有多少？

   (4) 國際收支餘額有多少？

項目	貸方（百萬美元）	借方（百萬美元）
商品出口	75,771	
直接投資（資產）		2,377
資本帳收入		2
衍生性金融商品（負債）	-7,214	
初次所得收入	9,176	
服務出口	11,057	
其他投資（負債）	20,942	
資本帳收入	8	
二次所得支出		2,956
證券投資（負債）	-17,654	
服務進口		11,666
誤差與遺漏淨額	3,039	
證券投資（資產）		6,012
二次所得收入	2,104	
直接投資（負債）	1,014	
商品進口		63,358
衍生性金融商品（資產）		-6,120
初次所得支出		1,968
其他投資（資產）		11,896

3

外匯市場

International Exchange

 第一節　外匯市場的意義與功能

一、外匯市場的意義

外匯市場（foreign exchange market）係指外匯的供給者與外匯的需求者為進行外匯交易所形成的市場。

由於各國所使用的通貨並不相同，因此國與國之間商品的交易或資金的往來，有時必須先將本國通貨兌換成外國通貨，而後才能用以支付給外國。同樣的，自外國取得的收入也必須先兌換成本國通貨，才能在本國方便使用。由此可知，國際之間必須要有健全的外匯市場存在，使各國的通貨能夠相互兌換，而後國際交易活動才得以順利進行。

外匯市場具有以下幾項特色：

(一)外匯市場係各種不同的通貨（或對通貨的請求權）彼此交換的市場，與其他市場不同之處在於它是「以通貨購買通貨」，因此外匯市場的交易可稱為「買賣」，也可稱為「兌換」。例如：「某甲以美元向某乙兌換英鎊」，也可說是「某甲以美元向某乙購入英鎊」或「某乙以英鎊向某甲購入美元」，而美元與英鎊買賣的價格，就是美元與英鎊兌換的比率，稱為「匯率」（foreign exchange rate）。

$$甲 \xleftrightarrow[\text{GBP10,000}]{\text{USD15,000}} 乙$$

甲：以USD兌換GBP；或
　　售出USD，購入GBP
乙：以GBP兌換USD；或
　　售出GBP，購入USD

匯率：GBP10,000＝USD15,000

亦即GBP：USD＝1：1.5

(二)外匯市場可以是一個場所、一個交易網路（network），或是一種交易的機能（mechanism），但實際上，外匯買賣的當事人很少在一定的時間聚集於一定的場所互相買賣（除少數歐洲大陸國家的外匯市場以外），大都藉由電訊工具或以電腦連線方式彼此聯繫接洽買賣，因此外匯市場並沒有具體的營業場所，只是一種抽象的範圍，換句話說，就是一種無形的市場，也稱為「有市無場」。

(三)近年來由於通訊科技的發展，國內外訊息的傳遞已極為快速，各地銀行可藉由電訊設備立即連線達成外匯交易。不過由於地球自轉的關係，各地有時差，每一市場的營業時間無法完全重疊，一個市場在其營業時間內只能與部分市場交易。例如：臺北的外匯市場營業時間為上午9:00至下午4:00，在這段時間內，臺北可以與同時區的香港、新加坡外匯市場營業時間完全重疊，但與其他市場僅有部分營業時間重疊（請參考圖3-1）。因此為能與全球各外匯市場往來，很多銀行的外匯交易室係全天候輪班。

如圖3-1所示，世界各地的外匯市場二十四小時都有外匯交易在進行，交易時間依序為雪梨、東京、臺北、香港、新加坡、巴林、蘇黎世、巴黎、法蘭克福、倫敦、紐約、芝加哥、舊金山、洛杉磯，完成全球性的連續交易，這當中，某一市場的開盤匯率會受到前一市場的影響，例如：東京市場的開盤匯率會受到舊金山市場的影響，臺北市場的開盤匯率會受到東京市場匯率的影響，而紐約市場的開盤匯率則會受到倫敦市場匯率的影響，因此，目前的外匯市場已成為一全球性與全天候交易的市場。

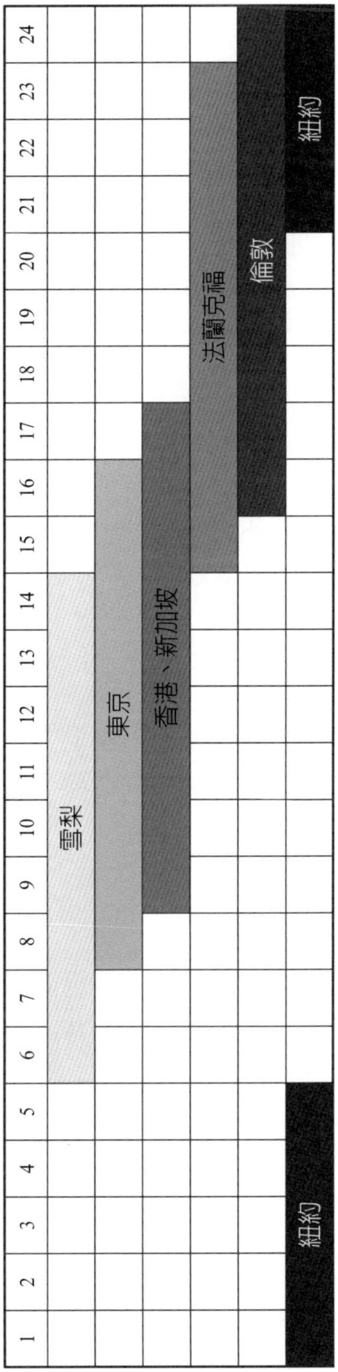

	1	2	3	4	5	6	7	8	9	10	11	12	13	14	15	16	17	18	19	20	21	22	23	24

雪梨

東京

香港、新加坡

法蘭克福

倫敦

紐約

紐約

圖**3-1** 全球各重要外匯市場時間對照表

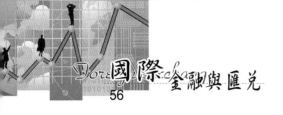

二、外匯市場的功能

(一)通貨的兌換

由於各國使用的通貨不同，因此國際間商品與勞務的交易，以及國際投資的進行，大多須將本國通貨兌換成外國通貨，才能順利地完成。外匯市場即提供了這種通貨兌換的功能，使資金得以最有效率的方式，處理國際收付與國際清算工作。

(二)提供國際信用融通

外匯市場對於各種商業交易以及長短期的資金需求，可提供適當的融通，例如：貿易商可藉由信用狀或遠期匯票的買賣、承兌及貼現等方式，獲得國際貿易所需的融資，有助於國際貿易的進行。

(三)調節外匯供需

外匯市場上的供給與需求經常會有不一致，透過外匯市場上的各種外匯買賣，可使供給與需求重歸於均衡，這種市場機能的發揮，具有穩定國際金融的作用。

(四)規避匯率變動風險

由於外匯市場的匯率變動頻仍，外匯市場的各個參與者便會面臨匯率變動風險，尤其當匯率有大幅波動時，往往會對國際貿易及國際投資帶來扭曲和阻礙。不過參與者可以利用市場上拋補（cover）、對沖（hedge）或換匯（swap）等交易方式規避這種風險，維持國際交易活動的正常擴展。

(五)提供外匯投資與投機的機會

外匯市場的存在，使得投資者與投機者可以利用國際間利率的不

同及匯率的變動，進行各種外匯交易以獲取投資或投機的利益。事實上，目前的外匯市場已普遍成為外匯投資與投機的樂園。

(六)匯集各國資金，提高國際間資金的運用效率

全球各地的閒置資金，諸如各國中央銀行持有的外匯準備、廠商與外匯銀行的流動資金，經常以外匯存款、購買外幣票據或外國有價證券等方式，在國際外匯市場上調度運用，因此，外匯市場也具有提高國際間資金運用效率的功能。

第二節 外匯市場的類型

外匯市場依分類標準的不同，有以下幾種分類：

一、依涵蓋層次的不同，可分為

(一)廣義的外匯市場

廣義的外匯市場包含以下兩個層次的交易：

1. 銀行與顧客間市場（customer market）

即銀行因應顧客的請求而與顧客進行交易的市場，例如：出口商將出口所得外匯賣給銀行，兌換成本國幣，或顧客出國旅遊之前，以本國幣向銀行購買外匯等，屬於零售性質的市場。銀行在這個層次的交易通常係居於被動的地位，交易方式除傳統由顧客洽銀行櫃檯進行交易之外，透過網路銀行進行交易也日益普遍。

2. 銀行與銀行間市場（interbank market）

即銀行為調度資金、規避風險，或從事各種投資或投機性的外匯交易，而與其他銀行進行交易的市場。銀行在這個層次的交易通常係

居於主動的地位,而且絕大多數都是以電訊方式接洽買賣,是一種無形的市場。

外匯市場基本上乃是以銀行為中心所構成的一個外匯交易網,因此外匯市場可區分為上述兩個交易的層次,廣義的外匯市場即包括這兩個不同層次的全體交易活動。

(二)狹義的外匯市場

狹義的外匯市場係指銀行與銀行間交易的市場。一般所稱的外匯市場係指狹義的外匯市場,因為就銀行與顧客間市場,以及銀行與銀行間市場兩者比較,前者無最小交易單位的限制,因此交易金額較零星;而後者則往往有最小交易單位的限制(例如:以50萬美元或100萬美元為一交易單位),所以交易金額較大。無論是市場規模或重要性,顧客市場顯然都比不上銀行間市場,因此市場交易的重心在銀行間交易的這個層次。

二、依市場性質的不同,可分為

(一)躉售的外匯市場

即俗稱的「批發的外匯市場」,這類市場的特色是有最小交易單位的限制,由於每次的交易金額大,相對的單位成本較低,因此所報的匯率買賣差價較小,上述銀行與銀行間交易的市場即是屬於躉售的外匯市場。

(二)零售的外匯市場

即無最小交易單位限制,以個別零星交易為主的市場,由於每次交易金額小,相對的單位成本較高,因此所報的匯率買賣價差較大,上述銀行與顧客間交易的市場即是屬於零售的外匯市場。

一般而言，顧客市場的報價，通常是以銀行間市場的成交價加減碼報出，顧客市場的買入匯率較銀行間市場的買入匯率為低，而顧客市場的賣出匯率則較銀行間市場的賣出匯率為高。

　　表3-1即為2020年3月至6月國內某外匯銀行對顧客所報出的美元兌臺幣匯率，以及同期間臺北外匯市場的銀行間交易月平均收盤匯率。由該表顯示，美元兌臺幣的匯率報價至小數點第2位，即期買入匯率與即期賣出匯率的差價為0.1。而銀行間外匯交易因為交易金額大，故匯率報價至小數點第3位。

表3-1　2020年3月至6月美元兌臺幣即期匯率

	美元兌臺幣即期匯率		
	銀行與顧客間交易匯率（國泰世華銀行）		銀行間收盤匯率
	買　進	賣　出	月平均
2020年3月底	30.21	30.31	30.205
2020年4月底	29.70	29.80	30.070
2020年5月底	29.97	30.07	29.957

資料來源：臺北外匯經紀股份有限公司、某外匯銀行

三、依規模的大小不同，可分為

(一)地區性的外匯市場

　　地區性外匯市場的組成分子，大體僅限於當地居民、企業及銀行，市場上交易的貨幣也僅限於當地貨幣及少數幾種外幣，這種市場的發展及開放程度較低，因此其交易量也較小。例如：臺北外匯市場即是屬於地區性的外匯市場，這是因為目前新臺幣並未國際化，而且我國外匯市場交易也尚未完全自由化，所以市場規模的發展僅限於本

國地區。除臺北以外，曼谷、馬尼拉等外匯市場也是屬於地區性的外匯市場。

(二)區域性的外匯市場

區域性外匯市場的主要組成分子，除了本國居民、企業及銀行之外，尚包括該區域內其他國家的市場參與者，市場上交易的貨幣種類也較多，這種市場的發展及開放程度較高，因此其交易量也較大。不過由於其交易的對象是以該區域內的參與者為主，就市場規模而言，它比小規模的地區性市場要大，但尚未達到國際性市場的大規模，因為營運格局主要是在該市場所在的區域，所以稱為「區域性外匯市場」，例如：巴林乃中東地區的區域性外匯市場，而上海與臺北也積極發展，希望能成為亞太地區的區域性外匯市場。

(三)國際性的外匯市場

國際性外匯市場的組成分子，除了本國居民、企業及銀行之外，全球其他地區的市場參與者也都利用電訊工具在此參與買賣，市場上的交易則包括了各種不同的貨幣。這種市場大都具有以下幾項共同的特點：強大的經貿實力、健全且自由的金融市場、適切的地理位置。因此能匯集國際資金在此交易，其市場交易量龐大，影響力及於全球。例如：倫敦、紐約及東京等外匯市場即屬於國際性外匯市場。

根據國際清算銀行（Bank for International Settlements, BIS）三年一次的調查報告，2019年4月全球每日外匯交易量，平均為6.6兆美元，較2016年4月成長29%，其中英國市場平均每日外匯交易量最多（占43.1%），為全球最大外匯市場，其次為美國（占16.5%），第三為新加坡（占7.6%），第四為香港（占7.6%），第五及第六分別為日本（占4.5%）與瑞士（占3.3%），排名第七至第十依序則為日本、中國大陸、德國及澳洲，交易最熱絡的貨幣分別是美元、歐元、日圓、英鎊、澳幣及加拿大幣（詳見本章第五節）。

根據我國中央銀行的統計，臺北外匯市場同期（2019年4月）平均每日交易量約為320億美元，僅占全球外匯交易量的0.4%；交易幣別方面，以新臺幣對美元交易比重最高（49.5%），其次為美元兌人民幣（13.1%）、歐元兌美元（10.9%）的交易。

四、依交割日期的不同，可分為

(一)即期外匯市場（spot foreign exchange market）

　　即進行即期外匯交易（spot transaction）的市場。所謂即期外匯交易，係指買賣雙方於簽訂外匯買賣契約之後的兩個營業日內完成交割的交易。目前大多數的外匯市場是在成交後的第二個營業日辦理交割，少數的市場是在成交後的第一個營業日或成交當日辦理交割。顧客與銀行間的交易則多在成交當天交割。

(二)遠期外匯市場（forward foreign exchange market）

　　即進行遠期外匯交易（forward transaction）的市場。所謂遠期外匯交易，係指交割日在成交後兩個營業日以上的未來某一特定日期或期間的交易。

　　遠期交易的交割日（value date, settlementdate），通常為即期交割日加若干月計算，例如：一個月、二個月、三個月、六個月等。假設7月8日（星期四）簽訂的一個月遠期契約，交割日係以7月12日（星期一）起算加一個月，為8月12日（若8月12日遇假日，則順延），遠期到期交割當天即以7月8日所訂的匯率辦理實際交割。

　　根據國際清算銀行的調查報告，2019年4月全球外匯交易中，即期外匯交易占30.2%，遠期外匯交易占15.2%（換匯交易占48.6%為最多，關於各種外匯交易，將於第五章詳述）。

　　根據我國中央銀行的統計，臺北外匯市場同期（2019年4月）的

交易類別占比與國際各大外匯市場類似，即期外匯交易占36.4%，遠期外匯交易占8.5%（最多的是換匯交易，占51.7%）。

五、依是否實施外匯管制，可分為

(一)管制的市場（managed market）

若一國政府將外匯視為該國的稀有資源，往往會對該國外匯市場交易資金的流進流出，甚至匯率的決定，作若干程度的限制，這種市場即稱為管制的市場。大部分的開發中國家，由於外匯存底不多，因此多實施外匯管制，其外匯市場即為管制的市場。

(二)自由的市場（free market）

即可以自由買賣外匯，而且資金可以自由流進流出，政府不加以限制的市場。

其實世界上沒有一個外匯市場是完全自由的市場，管制市場與自由市場只是一種相對的概念。大體而言，工業先進國家對其外匯市場的管理，基本上是採「原則自由，例外管制」，因此是屬於比較自由的市場，例如：英、美等國的外匯市場就是相當自由的市場；而開發中國家則基本上是管制市場，外匯的買賣或使用須經過核准，自國外所得的外匯須售給政府，不得私自持有，結果，將因政府禁止或管制自由的外匯交易而助長了非法外匯市場（俗稱黑市，black market）的滋生。

第三節　外匯市場的結構及參與者

任何自然人或法人，只要將一國貨幣兌換成另一國貨幣（稱為外

匯交易），或是在兩種不同貨幣兌換過程中，擔任中介的角色，就是外匯市場的參與者。一個結構健全的外匯市場，通常有下列參與者：

一、外匯銀行（foreign exchange banks）

即辦理外匯交易的銀行。外匯銀行乃外匯市場的主要構成分子，在本章第二節曾提及外匯市場主要包含兩個交易的層次，即銀行與顧客交易的市場，及銀行與銀行間交易的市場，由此可見銀行在外匯市場中的重要性。銀行在外匯市場中主要扮演的是造市者（market maker）的角色，透過銀行在外匯市場上所進行的各種外匯交易（尤其是銀行間的交易），使得外匯市場得以形成並順利運作。

依我國「銀行業辦理外匯業務管理辦法」的規定，銀行業（包括銀行、信用合作社、農會信用部、漁會信用部及中華郵政股份有限公司）經營外匯業務，應向中央銀行申請許可，並經發給指定證書或許可函後，始得辦理。

外匯銀行進行外匯交易的動機有：

(一)服務顧客

外匯銀行接受顧客的請求，與顧客從事各種外匯交易，從中賺取服務費用（實際上大多不另收取服務費，而是由買入匯率與賣出匯率的差價獲利）。

(二)抛補外匯頭寸

外匯銀行在對顧客的交易過程中，向某些顧客買進外匯，同時將之轉賣給其他顧客，透過買入與賣出的過程，固然可使外匯業務順利進行，但是由於買入與賣出的金額在同一交易日當中未必完全相同，因此就產生外匯的買超或賣超。所謂買超（overbought），係指買入金額多於賣出金額，形成外匯的長部位（即多頭部位，long

position）；而賣超（oversold）係指賣出金額多於買入金額，形成外匯的短部位（即空頭部位，short position）。銀行若持有過多的外匯長部位或短部位，將會面臨匯率變動風險及流動性風險。為減少這些風險，就必須與其他銀行進行拋補交易（cover transaction），若有買超，則將之賣給其他銀行（即「拋」）；若有賣超，則向其他銀行買進（即「補」），以求軋平部位（square position），或達到希望的部位水準。

(三)謀取交易利益

銀行除上述為服務顧客，以及為規避風險而從事外匯交易之外，尚可在市場上進行套匯、投機等自發性的交易，以獲取利潤。

近年來，由於各國監管機構擴大調查外匯交易員是否操縱指標利率，加上銀行面臨降低成本的壓力，促使銀行間的外匯交易加速轉向電腦交易平臺，取代人工作業，根據國際清算銀行（BIS）的數據，2001年電子交易占全球所有外匯交易的20%，2013年已成長至66%，至2018年約有81%的外匯交易將透過電子化平臺進行。

二、顧客（customers）

包括貿易商、航運業者、保險業者、國際型企業、個人等，這些人基於貿易、技術合作、投資、投機、移民、旅遊或其他原因，而產生外匯供給與需求。一般而言，顧客彼此之間絕少直接進行外匯交易，通常是與外匯銀行買賣。

顧客依其交易動機的不同，可區分為以下兩種：

(一)有實際交易需求者

即有真正的外匯需求或外匯供給的顧客，例如：出口商因商品的出口而有外匯收入，將這筆外匯收入結售給外匯銀行換成本國貨幣。

又例如：本國企業擬對外投資，即須以本國通貨兌換成外國通貨，再將資金匯至國外。此外，因運費、保險費、旅費、留學費、匯款、外債買賣等收支而產生的外匯供給者與需求者，亦屬於此類。儘管這類實質性交易的金額占外匯市場的比重並不高，但對一國的國際經濟發展卻有很大的影響。

(二)無實際交易需求者

即外匯投機者。投機者在市場上買賣，並不是因為真的有外匯供給或外匯需求，而是藉由預測匯率的變動，利用某種貨幣匯率的時間或空間差異，以低價買入，高價賣出，獲取買賣之間的差價利潤。

外匯投機者出入各外匯市場，頻繁的買賣外匯，一方面承接避險者所拋出的風險，穩定市場，並有助於調節全球的外匯供需；但另一方面，由於投機者往往操縱著鉅額的資金，足以影響某種貨幣的走勢，造成匯率的不正常波動。尤其近年來大規模的國際熱錢在發達的通訊工具輔助之下，快速的進出各外匯市場，往往造成外匯市場的動盪。

三、外匯經紀商（foreign exchange brokers）

外匯經紀商主要扮演的角色是外匯市場的中間人。外匯經紀商可分為以下兩種：

(一)仲介銀行與銀行間的外匯交易，收取仲介佣金，既不參與交易，也不承擔交易風險。

銀行與銀行之間的交易，除可自行尋覓交易對象之外，也可以透過經紀商從中撮合，由於經紀商掌握了充分的市場行情，同時擁有豐富的專業知識，因此銀行頗為樂於利用。由於外匯經紀商的功能是撮合交易，以賺取仲介佣金，本身不進行外匯買賣，因此並不需要持有外匯部位，可免於匯率變動及外匯交易盈虧的風險。

一般而言，外匯經紀商除了扮演銀行與銀行間外匯交易的媒介之外，有時也是外匯銀行與中央銀行的仲介機構。例如：中央銀行可透過外匯經紀商與外匯銀行買賣外匯，以調度資金或進行外匯市場干預。不過，外匯經紀商並不仲介銀行與顧客之間的交易。

透過經紀商買賣外匯有下列優點：1.經紀商掌握充分市場資訊，可以很快地為委託銀行找到合適的交易對象；2.外匯經紀商在正式成交之前，不會透露委託銀行的名稱，具保密效果。但是，透過經紀商買賣外匯的缺點是必須支付仲介佣金。

我國目前僅允許這類外匯經紀商的營業，依據我國「外匯經濟商管理辦法」的規定，外匯經紀商係指經中央銀行於洽商行政院金融監督管理委員會後許可，並經金管會核發營業執照，經營下列全部或一部居間業務之營利事業：1.外匯買賣；2.外幣拆款；3.換匯交易；4.其他經許可之外匯業務。外匯經紀商辦理居間業務之對象如下：1.國內外銀行；2.其他經中央銀行洽商金融監督管理委員會同意之金融機構。我國目前合法的外匯經紀商共有兩家，分別是臺北外匯經紀公司和元太外匯經紀公司。

(二)提供外匯交易平臺，讓外匯投資者經由其平臺來買賣外匯，在國際外匯市場，這種經紀商也擔任market maker的角色。這種外匯經紀商透過為買賣方提出報價以賺取匯率差價利潤，或透過與客戶進行交易來賺取利潤。其交易模式是在同一時間撮合促成買賣雙方的交易，在執行雙方交易的同時，就能賺取買入價和賣出價之間的價差（spread）。有些經紀商則會以自有資金和客戶進行交易，這種情況下，客戶的買賣損失就是經紀商的獲利，而客戶的獲利就是經紀商的交易損失。對外匯投資者而言，這類外匯經紀商是他們得以進入24小時運作的全球外匯市場之重要管道。許多外匯經紀商都是國際大型銀行的子公司。

這種外匯經紀商在國際性的外匯市場頗為活躍，但我國目前並未開放這類型的外匯經紀商。

四、中央銀行（central bank）

中央銀行乃外匯市場的監督管理者，負有監督市場運作、維持市場交易秩序、持有與調度外匯準備，以及穩定外匯匯率的責任。因此各國中央銀行在外匯市場中均位居要角，對外匯市場具有絕對的影響力。

為穩定外匯匯率，各國中央銀行有時會進入市場買賣外匯，調節供需，或以行政命令限制外匯市場的供給或需求、限制匯率變動的幅度，以防止匯率的過度波動，這種行為一般稱為「干預市場」。由於中央銀行對市場的干預，已普遍被認為是一種必要的政策手段，因此各國中央銀行在市場上進行干預已時有所聞。事實上，目前還沒有一個國家的外匯市場是完全放任而沒有政府的任何干預。

除此之外，各國中央銀行也經常代理其本國政府從事國際性的外匯交易活動。

第四節　境外金融中心

一、意義

境外金融中心（Offshore Financial Center）係指一個以境外貨幣為交易中介，境外客戶為交易對象，減免金融及外匯管制，並且在租稅上提供優惠待遇，以吸引國際金融業者，從事金融交易的市場。

二、特色

依據上述定義，可歸納境外金融中心的幾項特色，茲說明如下：

(一)外對外（out-out）的金融交易

境外金融中心的「境外」，並非指交易發生在境外，而是指交易的貨幣為境外貨幣，交易的對象為該國國境以外的客戶，包括個人、企業及金融機構等，金融業務的操作實際上仍是在本國境內發生。

境外金融中心可以是一個國家、地區或城市，凡經當地政府核准從事境外金融業務的單位，稱為「境外金融業務單位」（Offshore Banking Unit, OBU）。這些金融機構雖在該國境內依該國法令營業，但其資金自國外引進，且貸放給國外，本質上是一種「外對外」的金融交易。

境外金融市場與國內金融市場（domestic financial market）和國際金融市場（international financial market）不同，國內金融市場是一種「內對內」的市場，而國際金融市場（狹義來說）則是一種「內對外」或「外對內」的市場，茲以圖3-2顯示其間區別：

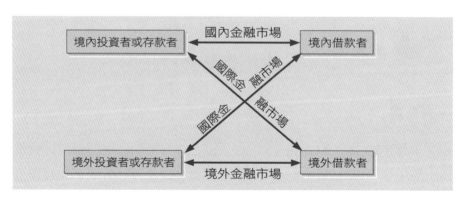

圖3-2　境外金融市場與國內金融市場之區別

(二)特別立法

一國如欲設立境外金融中心，通常以特別立法的方式使其與本國金融體系作適當的隔離，為吸引境外的客戶參與交易，境外金融業務

多享有較優惠的稅捐（利息所得稅、營業稅等），且免提存款準備金、無利率限制規定等，因此銀行從事的境外金融交易，必須與其他金融交易分開立帳。

(三)國家風險較高

銀行經營境外金融業務與經營國內一般銀行業務，在營運上並無特別不同，於釐訂營運決策時，一樣會面臨信用風險、流動風險、利率風險及匯率風險，惟境外金融業務的往來對象為境外居民，因此必須特別注意國家風險的分析與評估。

以上所述乃典型的境外金融中心，實際上有些國家，例如：英國、香港，其本國市場本來就沒有金融管制，因此其境外金融業務並未與本國市場隔離。又例如：美國的境外金融中心（稱為國際金融業務單位，International Banking Facility，簡稱IBF）准許辦理本國貨幣（即美元）的存放款業務。此外，新加坡自從1978年解除外匯管制後，已准許其境外金融中心（稱為亞洲通貨單位，Asian Currency Unit，簡稱ACU）對新加坡當地居民交易。由此可見，各地的境外金融業務，實際上仍受到各國規章及所處環境的影響，而有不盡相同的內容。

三、發展背景

在介紹境外金融中心的發展背景之前，必須先對兩個重要的名詞作解釋，一個是「歐洲美元」（Euro-Dollar），另一個是「歐洲通貨」（Euro-Currency）。「歐洲美元」係指存放在美國境外（含美國境內的IBF）的美元存款，包括外國銀行在美國境外收受的美元存款、美國銀行海外分行在美國境外收受的美元存款，以及美國境內的IBF美元存款，之所以在美元之前冠上「歐洲」，是因為它發源於歐洲。歐洲美元是歐洲通貨的一種，歐洲通貨係指各國金融機構所接受

本國通貨以外的一切外幣存款之總稱，也就是在通貨發行國家以外地區的通貨存款。歐洲通貨中以歐洲美元為主，除美元之外，尚有存放於日本境外的「歐洲日圓」（Euro-Yen），以及存放於英國境外的「歐洲英鎊」（Euro-Sterling）等。因此這裡所指的歐洲並非地理上的歐洲，而係泛指「境外」的意思。

根據上述歐洲通貨的定義，所謂「歐洲通貨市場」（Euro-currency market）即指進行歐洲通貨交易的市場，也就是由本國銀行及外國銀行在本國分行所進行的以外幣為交易標的、以境外居民為交易對象的金融市場。若與前述境外金融中心的定義相對照，便可明瞭，境外金融中心本質上就是歐洲通貨市場，由於歐洲通貨市場起源於歐洲美元的交易，因此，要說明境外金融市場（也就是歐洲通貨市場）的發展背景，就必須從歐洲美元的發展談起。

二次世界大戰之後，由於美國援助歐洲的馬歇爾計畫，以及其後美國成為重建後的歐洲的最大出口市場，因此大量的美元流向歐洲。五〇年代末期，美蘇兩大集團冷戰升高，東歐的銀行擔心存放美國的美元會遭美國凍結，於是轉存至西歐，歐洲銀行就把這些美元轉貸給其他銀行或客戶，開始了歐洲美元的雛形。

到了六〇年代末期，由於英鎊危機，英國實施非居民貿易金融限制措施，嚴格限制英鎊在國際金融市場流通，導致英鎊資金取得不易，資金需求者乃轉向美元資金，再加上美國規定定期存款的利率上限，但「境外美元」的利率不受美國法律約束，因而較「境內美元」具吸引力，促使美國境內的美元蜂湧到利率較高的歐洲市場，歐洲美元市場自然產生，以倫敦市場規模最大，其他如蘇黎世、法蘭克福與巴黎，也是著名的歐洲美元交易中心。同時，部分開發中國家為發展經濟，有計畫的拓展其金融服務業，於是以豁免租稅為號召，設立「境外金融中心」，辦理非當地居民的金融交易，更以「租稅避風港」（tax haven）以及嚴格的保密措施，吸引國際資金及企業駐足。七〇年代之後，這種業務成長快速，境外金融交易在全球國際金融市

場上逐漸占有一席之地。

四、境外金融中心的類型

上一小節曾提及境外金融中心本質上就是歐洲通貨市場，由於歐洲通貨市場的範圍實際上已超越歐洲，因此以下的內容均採「境外金融市場」或「境外金融中心」等用詞，不再使用「歐洲通貨市場」或「歐洲通貨中心」，以求前後一致。目前全球主要的境外金融中心，依其操作型態的不同，可分為以下三種類型：

(一)自然形成型

由於是自然形成的境外金融市場，並非人為刻意創立的，因此其境外金融業務與國內金融市場合而為一，資金可在兩個市場自由交流，租稅負擔也相同，可說是一種「內外一體型」的境外金融中心，因此在管理方面，一般均採開放自由的方式，並無特別限制。

這類型的市場以倫敦為代表，由於倫敦是全球重要的境外金融中心，因此，「倫敦銀行間同業拆放利率」（London Interbank Offered Rate, LIBOR）便成為國際間最為廣泛使用的歐洲美元貸款之參考利率。

此外，香港也是自然形成的境外金融市場。

(二)人為創設型

由於是人為刻意創立的，因此其特點在於「內外分離」。經營境外金融業務者可免提存款準備，免投保存款保險，並享有免除稅捐的優惠，境外金融業務和境內金融業務必須分別設立帳戶。

這類型的市場以紐約為代表，美國的境外金融業務係於1981年創立，稱為「國際金融業務單位」（International Banking Facilities, IBF），其主要目的在於吸收存放國外金融機構的美元回流美國本

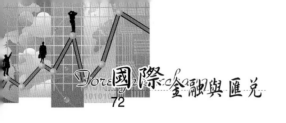

土。約有一半的IBF設於紐約，參與境外金融交易的銀行須另設一IBF帳戶，以記載境外金融交易，IBF帳戶的存款不必提撥存款準備、無利率上限，並且免存款保險。交易貨幣可以是境外貨幣，也可以是美元。

新加坡是亞洲第一個設立境外金融中心的國家。新加坡政治穩定，跟亞洲其他各國關係良好，地理位置適當，與雪梨、東京、香港等其他亞洲市場的重疊交易時間長，又能接上歐洲市場的交易。1968年創立亞洲貨幣單位（Asian Currency Unit, ACU；又稱為亞洲美元，無實體貨幣，是一種會計入帳單位），辦理境外金融業務，市場交易量的突飛猛進，也帶動了該國整體經濟的發展。

日本自1986年開放設立的境外金融中心（Japan Offshore Market, JOM）也是屬於這一類型。日本JOM的成立動機與美國IBF類似，故日圓也是其境外金融中心的交易貨幣之一。

內外分離型的境外金融中心，優點是可以防止海外資金大舉進出，影響或衝擊本國金融體系，新加坡即因這種分離型的境外金融發展模式使其在1997年的亞洲金融危機中受創較輕。

(三)避稅型

這類型的境外金融中心雖然也是人為刻意創立的，但其特色是只有記帳功能而無實質業務。這類境外金融中心以嚴格的資訊保密法與免稅的制度，吸引全球各大銀行、金融機構或企業在此設立「空殼分行」（shell branches）或紙上公司（paper company），以逃避稅捐。這些銀行與金融機構將其在其他地區辦理的金融業務於此地的空殼分行記帳，以求免除各種稅賦，因此，這類型的境外金融中心又稱為「記帳中心」或「避稅中心」（tax-haven center）。這些空殼分行雖向登記所在地當局辦理登記，但實際上的業務操作係在其他地區，只是另立一套帳簿而已。

由於這類中心提供許多誘因，例如：對境外金融交易不課稅、公

司登記簡便、嚴格的銀行保密法、對非住民的外幣交易無外匯管制，以及境外金融無須提供報表等，均是吸引各國銀行與國際企業的主要原因，金融業方面的收入成為次於觀光業的重要收入來源。但由於其記帳中心的型態，故對當地整體經濟的提升仍屬有限。然而由於銀行保密法的嚴格執行，不法交易得以獲得掩護，故許多非法取得的資金仍在此彙集，而有「洗錢中心」的毀譽。

　　這類型的市場分布在全球各地，大多數都是一些經濟規模較小的國家，前身曾為殖民地（或目前依舊是），政治和社會保守，民主發展程度較低，其政府為大量吸引企業和富人的資金，提供各種優惠條件。比較著名的有英屬維京群島（British Virgin Island, BVI）、英屬開曼群島（The Cayman Islands）、巴哈馬（Bahamas）與巴拿馬（Panama）、英屬百慕達群島（Bermuda）、英屬澤西島（Jersey Island）、盧森堡（Luxembourg）、列支敦斯登（Liechtenstein）等。

五、成立境外金融中心的要件

　　一般而言，一國或一個地區成立與發展具實質效益的境外金融中心須具備以下幾個要件：

(一)穩定的政治環境

　　有了穩定的政治環境與安定的社會，才能確保資金安全，以吸引國外資金流入。

(二)適當的地理位置

　　其營業時間最好能與其他主要的外匯市場營業時間先後銜接，以利訊息的掌握及交易的進行。

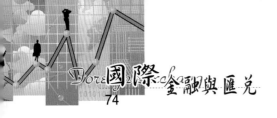

(三)較少的金融限制

對於境外金融業務,儘量減少各種金融限制,例如:境外存款免提存款準備、免存款保險、無利率限制等,提高境外金融業務的獲利能力,增進其競爭能力,以吸引更多參與者。

(四)優惠的租稅措施

對於境外金融業務,提供各種租稅的優惠措施,例如:減免營利事業所得稅、利息及股利所得稅等,以降低交易成本,增強其競爭力。

(五)健全的法律制度

不僅要有完備的法規,使參與者能有所遵循並獲得保障,而且相關法令要能作適時與合理的調整。

(六)穩定的外匯經濟環境

應具備健全的外匯市場、穩定繁榮的經濟環境,以提供有利的投資機會。

(七)充裕的專業人才

境外金融中心的發展需要數量足夠、外語能力良好且具有專業知識的國際金融、法律及會計等相關專業人才,這有賴良好的教育與培訓制度。

(八)完善的配合設施

境外金融中心應位於有完善基礎建設的區域,例如:便捷的通訊及交通網路、現代化的商務設施、完善的公用事業等。此外,該地區應該已具備相當規模且多元化的金融市場,以利境外金融業務的發展。

(九)自由化的國際金融

免除或減少對外匯交易的限制，包括資金的自由兌換與匯出匯入、資本移動與國際支付的自由化，以發揮自由外匯市場的仲介功能。

(十)與各主要金融中心保持良好關係

與倫敦、紐約、東京、法蘭克福、新加坡等主要金融中心保持良好的關係，並且構築全球化的金融交易系統，將對境外金融中心的發展有所助益。

六、成立境外金融中心的效益

近年來，許多國家紛紛設立境外金融中心，尤其是一些開發中國家，由於缺乏發展工業化的條件，不得不轉而依賴金融服務業的發展，而境外金融中心的設立，也確為其地主國帶來各種效益。以下即將境外金融中心對地主國的經濟貢獻歸納為幾點：

(一)增加就業機會，提高國民所得

境外金融中心設立後，經由本國銀行業務的擴充及外商銀行的新設，均可創造該國金融從業人員的就業機會，銀行薪資及各項營運費用的支出也有助於提高該國的國民所得。此外，相關行業如貨幣市場、證券市場、會計、法律、經紀商、通訊、餐旅等亦可直接或間接受惠，不僅可增加就業機會，促進經濟繁榮，且有助於人力素質的提升。

(二)提升金融外匯操作能力

境外金融中心設立之後，金融業的競爭必趨激烈，可提高國內金融業的經營效率，進而提供本國廠商更完善的服務。此外，藉由國際

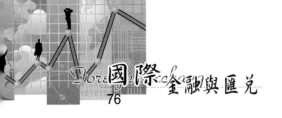

金融專業操作技術的引進，不僅可增進本國從業人員的專業技術能力，也可提升金融服務的品質與管理技巧。

(三)靈活資金的籌措

國內廠商所需外資可就近透過往來銀行向境外金融中心籌措，無須向國外洽借，而且境外金融中心資金成本較低，有助於國內資金需求者取得低廉便捷的資金。

(四)增加稅收

參與境外金融業務的銀行所繳納的營業許可費及公司所得稅等，可增加政府的稅收。

(五)提升國際地位

境外金融中心成立後，可吸引更多國際金融業者及投資人參與交易，進而擴大該國的經濟活動範圍，並可加強與外國的往來關係，地主國的國際地位、知名度及生活水準將隨之提高。

七、境外金融中心的主要業務

境外金融中心的銀行從事的業務，包括外匯交易、境外存款、放款、進出口外匯業務投資，以及提供收取費用性質的服務業務，例如：債券承銷、交易、經紀、管理等。此外，尚有管理投資資金、提供顧問服務等項業務。至於服務的對象則是以各國中央銀行、政府機構、國際組織、商業銀行、保險公司、信託公司、多國籍公司及大富豪等大額資金供需者為主，因此是屬於批發性的市場。

銀行在境外金融中心所扮演的角色，與其在一般金融市場或外匯市場中所扮演者並無不同，即擔任資金中介者的任務，是資金的供給者，也是資金的需求者。銀行為辦理融資，所需要的資金通常係以向

客戶吸收存款，或在市場發行金融工具加以籌措。以下即分別就「資金的來源」及「資金的運用」兩方面，說明銀行在境外金融中心的主要業務。

(一)資金的來源

1. 境外存款

境外存款因不受地主國金融法規所訂利率上限的限制，可以視市場狀況自由調整利率，而且無須提撥存款準備及投保存款保險，資金成本較低，所以一般而言，其存款利率較境內高。

2. 發行金融工具

境外金融市場較常使用的金融工具，有下列幾種：

(1) 可轉讓定期存單（Negotiable Certificate of Deposit, NCD）：1966年花旗銀行由其倫敦分行首先發行可轉讓定期存單，存單持有人遇有資金需求時，可隨時持往次級市場出售，故流動性很高，而且具隱密性。此外，銀行也視其爲取得便宜資金的來源，因爲具有上述這些優點，所以成長相當快。

(2) 浮動利率債券（Floating-Rate Notes, FRNs）：是一種長期型的債券，期限通常爲五至十年，但因其利率是採浮動，可隨短期利率變動作調整，而且可在次級市場自由流通轉讓，所以也兼具短期金融工具的優點。

(3) 歐洲債券（Euro-Bonds）：係一種中長期的信用工具，由多國籍的聯貸銀行團保證，並同時在幾個國家發行，其票面係以發行地國家以外的通貨表示，故稱爲歐洲債券。

(二)資金的運用

1. 銀行間資金拆放

在境外資金的運用方面，銀行間拆款可說最爲重要，銀行間資金拆款（interbank deposit）又稱爲再存款（redeposit）業務。一般的做

法乃是將拆入借得的資金，或以加碼，或於不同市場間作利率套利，或作不同幣別間兌換再存款，或純粹就利率走勢以「借短期放長期」或「借長期放短期」等方式加以運用，從中獲取利潤。簡單的說，就是將所吸收的存款再存放到其他銀行而成為其他銀行的存款，因此又稱為再存款業務。

境外金融市場中的拆款，大都為定期存款的形式，由於現代電訊設備的發達，使得位於不同時區的各地銀行也可同時參與交易，因此境外金融市場的拆款已是一種全球性的業務，其交易對象並不限於本地市場的銀行同業。

2. 境外貸款

境外金融市場為一批發性市場，因此貸款的對象以境外大企業、多國籍公司、外國政府及其代理機構為主，每筆貸款金額龐大，且貸款期限較長，風險較大，往往由數家銀行組成銀行團，以聯貸方式融資。

3. 歐洲通貨證券投資

境外金融中心的資金，也有運用投資各類歐洲通貨證券，例如：前述的歐洲債券、可轉讓定期存單、浮動利率債券等，以投資於次級市場為主。

我國的境外金融中心於民國73年成立，有關我國境外金融中心的發展與業務內容，請參閱第八章第二節。

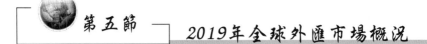

第五節　2019年全球外匯市場概況

國際清算銀行（BIS）每三年調查一次全球外匯市場交易的情形，最近的一次調查為2019年4月，調查對象涵蓋全球53個主要國家（地區），約1,300家銀行和各類外匯交易商，茲將其調查結果摘要如下：

一、外匯交易量

如表3-2，2019年4月全球每日平均外匯交易量約為6.6兆美元，高於2016年的5.1兆美元，其中衍生性交易（尤其是換匯交易）的成長高於即期交易。

二、交易類別

從表3-2與圖3-3來看，全球外匯交易的類別以換匯交易（foreign exchange swaps）占最高比重（日平均交易量3.2兆美元，占48.6%），其次為即期外匯交易（日平均交易量2.0兆美元，占30.2%）與遠期外匯交易（日平均交易量9,99億美元，占15.2%）。

表3-2　全球每日平均外匯交易量

單位：十億美元

Global foreign exchange market turnover						
Net-net basis, daily averages in April, in billions of US dollars						
Instrument	2004	2007	2010	2013	2016	2019
Foreign exchange instruments	1,934	3,324	3,971	5,345	5,067	6,590
Spot transactions	631	1,005	1,488	2,046	1,652	1,987
Outright forwards	209	362	475	680	700	999
Foreign exchange swaps	954	1,714	1,759	2,228	2,378	3,202
Currency swaps	21	31	43	54	82	108
Options and other products	119	212	207	337	254	294
Memo:						
Turnover at April 2013 exchange rates	*1,854*	*3,071*	*3,602*	*4,827*	*4,958*	*6,590*
Exchange-traded derivatives	*25*	*77*	*144*	*145*	*115*	*127*

資料來源：BIS

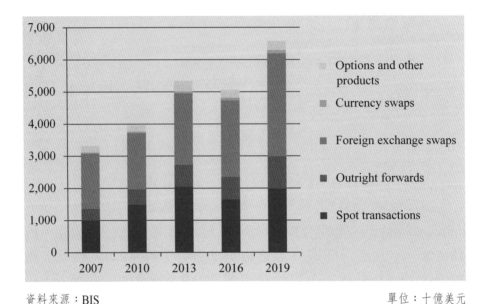

資料來源：BIS

單位：十億美元

圖3-3 全球外匯市場交易量—依交易類別（各年4月分日均量）

三、主要交易貨幣

　　如表3-3，2019年4月國際間主要貨幣在外匯交易中所占的比重，雖有一些變化，但美元仍穩坐龍頭地位，占88.3%，其餘依次為歐元（32.3.4%）、日圓（16.8%）、英鎊（12.8%）、澳幣（6.8%）、加幣（5.0%）、瑞士法郎（5.0%）。

　　值得注意的是，國際外匯市場交易重心也逐漸轉向新興市場經濟體（Emerging Market Economies, EME）貨幣。人民幣（CNY）是目前交易最活躍的新興市場貨幣，2013年日均交易量1,200億美元，2016年增加到2,020億美元，2019年則為2,840億美元，在全球交易占比，從2013年的2.2%，2016年的4%，至2019年為4.3%。

表3-3　全球外匯市場交易的幣別分布（各年4月份日均量）

Currency	\multicolumn{12}{c}{Currency distribution of global foreign exchange market turnover Percentage shares of average daily turnover in April}

Currency	2004		2007		2010		2013		2016		2019	
	比重	排名	比重	排名	比重	排名	比重	排名	比重	排名	比重	排名
USD	88.0	1	85.6	1	84.9	1	87.0	1	87.6	1	88.3	1
EUR	37.4	2	37.0	2	39.1	2	33.4	2	31.4	2	32.3	2
JPY	20.8	3	17.2	3	19.0	3	23.0	3	21.6	3	16.8	3
GBP	16.5	4	14.9	4	12.9	4	11.8	4	12.8	4	12.8	4
AUD	6.0	6	6.6	6	7.6	5	8.6	5	6.9	5	6.8	5
CAD	4.2	7	4.3	7	5.3	7	4.6	7	5.1	6	5.0	6
CHF	6.0	5	6.8	5	6.3	6	5.2	6	4.8	7	5.0	7
CNY	0.1	29	0.5	20	0.9	17	2.2	9	4.0	8	4.3	8
SEK	2.2	9	2.7	8	2.2	8	1.8	13	1.7	13	3.5	9
NZD	1.1	13	1.9	11	1.6	10	2.0	10	2.1	10	2.1	10
Total	200.0		200.0		200.0		200.0		200.0		222.0	

註：由於外匯交易為兩種貨幣互換，因此整體交易總額為200%，而非100%。

　　日圓、歐元與瑞士法郎的占比則逐漸降低，歐元占全球外匯交易的32.3%，低於2010年的39%。美元的霸主地位則仍維持不變，全球外匯交易中涉及美元的占比高達88.3%。

　　另從表3-4可看出，美元兌歐元的交易比重最高，占24%，其次為美元兌日圓（13.2%）、美元兌英鎊（9.6%）。

表3-4　全球外匯市場交易量一按交易配對幣別（各年4月份日均量）

單位：十億美元

Currency pair	2007		2010		2013		2016		2019	
	Amount	%	Amount	%	Amount	%	Amount	%	Amount	%
USD / EUR	892	26.8	1,098	27.7	1,289	24.1	1,172	23.1	1,584	24.0
USD / JPY	438	13.2	567	14.3	978	18.3	901	17.8	871	13.2
USD / GBP	384	11.6	360	9.1	472	8.8	470	9.3	630	9.6
USD / AUD	185	5.6	248	6.3	364	6.8	262	5.2	358	5.4
USD / CAD	126	3.8	182	4.6	200	3.7	218	4.3	287	4.4
USD / CNY	...	...	31	0.8	113	2.1	192	3.8	269	3.5
EUR/ JPY	86	2.6	111	2.8	147	2.8	100	2.0	131	2.0
EUR/ GBP	69	2.1	109	2.7	102	1.9	79	1.6	114	1.7
EUR / CHF	62	1.9	71	1.8	71	1.3	44	0.9	73	1.1
EUR / SEK	24	0.7	35	0.9	28	0.5	36	0.7	36	0.5
JPY /AUD	...	...	24	0.6	46	0.9	31	0.6	35	0.5
JPY / CAD	...	...	...	...	6	0.1	7	0.1	7	0.1
JPY / NZD	...	...	4	0.1	5	0.1	5	0.1	6	0.1

四、市場分布

　　如表3-5，英國仍為全球外匯交易量最多的國家，日平均外匯交易金額占全球交易量的43.1%，第二名美國（比重16.5%），新加坡與香港並列第三（比重7.6%），第五名日本（比重4.5%）。第六名至第十名則分別為瑞士（比重3.3%）、法國（比重2.0%）、中國大陸（比重1.6%）、德國（比重1.5%）與澳洲（比重1.4%）。

　　最受注意的是中國大陸，2019年平均交易量1,360億美元，較2016年成長87%，排名從2016年的第13名躍升到2019年的第8名。

表3-5　全球外匯市場交易量—依地區分布（各年4月份日均量）

單位：十億美元

Country	2004		2007		2010		2013		2016		2019	
	Amount	%	Amount	%	Amount	%	Amount	%	Amount	%	Amount	%
Australia	107	4.1	176	4.1	192	3.8	182	2.7	121	1.9	119	1.4
Austria	15	0.6	19	0.4	20	0.4	17	0.3	19	0.3	16	0.2
Bahrain	3	0.1	3	0.1	5	0.1	9	0.1	6	0.1	2	0.0
Belgium	21	0.8	50	1.2	33	0.6	22	0.3	23	0.4	36	0.4
Brazil	4	0.1	6	0.1	14	0.3	17	0.3	20	0.3	19	0.2
Canada	59	2.3	64	1.5	62	1.2	65	1.0	86	1.3	109	1.3
Chile	2	0.1	4	0.1	6	0.1	12	0.2	7	0.1	8	0.1
China	1	0.0	9	0.2	20	0.4	44	0.7	73	1.1	136	1.6
Chinese Taipei	9	0.4	16	0.4	18	0.4	26	0.4	27	0.4	30	0.4
Denmark	42	1.6	88	2.1	120	2.4	103	1.5	101	1.5	63	0.8
Finland	2	0.1	8	0.2	31	0.6	15	0.2	14	0.2	7	0.1
France	67	2.6	127	3.0	152	3.0	190	2.8	181	2.8	167	2.0
Germany	120	4.6	101	2.4	109	2.2	111	1.7	116	1.8	124	1.5
Greece	4	0.2	5	0.1	5	0.1	3	0.0	1	0	1	0.0
Hong Kong SAR	106	4.1	181	4.2	238	4.7	275	4.1	437	6.7	632	7.6
India	7	0.3	38	0.9	27	0.5	31	0.5	34	0.5	40	0.5
Ireland	7	0.3	11	0.3	15	0.3	11	0.2	2	0	7	0.1
Italy	23	0.9	38	0.9	29	0.6	24	0.4	18	0.3	17	0.2
Japan	207	8.0	250	5.8	312	6.2	374	5.6	399	6.1	376	4.5
Korea	21	0.8	35	0.8	44	0.9	48	0.7	48	0.7	55	0.7
Luxembourg	15	0.6	44	1.0	33	0.7	51	0.8	37	0.6	58	0.7
Malaysia	2	0.1	3	0.1	7	0.1	11	0.2	8	0.1	10	0.1
Mexico	15	0.6	15	0.4	17	0.3	32	0.5	20	0.3	20	0.2
Netherlands	52	2.0	25	0.6	18	0.4	112	1.7	85	1.3	64	0.8

（接下頁）

（承上頁）

New Zealand	7	0.3	13	0.3	9	0.2	12	0.2	10	0.2	9	0.
Norway	14	0.6	32	0.7	22	0.4	21	0.3	40	0.6	30	0.
Russia	30	1.1	50	1.2	42	0.8	61	0.9	45	0.7	47	0.
Singapore	134	5.1	242	5.6	266	5.3	383	5.7	517	7.9	633	7.
South Africa	10	0.4	14	0.3	14	0.3	21	0.3	21	0.3	20	0.
Spain	14	0.5	17	0.4	29	0.6	43	0.6	33	0.5	41	0.
Sweden	32	1.2	44	1.0	45	0.9	44	0.7	42	0.6	37	0.
Switzerland	85	3.3	254	5.9	249	4.9	216	3.2	156	2.4	276	3.
Thailand	3	0.1	6	0.1	7	0.1	13	0.2	11	0.2	14	0.
United Kingdom	835	32.0	1,483	34.6	1,854	36.8	2,726	40.9	2,406	36.9	3,576	43.
United States	499	19.1	745	17.4	904	17.9	1,263	18.9	1,272	19.5	1,370	16.
Total	**2,608**	**100.0**	**4,281**	**100.0**	**5,043**	**100.0**	**6,671**	**100.0**	**6,514**	**100.0**	**8,294**	**100.**

　　整體來看，全球外匯市場的活動有愈來愈集中在少數金融中心的趨勢。在2013年，前五大國際金融中心的外匯交易金額約占全球的75%，2016年成長到75%，2019年則為79%。

五、交易主體

　　(一)申報交易商（reporting dealers）：包括大型的商業銀行與投資銀行。

　　(二)其他金融機構（other financial institutions）：即不具申報交易商資格的金融機構，包括小規模銀行或地區性銀行、對沖基金、機構投資者（如養老基金和共同基金）、官方部門的金融機構（如中央銀行和主權基金）等。

　　(三)非屬金融機構的顧客（non-financial customers）：大多數都

是企業，也包括政府與交易金額較大的個人。

　　在全部的外匯交易當中，第一類交易主體的交易量占總交易量的38%，第二類交易主體占55%（其中，銀行占24%，機構投資者占12%，對沖基金占9%），第三類交易主體占比最低，僅7%。

習 題

一、是非題

1. ( ) 外匯市場通常沒有具體的營業場所,是一無形的市場。

2. ( ) 由於目前各國的外匯市場都是二十四小時營業,因此形成一全球性與全天候交易的市場。

3. ( ) 一般所稱的外匯市場係指銀行與銀行間交易的市場。

4. ( ) 即期外匯交易通常多在成交後的第一個營業日辦理交割。

5. ( ) 在我國,外匯經紀商主要是仲介銀行與顧客間的外匯交易。

6. ( ) 中央銀行對外匯市場的干預,已普遍被認為是一種必要的政策手段。

7. ( ) 巴黎是歐洲通貨市場的發源地及中心。

8. ( ) 在我國,農會信用部、漁會信用部及中華郵政股份有限公司也可以辦理部分項目的外匯業務。

9. ( ) 廣義的說,歐洲美元係指存放在歐洲的美元,歐洲日圓係指存放在歐洲的日圓。

10. ( ) 倫敦境外金融業務的發展是自然形成的。

二、選擇題

1. ( ) 外匯市場的主角為: (A)中央銀行 (B)外匯銀行 (C)外匯經紀商 (D)顧客。

2. ( ) 以下何者不是屬於國際性的外匯市場? (A)倫敦 (B)東京 (C)臺北 (D)紐約。

3. ( ) 以下何者不是外匯銀行進行外匯交易的動機? (A)干預市場

(B)服務顧客　(C)拋補外匯頭寸　(D)謀取交易利益。

4. （　）　全球最大外匯市場是：　(A)紐約　(B)上海　(C)東京　(D)倫敦。

5. （　）　一國的境外金融業務從事的是：　(A)內對內　(B)內對外　(C)外對內　(D)外對外　的金融交易。

6. （　）　國際上的境外金融中心，資金最多運用在：　(A)歐洲通貨證券投資　(B)境外貸款　(C)銀行間資金拆放　(D)發行金融工具。

7. （　）　依據BIS在2019年的統計，全球外匯交易的型態，何者占最高比重？　(A)換匯交易　(B)即期外匯交易　(C)遠期外匯交易　(D)選擇權交易。

8. （　）　下列哪一個境外金融中心是屬於記帳中心？　(A)東京　(B)紐約　(C)香港　(D)開曼群島。

9. （　）　下列哪一個境外金融中心是自然形成的？　(A)巴林　(B)巴哈馬　(C)新加坡　(D)倫敦。

10. （　）　依據BIS在2019年的統計，全球外匯交易的日平均交易量約為：　(A)66億美元　(B)660億美元　(C)6,600億美元　(D)6.6兆美元。

三、填空題

1. 廣義的外匯市場包含下列兩個交易的層次：_____與_____間交易的市場，_____與_____間交易的市場。

2. _____乃外匯市場的監督管理者，負有監督市場運作，維持市場交易秩序，持有及調度_____，以及穩定_____的責任。

3. 境外金融中心係指一個以_____為交易中介，以_____為交易對象，減免金融及外匯_____，並且在_____上提供優惠待遇，以吸引國際金融業者，從事金融交易的市場。

4. _____係指各國金融機構所接受本國通貨以外的一切外幣存款的總稱。

5. 境外金融市場上較常使用的金融工具有_____、_____與_____。

四、解釋名詞

1. long position
2. foreign exchange brokers
3. OBU
4. LIBOR
5. Euro-Bonds

五、問答題

1. 請說明外匯市場的特色。

2. 一個結構健全的外匯市場，通常有哪些參與者？其參與市場交易的動機各為何？

3. 何謂歐洲美元（Euro-Dollar）？為什麼會有歐洲美元的產生？

4. 目前全球主要的境外金融中心，依其操作型態的不同，可分為哪三種類型？其各有哪些代表性的市場？（各舉兩例）

5. 臺北外匯市場目前仍為一地區性的外匯市場，展望未來的發展，我國政府對臺北外匯市場的規劃如何？有哪些具體的作法？（須註明資料來源）

4

外匯匯率

International Exchange

第一節 匯率的意義與表示方法

一、匯率的意義

外匯匯率（foreign exchange rate）簡稱匯率，又稱匯價，係指兩種貨幣之間的兌換比率。由於每一個國家使用的貨幣不同，因此國際之間不論是商品的貿易，或是資金的移動，往往必須將一國貨幣兌換成另一國的貨幣，匯率就是表示兩種貨幣之間幣值的換算比率。

外匯市場上交易的標的物就是外匯，而在外匯市場上買賣外匯的價格就是匯率。上一章曾提及，外匯交易就是用一種貨幣購買另一種貨幣，因此匯率也可說是「外匯市場上一種貨幣單位用另一種貨幣單位表示的價格」。

既然匯率是外匯市場的價格，則匯率與外匯供需之間的關係也一如一般商品市場，亦即：

外匯供給增加 ⇒ 外匯價格下降

外匯供給減少 ⇒ 外匯價格上升

外匯需求增加 ⇒ 外匯價格上升

外匯需求減少 ⇒ 外匯價格下降

二、匯率的表示方法

(一)匯率的報價方式

匯率的報價方式又叫作匯率的標價法，在給外匯標價時，要比給一般商品標價來得複雜，因為一般商品標價不外是「一件商品多少錢」，一邊是商品，另一邊是貨幣；但是外匯交易是「以貨幣買貨

幣」，兩邊都是貨幣，要以一種貨幣表示另一種貨幣的價格，難免容易混亂，因此在涉及匯率問題時，首先要弄清楚該匯率的報價方法。目前外匯市場中匯率的報價方法有以下兩種：

1. 直接報價法（direct quotation method）

又稱為付出報價法（giving quotation method）或價格報價法（price quotation method），係一單位外國幣折合若干單位本國幣的匯率報價法，亦即：

1單位外國幣＝？單位本國幣

我國及大多數國家的外匯市場都是採用直接報價法，如表4-1是國內某銀行的匯率報價表，表中的匯率都是採用直接報價法，例如：美元匯率29.58表示USD1＝TWD29.58；歐元匯率32.97，表示EUR1=TWD32.97。

表4-1　國內某銀行的匯率報價表

幣別	買入	賣出
美元	29.58	29.68
港幣	3.797	3.857
日圓	0.2762	0.2803
歐元	32.97	33.37
人民幣	4.164	4.214
英鎊	36.48	36.88
澳幣	20.17	20.41
加拿大幣	21.72	21.92
新加坡幣	21.14	21.32
紐西蘭幣	18.92	19.1
南非幣	1.67	1.77

2. 間接報價法（indirect quotation method）

又稱為收進報價法（receiving quotation method）或數量報價法（volume quotation method），係一單位本國幣折合若干單位外國幣的匯率報價法，亦即：

1單位本國幣＝？單位外國幣

簡單說，間接報價法的匯率是直接報價法匯率的倒數。上例中的USD1 = TWD29.58，若改為間接報價法，便成為TWD1 = USD0.034（1÷29.58 = 0.034）。

除了少數的貨幣，例如：歐元（EUR）、英鎊（GBP）、澳幣（AUD）、紐幣（NZD）等是採用間接報價法，大多數的貨幣都是採用直接報價法。

不過，外匯市場是一個高度國際化的市場，不同報價法的貨幣彼此在國際市場交易時，又該如何報價呢？國際外匯市場的報價方式多是採用「Base Currency/Term Currency」，表示1單位的Base Currency可兌換多少單位的Term Currency。當USD與其他貨幣兌換時，通常是以USD為Base Currency，例如：USD/JPY為122.00，表示1單位USD可兌換122.00單位的JPY。但是當USD與EUR、GBP、AUD或NZD兌換時，則係以EUR、GBP、AUD、NZD為Base Currency，表示成EUR/USD、GBP/USD、AUD/USD、NZD/USD，例如：EUR/USD為1.12，表示1單位EUR可兌換1.12單位的USD。至於其他貨幣彼此之間，或EUR、GBP、AUD、NZD彼此之間，則不一定由何種貨幣作為Base Currency。

以Base Currency/Term Currency的方式表示匯率，當這個數字變大，表示Base Currency升值，也就是Term Currency貶值。例如：USD/JPY從122.00變成121.00，表示USD貶值，JPY升值；EUR/USD從1.12變成1.02，表示EUR貶值，USD升值。

(二)匯率的報價單位

匯率報價通常報到最小貨幣單位的百分之一,稱之為「點」(point)。例如:美元的最小貨幣單位為美分,即USD0.01,其百分之一USD0.0001稱之為一點。依此,若GBP與USD之間的匯率由GBP1 = USD1.6543上升至GBP1 = USD1.6789,則稱GBP上升246點;若匯率跌至1.6520,則稱GBP下跌23點。再例如:USD與TWD之間的匯率由USD1 = TWD32.6642上升至USD1 = TWD32.6728,便稱USD上升86點。

一般的貨幣單位最小大多是「分」,不過日圓因為幣值較低,貨幣單位最小就是其基本單位,沒有「角」或「分」,所以便以其基本單位的百分之一,亦即JPY0.01為一點。例如:USD與JPY之間的匯率由USD1JPY120.57下跌至USD1JPY120.48,稱匯率下跌9點。

(三)匯率報價的當事人

匯率報價有兩個主要的當事人:一為詢價人,即有買賣外匯的意願,而向他人詢問匯率的人;另一為報價人,即隨時報價(或稱為掛牌),或應詢價而報價,從事外匯買賣的人。

一般而言,顧客均為詢價人;至於銀行則可能為詢價人,也可能為報價人,外匯市場的交易便是在眾多參與者不斷地詢價與報價中進行。

詢價人大多居於弱勢,只能依報價人報出的匯率決定是否接受,故又稱為「價格接受者」(price taker)。至於報價人則可依市場行情、手中籌碼及對走勢的判斷來決定報價的高低,倘若市場占有率夠大時,甚至可左右市場的行情,所以又稱為「價格決定者」(price maker)。銀行的外匯交易員須具備熟練的詢價及報價技巧,乃是必備的基本條件。

三、實例演練

實例演練(一)

> 上海外匯市場報價**USD/CNY 6.1708**
>
> **GBP/CNY 9.7161**
>
> 請問：以上報價法是直接報價法，還是間接報價法？

解

CNY是中國大陸人民幣的簡稱，在上海外匯市場報價的USD 與GBP，係以USD GBP作為Base Currency，亦即USD1兌換 CNY6.1708，GBP1兌換CNY9.7161，故為直接報價法。

實例演練(二)

> 臺北外匯市場3月1日GBP收盤匯率**55.4324**
>
> 3月2日GBP收盤匯率**55.4875**
>
> 紐約外匯市場3月1日JPY收盤匯率**120.56**
>
> 3月2日JPY收盤匯率**121.42**
>
> 請問GBP在臺北外匯市場以及JPY在紐約外匯市場分別是升值還 是貶值？升貶的點數各為多少？

解

臺北外匯市場：GBP升值，升值551點。

$(55.4875 - 55.4324 = 0.0551 = 551 \times 0.0001)$

紐約外匯市場：JPY貶值，貶值86點。

$(121.42 - 120.56 = 0.86 = 86 \times 0.01)$

第二節　　升值與貶值的意義

　　一國貨幣對外價值的變動，直接表現在其匯率的變動，在以直接報價法表示的匯率，若匯率上升，表示本國貨幣對外價值降低了，即本國貨幣貶值（在浮動匯率制度下，稱為depreciation；在固定匯率制度下，稱為devaluation）；若匯率下跌，表示本國貨幣對外價值升高了，即本國貨幣升值（在浮動匯率制度下稱為appreciation；在固定匯率制度下，稱為revaluation或upvaluation）了；而以間接報價法表示的匯率，其匯率變動方向表示貨幣升值或貶值則剛好相反，前已述及。

　　在浮動匯率制度下，一國貨幣升值或貶值並非絕對的，而是一種相對的觀念。所謂「一國貨幣升值」，係指一國貨幣的價值相對於另一國貨幣的價值升高了，也就是一單位的本國貨幣可以換得更多單位的另一國貨幣，因此在說明時，應更明確地指出「一國貨幣相對於某一國貨幣升值」。例如：USD對TWD的匯率由32下跌至30，便稱為「USD對TWD貶值」，或「TWD對USD升值」。若在同一時間，GBP對TWD的匯率由50上升至51，則稱為「GBP對TWD升值」或「TWD對GBP貶值」。由於TWD同時對USD升值，又對GBP貶值，因此如果僅表示「TWD升值」或「TWD貶值」，並無法清楚地表明TWD對外價值的實際變動狀況。

　　衡量一國貨幣相對於另一國貨幣的升值或貶值的幅度，必須先將擬估算升貶幅度的那種貨幣當作Base Currency，確定匯率的表示方法之後，再依下列公式計算：

$$某種貨幣的升（貶）值率 = \frac{新匯率 - 原匯率}{原匯率} \times 100\%$$

例如：USD對TWD匯率自32跌至30，則

$$USD貶值率 = \frac{30-32}{32} \times 100\% = -6.25\%$$

表示「USD相對TWD貶值了6.25%」。

$$TWD升值率 = \frac{\frac{1}{30}-\frac{1}{32}}{\frac{1}{32}} \times 100\% = 6.67\%$$

表示「TWD相對USD升值了6.67%」。

同樣爲USD與TWD之間的匯率，但由於觀點的不同，因此，「USD對TWD的貶值率」與「TWD對USD的升值率」就略有差異。

實例演練

倫敦外匯市場今日CHF　收盤匯率0.9398

GBP　收盤匯率1.6568

昨日CHF　收盤匯率0.9432

GBP　收盤匯率1.6632

請問與昨日相較，CHF今天升值或貶值？幅度爲何？

GBP今天升值或貶值？幅度爲何？

解

1.CHF今天較昨天相對USD升值

$$升值幅度 = \frac{\frac{1}{0.9398}-\frac{1}{0.9432}}{\frac{1}{0.9432}} = 0.34\%$$

2.GBP今天較昨天相對USD貶值

$$貶值幅度 = \frac{1.6568-1.6632}{1.6632} = -0.38\%$$

第三節　匯率的種類

匯率依分類標準的不同,可有以下各種不同的分類:

一、依銀行買賣外匯立場的不同分類

(一)買入匯率(buying rate)

簡稱為買價,即銀行買入外匯時所適用的匯率。

(二)賣出匯率(selling rate)

簡稱為賣價,即銀行賣出外匯時所適用的匯率。

銀行報價時,通常是同時報出買入匯率與賣出匯率,即所謂「雙向報價」(two-way quotation)。其中買入匯率較低,放在前面,賣出匯率較高,放在後面,兩者的差額,稱為買賣價差(spread),或簡稱為價差。這個價差是報價者買賣外匯的利潤及對匯率變動風險的預防,價差的大小,視市場規模、競爭程度及匯率的穩定性而定,價差愈大,對報價者愈有利。

> **例如 Example**
>
> 某銀行對顧客掛牌USD:TWD的匯率為32.64-32.74
>
> 32.64為買入匯率,表示該銀行願意付出TWD32.64,買入USD1;
>
> 32.74為賣出匯率,表示該銀行願意收進TWD32.74,賣出USD1。
>
> 對顧客而言,欲賣出USD1,須依銀行的買入匯率,換得TWD32.64;欲買入USD1,須適用銀行的賣出匯率,付出TWD32.74。
>
> 買賣價差為0.1。

例如 ● Example

甲銀行向乙銀行報價USD：TWD的匯率為32.6542-54

32.6542為買入匯率，表示甲銀行願意付出TWD32.6542，向乙銀行買入USD1；

32.6554為賣出匯率，表示甲銀行願意以TWD32.6554，向乙銀行賣出USD1。

相對的，乙銀行須依甲銀行報出的買價32.6542來賣USD，依甲銀行所報出的賣價向甲銀行買入USD。

　　銀行與銀行間報價，通常不會將賣出匯率與買入匯率重複的部分再次報出，而僅報出其不同的數字。如本例32.6542-32.6554，通常簡略為32.6542-54，兩者的價差為0.0012，差12點。

二、依交割日期不同分類

(一)即期匯率（spot rate）

　　指必須在外匯買賣契約成立後的兩個營業日內進行交割的匯率。

　　銀行在外匯市場上所報的即期匯率，因報價對象的不同，而有不同的作法。

1. 對顧客報價

　　銀行對顧客所報出的即期匯率為當日交割，故掛牌匯率適用於當日交割的交易。

　　對顧客報價，除上述的即期匯率外，另有一種「現鈔匯率」，適用於顧客以外幣現鈔方式與銀行買賣外匯的交易。由於庫存現鈔無法運用生息，且必須負擔運送、保管、保險等費用及可能收受偽鈔的風險，因此銀行所報的現鈔買入匯率較即期買入匯率低，現鈔賣出匯率較即期賣出匯率高。也就是說，外幣現鈔匯率的買賣價差比即期匯率的買賣價差大。

　　不論是即期匯率或現鈔匯率，銀行對顧客所報匯率，除非當天的匯率有重大變化，否則通常都是一天一價，即早上所掛出的匯率，原則上適用於當天對一般顧客所有的交易。但是若顧客單筆交易的金額較大，往往可要求銀行給予較優惠的匯率。

2. 對銀行報價

　　銀行同業間所報出的即期匯率，通常都是在報價後的第二個營業日辦理交割。但有少數國家的外匯市場，其銀行間市場的即期匯率乃是在報價後第一個營業日或報價當天交割。

　　由於銀行間外匯市場是批發性的市場，有最低交易金額的限制，因此其買賣價差較小；而顧客市場是零售市場，交易金額大小不一，所以買賣價差較大。除匯率高低不同之外，所報匯率的最小單位也有差異，一般而言，對銀行報價須報到小數第三位，例如：USD1 = TWD32.636，對顧客報價則僅報到小數第二位，例如：USD1 = TWD32.63。

　　此外，銀行間市場的匯率是隨時變動的，不像顧客市場的匯率是一整天都不變（除非當天的匯率有重大變化）。

　　茲以表4-3來比較銀行間市場與銀行對顧客市場報價匯率的不同：

表4-2　銀行間市場與顧客市場匯率的比較

(二)遠期匯率（forward rate）

指在外匯買賣契約成立後的一定時日，才進行外匯交割的匯率，其到期日可分為以下三種：

1. 規格化的到期日

即一個月、二個月、三個月等，其交割日分別為即期交割日加一個月、二個月、三個月等，銀行對外報價時，通常都只報這種遠期匯率。

2. 畸零期

不是以若干個月為到期日，而是特定的期日，例如：23天、32天、95天等。這種畸零期的遠期匯率，銀行大多不主動報價，須個別向銀行詢價。對詢價人而言，這種匯率通常較整個月期的遠期匯率不利。

3. 任選到期日

即將遠期外匯的到期日訂在未來一段期間內，任由顧客自由選擇到期日。由於任選到期日的遠期外匯交易，對報價人而言，無法掌握確定的交割日期，資金調度甚為不便，所造成的成本增加，即轉嫁給詢價人，因此匯率原則上以對報價人有利的匯率訂定。

例如 *Example*

銀行掛牌的USD對TWD匯率如下：

	買　價	賣　價
即　　期：	32.10	32.20
一個月期：	32.30	32.42
二個月期：	32.62	32.82
三個月期：	32.93	33.24

若顧客欲訂定「第二個月間任選到期日遠期外匯」，則匯率為32.30-32.82；
若顧客欲訂定「第三個月間任選到期日遠期外匯」，則匯率為32.62-33.24。

也就是比較任選到期期間的首日及末日的匯率，買入匯率取較低的、賣出匯率取較高的來報價。

而銀行在對顧客以及對銀行同業報遠期匯率時，作法也有不同，茲分述如下：

1. 對顧客報價

銀行對顧客通常都是直接掛出遠期匯率，稱爲直接匯率（outright rate）或總共匯率。如前所述，銀行掛牌的多是一個月、二個月、三個月等規格化到期日的遠期匯率，而且這些遠期匯率原則上也是一整天都不變的，例如：銀行對顧客掛牌USD與TWD之間的匯率如下：

	買入匯率	賣出匯率
即　　期	32.63	32.73
一個月期	32.51	32.64
二個月期	32.32	32.48
三個月期	32.08	32.26

2. 對銀行報價

銀行同業間報遠期匯率時，通常都不是直接報出遠期匯率，而是報出點數匯率（points rate），或稱爲換匯匯率（swap rate），也就是只報出遠期匯率與即期匯率的差異點數。

有關於此，首先簡單說明銀行究竟是如何算出各種不同期數的遠期匯率。遠期匯率乃銀行願意在未來一特定期日與顧客或其他銀行買賣外匯的匯率，雖然是未來到期才進行交割，但是在成交當天就必須

先行確定未來交割所適用的匯率。由於未來充滿了各種不確定因素，因此銀行所報出的遠期匯率只能說是銀行根據各種影響匯率的因素所作出的對未來匯率的預測（或看法）。當然，影響遠期匯率的因素有很多，其中最重要的就是利率，因此，在沒有其他特別因素的考慮下，銀行通常都是以即期匯率和兩種貨幣的利率差異來計算遠期匯率〔計算的方法在第五節(四)利率平價學說中，將詳細說明〕。

　既然遠期匯率是以即期匯率為基礎計算出來，而銀行間市場的即期匯率經常在變動，如果每一次都必須經過計算才能報出遠期匯率，既沒效率，也不實際；另一方面，遠期匯率與即期匯率的匯差，就是兩種貨幣的利率差，而利率通常是很少一日數變的，所以實務上銀行通常都只報出匯差，再依即期匯率算出遠期匯率。

例如　Example

甲銀行向乙銀行報價USD與TWD之間的匯率如下：

即　　期：	32.6243-83
一個月期：	20-30
二個月期：	50-60
三個月期：	70-80

　上例中，遠期匯率僅報出點數匯率（又稱換匯匯率），這點數匯率是以即期匯率和USD與TWD的利率差異算出來的，其中20表示20點，即0.0020，30表示30點，即0.0030，依上例的數字：

　一個月期的遠期匯率實際數字是：
　　買價：32.6243 + 0.0020 = 32.6263
　　賣價：32.6283 + 0.0030 = 32.6313

二個月的遠期匯率實際數字是：

買價：32.6243 + 0.0050 = 32.6293

賣價：32.6283 + 0.0060 = 32.6343

三個月的遠期匯率實際數字是：

買價：32.6243 + 0.0070 = 32.6313

賣價：32.6283 + 0.0080 = 32.6363

如果甲銀行向乙銀行報出的匯率是：

即　　期：	32.6243-83
一個月期：	30-20
二個月期：	60-50
三個月期：	80-70

則各種不同期數的遠期匯率實際數字是：

一個月期：買價：32.6243 − 30 = 32.6213

賣價：32.6283 − 20 = 32.6263

二個月期：買價：32.6243 − 60 = 32.6183

賣價：32.6283 − 50 = 32.6233

三個月期：買價：32.6243 − 80 = 32.6163

賣價：32.6283 − 70 = 32.6213

從以上兩例可說明遠期匯率若是以點數匯率報價時，如何就即期匯率和點數匯率算出遠期匯率的實際數字：

點數匯率若是前小後大

⇒ 即期匯率＋點數匯率遠期匯率

點數匯率若是前大後小

⇒ 即期匯率點數匯率遠期匯率

至於其中的道理，因涉及問題較爲複雜，留待第四章第四節換匯交易再詳細說明。

綜合上述銀行對顧客以及銀行對銀行匯率報價的不同，以表4-3作一比較：

表**4-3**　銀行間市場與顧客市場匯率報價的比較

銀行對顧客報價	銀行對銀行報價
即期交易為當天交割	即期交易為第二個營業日交割
匯率通常是一天一價，即所掛出的匯率，原則上適用於當天整天的交易	匯率隨時變動
買賣價差大	買賣價差小
直接報出遠期匯率（即報出直接匯率）	不直接報出遠期匯率，而是同時報出即期匯率和即期、遠期兩匯率的匯差（即報出點數匯率）
大額交易的顧客可與銀行議價	原則上不議價

遠期匯率的報價方式（亦即掛牌方式），除上述的outright rate及points rate之外，另有一種盛行於歐洲的專業金融機構之間及專業報紙或雜誌的報價，稱爲年利率報價法（percent per annum）。這種報價方法係將遠期與即期匯率的匯差換算成百分比或年利率來表示，其換算公式爲：

遠期匯率與即期匯率的匯差

$$= \frac{遠期匯率 - 即期匯率}{即期匯率} \times \frac{360}{遠期天數} \times 100\%$$

例如 **Example**

即期　　　　　USD1 = TWD32.6243

遠期（二個月）USD1 = TWD32.6350

以年利率報價法表示遠期匯率，即為：

$$\frac{32.6350-32.6243}{32.6243} \times \frac{360}{60} \times 100\% = 0.20\%$$

表示遠期美元較即期美元升值0.20%〔稱為溢價或升水0.20%，有關遠期溢價與折價，請參閱本章第五節(四)利率平價學說〕。

三、依匯率的計算方式分類

(一)基本匯率（basic rate）

即本國貨幣與某特定國家貨幣之間的匯率。該特定國家的貨幣除應在本國外匯市場上占有重要地位，也必須是一種國際間普遍接受的可兌換通貨。本國貨幣對其他外幣的匯率，就是透過基本匯率換算而得。我國及大多數的國家都是以美元與其本國幣之間的匯率作為基本匯率。

(二)套算匯率（cross rate）

又稱為交叉匯率，是指兩種貨幣之間的匯率係透過第三種貨幣為中介折算而得者。以我國外匯市場為例，美元是我國外匯市場中最重要，也是交易量最大的外幣，美元與新臺幣之間的匯率即成為我國外匯市場的基本匯率。除了美元之外，我國外匯市場中尚有其他外幣（例如：歐元、日圓、英鎊等）的交易，這些其他外幣與新臺幣之間的匯率，係以美元與新臺幣在我國外匯市場中的匯率（即基本匯率），以及美元與這些外幣在國際外匯市場中的匯率，折算而得的。

例如　*Example*

我國外匯市場　USD1 = TWD32.5540
國際外匯市場　USD1 = CHF0.9450

由上二式可知，

CHF0.9450 = TWD32.5540

同除0.9450

⇒ CHF1 = TWD34.4487

由於TWD與CHF兩種貨幣對USD的匯率都是以USD1換算多少單位TWD或CHF的方式報價，亦即均為直接報價匯率，故交叉匯率係兩匯率相除而得，即34.4487 = 32.5540÷0.9450。

例如　*Example*

我國外匯市場　USD1 = TWD32.5540
國際外匯市場　GBP1 = USD1.6214

若將USD1 = TWD32.5540，左右各乘上1.6214

⇒ USD1.6214 = TWD52.7831

再與GBP1 = USD1.6214折算，可得

GBP1 = TWD52.7831

由於TWD兌換USD的匯率係以直接報價方式，而GBP兌換USD的匯率係以間接報價方式，因此交叉匯率係以兩匯率相乘而得，即52.7831 = 32.5540×1.6214。

實務上，匯率的報價並非像上述兩個例子般，只報一個匯率，而是同時報出買入匯率與賣出匯率，因此，在計算交叉匯率時，便會有四個匯率，應該如何由四個匯率（兩個買入匯率，兩個賣出匯率）中，擇取適當的兩個匯率加以折算，常生混淆。比較簡便的計算方法是將三種貨幣中作為折算中介的貨幣買賣部位軋平，再將剩得的兩個

匯率相乘或相除,求得交叉匯率。茲以實例說明如下:

例如 Example

USD1 = TWD32.5440-50

USD1 = JPY121.27-49

1. 就32.5440-50而言

　32.5440為銀行所報的買入匯率,意指

　銀行買進USD1,須付出TWD32.5440　　　(a)

　32.5450為銀行所報的賣出匯率,意指

　銀行賣出USD1,可收進TWD32.5450　　　(b)

2. 就121.27-49而言

　121.27為銀行所報的買入匯率,意指

　銀行買進USD1,須付出JPY121.27　　　(c)

　121.49為銀行所報的賣出匯率,意指

　銀行賣出USD1,可收進JPY121.49　　　(d)

3. 根據(a),銀行付出TWD32.5440,買入USD1

　根據(d),銀行賣出USD1,收進JPY121.49

　(a)+(d) ⇒ 銀行軋平USD的買賣部位(亦即銀行買入的

　　　　　 USD1,再予以賣出)

　⇒ 銀行買入(或收進)JPY121.49,須付出TWD32.5440

　　同除以121.49

　⇒ 銀行買入(或收進)JPY1,須付出TWD0.2679(0.2679

　　$=\dfrac{32.5440}{121.49}$),0.2679即為JPY:TWD的買入匯率

4. 根據(b)，銀行賣出USD1，可收進TWD32.5450

根據(c)，銀行買入USD1，須付出JPY121.27

(b) + (c) ⇒ 銀行軋平USD的買賣部位（亦即銀行將買入的
USD1，再予以賣出）

⇒ 銀行賣出（或付出）JPY121.27，可收進TWD32.5450

同除以121.27

⇒ 銀行賣出（或付出）JPY1，可收進TWD0.2684（0.2684

$=\dfrac{32.5450}{121.27}$），0.2684即為JPY：TWD的賣出匯率

由以上說明可知：

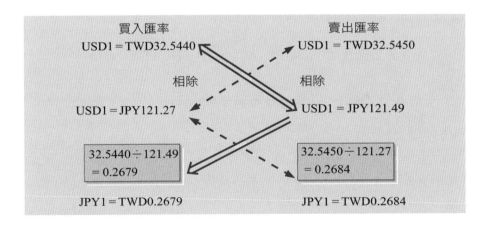

買入匯率　　　　　　　　　　　　　　賣出匯率

USD1 = TWD32.5440　　　　　　USD1 = TWD32.5450

相除　　　　　　相除

USD1 = JPY121.27　　　　　USD1 = JPY121.49

32.5440÷121.49
= 0.2679

32.5450÷121.27
= 0.2684

JPY1 = TWD0.2679　　　　　　JPY1 = TWD0.2684

例如 　Example

USD1 = TWD32.5440-50

GBP1 = USD1.6214-22

1.就32.5440-50而言

32.5440為銀行所報的買入匯率，意指

銀行買進USD1，須付出TWD32.5440　　(a)

32.5450為銀行所報的賣出匯率，意指

銀行賣出USD1，可收進TWD32.5450　　(b)

2. 就1.6214-22而言

1.6214為銀行所報的買入匯率，意指

銀行買進（或收進）GBP1，須付出USD1.6214　　(c)

1.6222為銀行所報的賣出匯率，意指

銀行賣出（或付出）GBP1，可收進USD1.6222　　(d)

3. 根據(a)，銀行付出TWD32.5440，買入USD1

同乘以1.6214

⇒ 銀行付出TWD52.7668，買入USD1.6214 (52.7668 = 32.5440×1.6214)

根據(c)，銀行賣出（或付出）USD1.6214，可收進GBP1

(a)＋(c) ⇒ 銀行軋平USD的買賣部位（亦即銀行將買入的 USD1.6214，再予以賣出）

⇒ 銀行買入（或收進）GBP1，須付出TWD52.7668

52.7668即為GBP：TWD的買入匯率

4. 根據(b)，銀行賣出USD1，可收進TWD32.5450

同乘以1.6222

⇒ 銀行賣出USD1.6222，可收進TWD52.7945

（52.7945 = 32.5450×1.6222）

根據(d)，銀行買入（或收進）USD1.6222，須付出GBP1

(b) + (d) ⇒ 銀行軋平USD的買賣部位（亦即銀行將買入的 USD1.6222，再予以賣出）

⇒ 銀行賣出（或付出）GBP1，可收進TWD52.7945

52.7945即為GBP：TWD的賣出匯率

由以上說明可知：

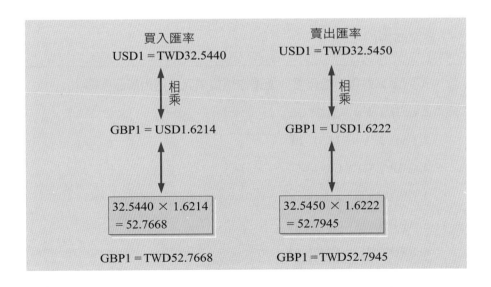

習慣上，國際外匯市場各種通貨的匯率均是以該通貨兌美元的匯率表示，所以，在計算交叉匯率時，多以美元作爲中介貨幣。

表4-4　各重要外幣的交叉匯率

06/19/2020

	USD	EUR	JPY	GBP	CHF	CAD	AUD	HKD
USD	-	1.1178	0.0094	1.2350	1.0501	0.7349	0.6835	0.1290
EUR	0.8946	-	0.0084	1.1048	0.9394	0.6575	0.6115	0.1154
JPY	106.8700	119.4593	-	131.9845	112.2230	78.5405	73.0457	13.7890
GBP	0.8097	0.9051	0.0076	-	0.8503	0.5951	0.5534	0.1045
CHF	0.9523	1.0645	0.0089	1.1761	-	0.6999	0.6509	0.1229
CAD	1.3607	1.5210	0.0127	1.6805	1.4289	-	0.9300	0.1756
AUD	1.4631	1.6354	0.0137	1.8069	1.5363	1.0752	-	0.1888
HKD	7.7504	8.6634	0.0725	9.5717	8.1386	5.6959	5.2974	-

資料來源：https://www.bloomberg.com

實例演練(一)

> 下列匯率是銀行的報價，如果你想買美元，適用哪個匯率？
>
> 1. USD/TWD：31.25-35
>
> 2. USD/JPY：118.10-20
>
> 3. GBP/USD：1.5940-50
>
> 4. USD/HKD：8.2080-90
>
> 5. AUD/USD：0.8130-40
>
> 6. USD/CHF：0.9495-02

解

1. 31.35

2. 118.20

3. 1.5940

4. 8.2090

5. 0.8130

6. 0.9502

實例演練(二)

下列為甲、乙兩銀行的匯率報價，如果你想賣美元，找哪一家比較有利？

	甲銀行	乙銀行
1. USD / TWD	31.02-08	31.07-12
2. USD / CHF	0.9495-05	0.9490-00
3. USD / JPY	124.35-45	124.00-10
4. GBP / USD	1.7399-09	1.7400-05
5. NZD / USD	0.6435-45	0.6437-47

解

1. 乙銀行

2. 甲銀行

3. 甲銀行

4. 乙銀行

5. 甲銀行

實例演練(三)

市場報價如下：

USD／TWD	即期匯率	32.2400-10
	三個月遠期匯率	32.2420-35

請將上列三個月遠期匯率以換匯匯率報價法報出。

解

買價差異點數 = 32.2420 − 32.2400 = 0.0020

$\qquad$ = 20 × 0.0001 　差20點

賣價差異點數 = 32.2435 − 32.2410 = 0.0025

$\qquad$ = 25 × 0.0001 　差25點

故應為20-25。

實例演練(四)

市場報價如下：

即期匯率	USD1 = CHF0.9566
三個月遠期匯率	USD1 = CHF0.9555

請將上列三個月遠期匯率以年利率報價法報出。

解

$$\frac{0.9555-0.9566}{0.9566} \times \frac{360}{90} \times 100\% = -0.46\%$$

實例演練(五)

市場報價如下：

USD／CAD：1.2648

USD／TWD：30.90

請以TWD報出CAD的匯率。

解

$$\frac{30.90}{1.5455} = 24.43$$

實例演練(六)

AUD1 = USD0.7046

USD1 = TWD33.25

則AUD1 = TWD？

解

$33.25 \times 0.7046 = 23.43$

實例演練(七)

臺北外匯市場報價　USD：TWD = 1：33.20-30

國際外匯市場報價　USD：CAD = 1：1.6050-60

USD：JPY = 1：122.10-20

GBP：USD = 1：1.6795-05

USD：CHF = 1：0.9630-40

$$AUD：USD = 1：0.7650\text{-}60$$

則臺北外匯市場中報價的CAD、JPY、GBP、CHF及AUD對TWD的匯率各為何？

解

CAD：TWD 　買價 $= \dfrac{33.20}{1.6060} = 20.67$

　　　　　　賣價 $= \dfrac{33.30}{1.6050} = 20.75$

JPY：TWD 　買價 $= \dfrac{33.20}{122.20} = 0.2717$

　　　　　　賣價 $= \dfrac{33.30}{122.10} = 0.2727$

GBP：TWD 　買價 $= 33.20 \times 1.6795 = 55.76$

　　　　　　賣價 $= 33.30 \times 1.6805 = 55.96$

CHF：TWD 　買價 $= \dfrac{33.20}{0.9640} = 34.44$

　　　　　　賣價 $= \dfrac{33.30}{0.9630} = 34.58$

AUD：TWD 　買價 $= 33.20 \times 0.7650 = 25.40$

　　　　　　賣價 $= 33.30 \times 0.7660 = 25.51$

第四節　有效匯率指數

在固定匯率制度下，各國貨幣有的是直接以黃金定其價值，有的則是釘住美元，並隨著美元對黃金價值的變動而變動。在這種制度之下，由於官方設定的匯率有固定平價，因此，若要衡量各種貨幣的強弱，只要比較其與黃金的平價關係即可。但是自從1973年固定匯率制度瓦解，各國紛紛實施浮動匯率制度之後，匯率不再固定不變，而是

隨著兩種貨幣在市場上的供給及需求的變動而變動。在這種情況下，個別匯率的變動僅能顯示出兩種貨幣之間的強弱關係，但無法顯示某一種貨幣對多種貨幣的變化情形，很可能當一國貨幣對某些國家的貨幣升值的同時，又對其他國家的貨幣貶值，那麼該國貨幣究竟是升值，還是貶值？

例如：在2008年9月間，美元兌日圓的匯率，從1：108.28跌至1：107.02，美元相對日圓貶值約1.2%；但同一時間，美元兌歐元的匯率，卻自1.4128漲至1.4108，美元相對歐元升值約0.14%。若再多加入幾個個別匯率的話，便難以判斷美元究竟是升值或是貶值，以及升值、貶值的幅度究竟多少。為了解決這個問題，國際貨幣基金（IMF）以及美國商務部（Department of Commerce）便提出了「有效匯率」的觀念，以多邊平均匯率的方式，觀察一國貨幣對其所有重要貿易對手國的貨幣究竟是升值還是貶值。

有效匯率（Effective Exchange Rate, EER；又稱為Effective Rate of Foreign Exchange 或 Efficient Exchange Rate）係指選定若干主要貿易對手國的貨幣價值，以本國與所選定各國之間的貿易量占本國對外總貿易量的比重為權數，加權計算所得出的匯率。為了方便比較，有效匯率通常是以「有效匯率指數」（effective exchange rate index）的方式表示，這項匯率指數可用以評估現行匯率相對於基期的水準，並進一步作為判斷本國貨幣價位是否合理的參考指標。

有效匯率指數在計算上通常是以過去某一時點作為基期，選定若干與本國貿易量較大的主要貿易對手國的貨幣，組成一籃通貨，將本國與該等國家之間的貿易額與匯率，以加權的方式計算而得。因此有效匯率指數會因為所選定基期的不同、包含外幣的不同、權數的不同，以及計算公式的不同等而有不同。由此可見，有效匯率指數僅是一項參考的指標，並非絕對的評量標準。

常見的有效匯率指數有以下三種：

(一)出口值有效匯率指數（export-weight exchange rate index）

$$= \sum_{i=1}^{N} \frac{對 i 國出口值}{全國出口總值} \times 對 i 國匯率$$

(二)進口值有效匯率指數（import-weight exchange rate index）

$$= \sum_{i=1}^{N} \frac{對 i 國進口值}{全國進口總值} \times 對 i 國匯率$$

(三)雙邊貿易有效匯率指數（bilateral trade-weight exchange rate index）

$$\frac{全國出口總值 \times 出口值有效匯率指數＋全國進口總值 \times 進口值有效匯率指數}{全國進出口總值}$$

　　以上各有效匯率指數並未考慮各國物價的相對變動，稱之為「名目有效匯率指數」（nominal effective exchange rate index）。若將名目有效匯率指數依各國物價變動情形加以調整之後，即成為「實質有效匯率指數」（real effective exchange rate index）。實質有效匯率指數在反映一國產品與主要貿易對手國的價格競爭能力時，比名目有效匯率指數來得有參考價值，也較受到各國決策當局及研究人員的重視。

　　計算時，將基期年的指數設為100，若計算期的指數高於100，表示相對於基期而言，該國貨幣呈現升值，若計算期的指數低於100，表示相對於基期而言，該國貨幣呈現貶值。這項匯率指數可用以評估現行匯率的狀況，反映一國產品與主要貿易對手國產品的價格競爭能力，進一步顯示該國貨幣的價位是否合理。

要提醒注意的是，實質有效匯率指數高於或低於100，是相對基期年而言。理論上，應該找到一個國內外經濟都均衡的年度作為指數的基期，然而實務上，這樣的年度並不容易找到。因此，基期年度並不一定就是絕對均衡，不能直接以為REER＝100即代表均衡匯率。換言之，該指數只是一項參考指標，並非絕對的評量標準。

各國通常會將重要貿易對手國的通貨加入通貨籃中，並選定該國國際收支接近均衡的年度作為REER的基期。因此，有效匯率指數會因為所選定的外幣種類、權數，以及選定基期的不同而有不同，例如：臺北外匯市場發展基金會公布2015年4月TWD的REER（基期2010年）為115.68，BIS公布2015年4月TWD的廣義REER（實質有效匯率）指數（基期2010年）為104.39，雖然兩者的基期與計算期相同，但是因為所採用的通貨種類不完全相同，所以計算出來的指數就會略有差異。

因此，有效匯率指數比較值得參考應用的，是根據同一機構所計算的有效匯率指數的變動，觀察該國貨幣在一段期間內的升貶走勢。若一段期間內的有效匯率指數上升，表示該貨幣在這段期間內的升值幅度較其主要貿易對手國貨幣的升值幅度更大；反之，則表示該貨幣貶值。

實例演練

請根據BIS所公布的下列EER資料，說明其代表的意義。		
	2020年4月	2020年5月
CNY名目有效匯率指數	117.7	116.62
CNY實質有效匯率指數	125.74	123.53

解

　　人民幣的名目與實質有效匯率指數皆下跌，表示人民幣自2020年4月至5月呈貶值走勢。

　　名目有效匯率指數下跌幅度為0.92% ($\frac{116.62-117.7}{117.7}$)，實質有效匯率指數下跌幅度為1.76% ($\frac{123.53-125.74}{125.74}$)，兩者的差異，反映了中國大陸與美國、日本、歐洲等主要交易貿易對手的通貨膨脹情況的不同。

第五節　匯率決定的理論與實務

　　有關匯率的主要決定因素，學者曾提出許多不同的論點。這些論點有的是反映經濟理論的最新發展，有的是反映當時的總體經濟環境。由於時代背景互異，理論結構也不同，因此各論點彼此之間的看法即有歧異，不僅在理論上沒有定論，即使在實證的結果上也有爭議。基於此原因，在探討匯率的決定以及影響匯率變動的因素時，除理論外，實務上的層面也應兼顧。本節首先即簡要介紹這些匯率決定理論，接著說明在一般基本分析實務上，影響匯率變動的主要因素。

一、匯率決定理論

(一)國際借貸學說（Theory of International Indebtedness）

　　此學說乃英國的學者G. H. Goschen於1861年所提出，其主要論點為：匯率決定於外匯的供給與需求，而外匯的供給與需求又是由國際借貸（即本國與外國之間的債權債務關係）所引起的。

國際借貸可分為以下兩種：

1. 固定借貸（consolidated indebtedness）

即尚未達到支付階段的借貸。

2. 流動借貸（floating indebtedness）

即已進入支付階段的借貸。

由於固定借貸尚未進入支付階段，因此不會產生外匯的供給與需求，只有流動借貸會對外匯的供給需求產生影響。

當一國的：

(1) 流動債權（即外匯收入）＞流動債務（即外匯支出）
⇒ 外匯供給＞外匯需求
⇒ 外匯價格↓（即本國幣價格↑）

(2) 流動債權（即外匯收入）＜流動債務（即外匯支出）
⇒ 外匯供給＜外匯需求
⇒ 外匯價格↑（即本國幣價格↓）

G. H. Goschen認為匯率乃是隨著外匯供需的變動而變動，而外匯的供需主要是由國際借貸所引起的，若國際借貸發生失衡現象時，匯率必產生波動，因此，國際借貸即影響匯率變動的最主要因素。

由於G. H. Goschen所指的流動借貸，實際上就是狹義的國際收支，因此該學說又稱為國際收支學說（Balance of International Payments Theory）。

國際借貸學說強調在一特定期間內逐漸調整的資金流量觀念，所以對於短期匯率的變動並無法提出合理的解釋；不過，對於匯率的長期走勢，國際借貸學說仍有其一定的參考價值。

(二)購買力平價學說（Theory of Purchasing Power Parity, PPP）

此學說最初由英國學者H. Thoruton所提出，後來由瑞典學者K.G. Cassel於1922年加以有系統的闡述。其主要論點為：兩種貨幣之間的匯率乃是由這兩種貨幣在其本國所具有的購買力所決定的。更具體的說，兩種貨幣購買力的比率就是兩國貨幣的匯率。

購買力平價學說主要有二：

1. 絕對購買力平價學說（Theory of Absolute Purchasing Power Parity）

絕對購買力平價學說的理論建立在一價法則（law of one price），所謂一價法則是指：「在競爭的市場中，若不考慮運輸成本及貿易障礙，則經由商品套利活動（即在價格低的地區購入商品，運至價格高的地區售出），在不同國家之間，相同的商品，若以相同的貨幣來表示其價格時，應該有相同的價格。」例如：同一雙球鞋在美國售價為80美元，在臺灣為2,400新臺幣，則美元兌新臺幣的匯率應為1：30。

若一價法則適合於所有商品，則可應用在不同國家的總和價格水準，從而比較不同國家的貨幣購買力。

絕對購買力平價學說即認為兩國貨幣間的均衡匯率，應由兩國同類物品所編組而成的物價水準或一般物價水準的相對比率來決定，亦即：

$$S = \frac{P_d}{P_f}$$

S：匯率
P_d：本國物價水準
P_f：外國物價水準

根據上式，當：

$P_d \uparrow \Rightarrow S \uparrow$，表示當本國物價上漲時，本國貨幣的購買力下跌，

因此本國貨幣相對外國貨幣應貶值（即匯率上升）。

$P_f \uparrow \Rightarrow S \downarrow$，表示當外國物價上漲時，外國貨幣的購買力下跌，因此本國貨幣相對外國貨幣應升值（即匯率下跌）。

同理可推當$P_d \downarrow$與$P_f \downarrow$時的情況。

以上論點有下列主要缺點：

(1) 由於運輸成本與貿易障礙實際上不可能不存在，因此一價法則並不成立，相對價格無法反映真實狀況。

(2) 不同國家的物價水準計算的結構也會有所不同。

(3) 並非每種商品皆可在國際間買賣（亦即有非貿易財的存在），因此國際間所有商品的價格無法完全一致，利用一般物價水準計算平價，將會產生偏差的現象。

(4) 同一類的貿易財尚可分爲完全同質，或性質相近但仍有差異的貿易財，物價水準並無法表現這種差異性。

2. 相對購買力平價學說（Theory of Comparative Purchasing Power Parity）

此學說的主要論點爲：匯率應隨著兩國物價水準的變動率而調整。

$$S_t = S_o \times \frac{\dfrac{P_d^t}{P_d^o}}{\dfrac{P_f^t}{P_f^o}}$$

S_o：基期的均衡匯率

S_t：計算期的均衡匯率

P_d^o：本國基期的物價水準

P_d^t：本國計算期的物價水準

P_f^o：外國基期的物價水準

P_f^t：外國計算期的物價水準

當 $\dfrac{P_d^t}{P_d^o} > \dfrac{P_f^t}{P_f^o} \Rightarrow S_t > S_o$，表示本國物價上漲率大於外國物價上漲率時，均衡匯率會上升，表示本國貨幣的相對購買力下降，亦即本國貨幣相對外國貨幣呈貶值。

當 $\dfrac{P_d^t}{P_d^o} < \dfrac{P_f^t}{P_f^o} \Rightarrow S_t < S_o$，表示本國物價上漲率小於外國物價上漲率時，均衡匯率會下跌，表示本國貨幣的相對購買力上升，亦即本國貨幣相對外國貨幣呈升值。

例如：基期時USD：TWD = 1：28，本國及外國物價指數均為100，一年之後若本國物價指數為102，上漲2%，美國物價指數為105，上漲5%，則依上式，

$$S_t = 28 \times \dfrac{\dfrac{102}{100}}{\dfrac{105}{100}} = 27.2$$

相對購買力平價學說乃是修正絕對購買力平價學說而來，認為均衡匯率不是由兩國物價水準的相對比率所決定，而是隨兩國物價上漲率的差距調整。但是此學說仍有部分缺點，茲說明如下：

(1) 統計上不易計算出正確的物價水準或物價指數，供作計算平價之用。
(2) 基期匯率是否為均衡匯率。
(3) 忽略了物價水準變動之後，有不同的需求彈性與供給彈性，這種結構性的變動，容易影響相對平價的正確性。

不過無可否認地，物價水準的變動的確會影響各國貨幣在外匯市場上的匯率，尤其在有大幅度通貨膨脹的時期，購買力平價學說即可派上用場。

(三)匯兌心理學說（Psychological Theory of Exchange）

此學說係法國學者A. Aftalion於1927年所提出，其主要論點為：外幣可以用來滿足人們購買外國商品及勞務、投資、投機、資本逃避等需求，這種需求乃是使外幣具有價值的基礎，因此，外幣的價值決定於外匯供需雙方對外幣的主觀評價。當人們對外幣的主觀評價有所改變，而使外匯供需產生變化時，匯率即隨之而有所變動。

至於影響人們對外幣主觀評價的因素有很多，諸如國際收支的順差或逆差、貨幣供給量的增減、物價的變動、政治情況、匯率政策、經濟情況等。

例如：一國政治情況發生危機，人們普遍預期該國貨幣將大幅貶值，於是紛紛拋售該國貨幣，兌換成外幣持有，造成該國貨幣供給增加，需求減少，外幣的需求增加，供給減少，結果該國貨幣相對外幣即呈貶值。

匯兌心理學說在經濟、政治情況安定的情況下，並無法充分地解釋匯率的決定與變動；但在經濟或政治情況不穩定的時期，匯兌心理學說在解釋外匯市場上的投機、資本逃避等現象對匯率的影響方面，即具有相當的參考價值。

(四)利率平價學說（Interest Rate Parity Theory, IRPT）

此學說乃英國學者J. M. Keynes於1920年代所提出，其主要是透過利率與即期匯率和遠期匯率之間的關係來解釋匯率的決定與變動。其論點為：當兩國的貨幣利率有差距時，投資人就會利用套利的交易以賺取差價，而使兩種貨幣之間的匯率，因此種套利的資金移動而發生變動。

當投資者準備進行投資時，將面臨國內投資或國外投資兩種選擇，因此投資者會事先比較兩種投資方式的收益，再作決定。假設：

r_d：本國的年利率

r_f：外國的年利率

S：即期匯率

F：遠期匯率（一年期）

國內投資：一單位的本國幣在國內投資，一年的本利和為 $1 + r_d$。

國外投資：一單位的本國幣依即期匯率兌換成外幣到國外投資，一年的本利和為 $\frac{1}{S}(1 + r_f)$，為避免一年後匯率變動產生的風險，預先依遠期匯率將此一收益兌換成本國幣，故到期可得到以本國幣表示的本利和 $\frac{F}{S} \times (1 + r_f)$。

比較上述國內投資和國外投資兩種方式的收益：

1. 若 $1 + r_d > \frac{F}{S}(1 + r_f) \Rightarrow$ 資金由外國流入本國

2. 若 $1 + r_d < \frac{F}{S}(1 + r_f) \Rightarrow$ 資金由本國流向外國

3. 若 $1 + r_d = \frac{F}{S}(1 + r_f) \Rightarrow$ 兩國資金不再流動，達到均衡狀態

將第3式加以整理 $\Rightarrow \dfrac{F-S}{S} = \dfrac{r_d - r_f}{1 + r_f}$

$(1 + r_f)$ 中，將 r_f 簡略不計，則得 $\dfrac{F-S}{S} = r_d - r_f$。若將第1及第2式亦作相同整理，則可得到以下結論：

1. 若 $\dfrac{F-S}{S} < r_d - r_f \Rightarrow$ 資金由外國流入本國

意即：當本國幣利率與外國幣利率的差距大於本國幣遠期匯率溢價（或折價）的幅度時，資金由外國流入本國。

遠期溢價（premium）：即遠期匯價高於即期匯價，俗稱「升水」。

遠期折價（discount）：即遠期匯價低於即期匯價，俗稱「貼水」。

2. 若 $\dfrac{F-S}{S} > r_d - r_f \Rightarrow$ 資金由本國流向外國

意即：當本國幣利率與外國幣利率的差距小於本國幣遠期匯率溢價（或折價）的幅度時，資金由本國流向外國。

當1.或2.情況發生時，透過兩國套利資金的移動，將自動調整使 $\dfrac{F-S}{S} =$ 與 $r_d - r_f$ 之間的差距縮小，直到 $\dfrac{F-S}{S} = r_d - r_f$ 時，即達到均衡。

3. 若 $\dfrac{F-S}{S} = r_d - r_f \Rightarrow$ 兩國資金不再流動，達到均衡狀態

意即：當本國幣利率與外國幣的利率差距等於本國幣遠期匯率溢價（或折價）的幅度時，兩國資金不再流動，達到均衡狀態。

第3式即利率平價學說，其論點為：在均衡狀態下，當本國幣利率大於外國幣利率時（即$r_d > r_f$），本國幣遠期匯價呈折價（即F > S）；當本國幣利率小於外國幣利率時（即$r_d < r_f$），本國幣遠期匯價呈溢價（即F < S），而且本國幣利率與外國幣利率的差距恆等於本國幣遠期折價或溢價的幅度。

有關遠期匯率、即期匯率與兩國利率間的關係，可以圖4-3來表示。

在圖4-2中，凡是：

(1) 利率平價線右邊的部分，表示投資本國貨幣較有利

　　⇒ 資金由外國流入本國。

　　例如：圖中A點：$r_d - r_f = 4\%$，表本國利率較外國利率高4%

　　　　　　　$\dfrac{F-S}{S} = 1\%$，表本國幣遠期貼水1%

　　故投資本國幣較有利。

　　圖中B點：$r_d - r_f = 3\%$，表本國利率較外國利率高3%

　　　　　　　$\dfrac{F-S}{S} = -2\%$，表本國幣遠期升水2%

投資本國幣不僅可獲較高利息收入，且遠期又有升值收益，故投資本國幣較有利。

(2) 利率平價線左邊的部分，表示投資外國貨幣較有利

⇒ 資金由本國流向外國。

例如：圖中C點：$r_d - r_f = -2\%$，表示本國利率較外國利率低2%

$\dfrac{F-S}{S} = 3\%$，表本國幣遠期貼水3%

投資本國幣不僅利率較低，且遠期又有貼水損失，故投資本國幣較不利，投資外國幣較有利。

圖中D點：$r_d - r_f = -3\%$，表本國利率較外國利率低3%

$\dfrac{F-S}{S} = -1\%$，表本國幣遠期升水1%

投資本國幣雖享有遠期升值利益1%，但不足以彌補3%的較低利率，故投資本國幣較不利。

(3) 利率平價線上，表示均衡，資金不再流動。

例如：圖中E點：$r_d - r_f = 3\%$，表本國利率較外國利率高3%

$\dfrac{F-S}{S} = 3\%$，表本國幣遠期貼水3%

投資本國幣雖有較高利率，但多出的利息收益卻恰好被遠期貶值損失3%所抵銷，投資本國幣與投資外國幣的收益相同，兩國資金不再流動。

在各種匯率學說當中，利率平價學說較適用於說明貨幣市場與外匯市場之間的相互關係，因此被外匯投資者所廣為採用。

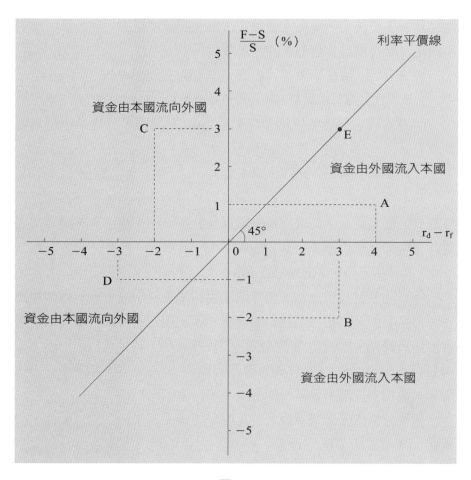

圖4-2

(五)貨幣分析的匯率學說

此學說乃美國學者J. A. Frenkle和J. Bilson於1970年代所提出的一種新的匯率學說，其主要論點為：假設對投資人而言，本國及外國金融資產具有相同的風險，亦即本國及外國金融資產是可以完全替代的，則兩種貨幣間的匯率就是以該兩種貨幣計值金融資產間的相對價格。因此，一國貨幣對外的匯率，主要是由以該貨幣計值的金融資產

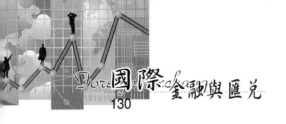
供給及需求所決定。因為這個學說主要強調匯率是由相對的貨幣供需所決定，所以稱為貨幣分析的匯率學說。

貨幣分析的匯率學說認為影響匯率變動的因素有三：

1. 本國與外國名目貨幣供給量變動率的差距

假設本國名目貨幣供給量變動率為6%，外國名目貨幣供給量變動率為3%，則本國幣相對外國幣呈貶值3%。

2. 本國與外國實質所得變動率的差距

若本國實質所得上升率較外國實質所得上升率高，將使本國交易性的貨幣需求提高；如果貨幣供給量及利率維持不變，則本國貨幣相對外國幣即呈升值。

3. 本國與外國利率變動率的差距

若本國名目利率上升率較外國名目利率上升率高，則本國幣相對外國幣呈貶值。（由於名目利率實質利率＋預期通貨膨脹率，當本國貨幣成長較高，本國預期通貨膨脹率較外國高，若實質利率不變，本國名目利率上升率較外國高，實質貨幣需求下降，財貨勞務支出增加，本國物價上漲，為維持購買力平價，本國幣貶值。）

貨幣分析的匯率學說最大的貢獻是提供了匯率預測的可能性，根據此一學說的匯率決定理論，如果能對貨幣需求量及供給量加以預測，就可以預測匯率的走勢。因此，該學說已成為西方各國解釋匯率現象、預測匯率走勢和制定匯率政策的主要理論根據。

(六)資產組合學說（Theory of Portfolio Selection）

此學說是由美國學者N. Mark Witz於1959年首先提出，並由諾貝爾經濟學獎得主J. Tobin加以發揚光大。其主要論點為：假設國內、國外金融資產並非完全替代，則投資人的投資組合中，可能包括各種不同幣別的金融資產。當投資人調整其所持有的不同幣別的金融資產種類及其比例時，往往會引起資本在國際間的流動，進而影響匯率。因此，匯率在短期間的波動，最主要是受國際間不同幣別的金融資產

的預期報酬率所影響。

此學說強調投資人在進行投資組合時，除了利益的考量之外，也會兼顧風險。因此，即使國外金融資產的預期報酬率低於國內金融資產的預期報酬率，投資人為了分散風險，仍有可能投資於預期報酬率較低的國外金融資產。

在貨幣分析的匯率學說中，強調任兩種通貨的匯率，主要是由這兩國相對的貨幣供需所共同決定，本國及外國金融資產相對供需的變化，影響並不大；資產組合學說則主張國內、外金融資產的供需，以及相對的貨幣市場狀態，都是決定匯率的重要因素。此學說在分析短期資本流動對匯率的影響方面，奠定了重要的理論基礎。

二、影響匯率變動的因素

綜合上述各種不同的匯率學說，可歸納整理出影響匯率變動的主要因素有以下各項。這些影響因素也是在一般匯率的基本分析實務中，預測匯率走勢的重要根據。

(一)國際收支

當國際收支順差 ⇒ 外匯供給 > 外匯需求 ⇒ 外國幣貶值，本國幣升值。

當國際收支逆差 ⇒ 外匯供給 < 外匯需求 ⇒ 外國幣升值，本國幣貶值。

(二)國內外相對物價水準

當本國物價上漲率 > 外國物價上漲率 ⇒ 本國幣相對外國幣呈貶值。

(三)預期心理

當市場預期本國幣將貶值 ⇒ 本國幣供給 > 本國幣需求 ⇒ 本國幣貶值，外國幣升值。

(四)國內外相對實質所得水準

本國實質所得增加率 > 外國實質所得增加率 ⇒ 本國進口↑ ⇒ 外匯需求 > 外匯供給 ⇒ 外國幣升值，本國幣貶值。

(五)國內外相對利率水準

當本國利率上升 ⇒ 資本流入本國 ⇒ 外匯供給 > 外匯需求、外國幣貶值，本國幣升值。

(六)貨幣的供需

本國貨幣供給↑ ⇒ 本國幣貶值
本國貨幣需求↑ ⇒ 本國幣升值

(七)經濟狀況

一國貨幣的強弱乃該國經濟實力的直接表現，若該國經濟成長率、就業率、設備利用率等均表現較佳、吸引大量外資、本國幣需求 > 本國幣供給、本國幣升值。

(八)經濟政策

例如：一國鼓勵出口，限制進口 ⇒ 外匯供給 > 外匯需求 本國幣相對外國幣呈升值。

(九)政治情勢

當一國政局不穩定 ⇒ 資金外流 ⇒ 本國幣供給↑、本國幣貶值。

(十)中央銀行的干預

例如：中央銀行希望利用「本國幣貶值」的手段刺激本國出口，在市場上買入外匯 ⇒ 外匯需求↑ ⇒ 外國幣升值，本國幣貶值。

實例演練(一)

> 　相同機種及功能的電視機在美國售價USD560，在臺灣售價TWD18,000，在日本的售價為JPY68,000，則根據絕對購買力平價學說的論點，1.USD：JPY，2.USD：TWD，3.JPY：TWD的匯率各應為多少？

解

1. USD：JPY = 1：$\dfrac{68,000}{560}$ = 1：121.43

2. USD：TWD = 1：$\dfrac{18,000}{560}$ = 1：32.14

3. JPY：TWD = 1：$\dfrac{18,000}{68,000}$ = 1：0.26

實例演練(二)

> 　上例中，若該種商品在日本的售價上漲為JPY72,000，根據絕對購買力平價學說，上述三匯率應調整為多少？

解

1. USD：JPY = 1：$\dfrac{72,000}{560}$ = 1：128.57

2. USD：TWD = 1：32.14 （沒有影響）

3. JPY：TWD = 1：$\dfrac{18,000}{72,000}$ = 1：0.25

實例演練(三)

假設基期時，我國及英國的物價指數均為100，GBP：TWD = 1：52.26，一年之後，若我國物價指數為103，英國物價指數為105，兩年後若我國物價指數為106，英國物價指數為102，根據相對購買力平價學說，在一年後及兩年後GBP：TWD的匯率應為多少？

解

1. 一年後的匯率 $= 52.26 \times \dfrac{\frac{103}{100}}{\frac{105}{100}} = 51.26$

2. 兩年後的匯率 $= 52.26 \times \dfrac{\frac{106}{100}}{\frac{102}{100}} = 54.31$

實例演練(四)

假設外匯市場上	USD：CHF	即期匯率	0.94
		六個月遠期匯率	0.92
貨幣市場上	USD 利率	2.5%	p.a.
	CHF 利率	0.25%	p.a.

請問：

1. 根據利率平價學說，美國與瑞士之間，資金將呈何種流動方向？

2. 0.92是否為符合利率平價學說的六個月均衡遠期匯率？若否，應為多少？

解

1. 方法(一)

CHF1在瑞士投資，六個月後本利和為

$$1 \times (1 + 0.25\% \times \frac{6}{12}) = 1.00125 \qquad (A)$$

CHF1以即期匯率兌換成USD，投資於美國六個月，並將六個月後可得的USD本利和以遠期匯率預換成CHF，可得

$$\frac{1}{0.94}(1 + 2.5\% \times \frac{6}{12}) \times 0.92 = 0.9910 \qquad (B)$$

比較A與B，A的獲利較多，故資金由美國流向瑞士。

方法(二)

套用公式，比較 $\frac{F-S}{S}$ 與 $r_d - r_f$

$$\frac{F-S}{S} = \frac{0.92-0.94}{0.94} = -0.0213$$

$$r_d - r_f = (0.25\% - 2.5\%) \times \frac{6}{12} = -0.01125$$

$\frac{F-S}{S} < r_d - r_f$，故資金由美國（外國）流向瑞士（本國）

2. 方法(一)

$$1 + 0.25\% \times \frac{6}{12} \neq \frac{1}{0.94}(1 + 2.5\% \times \frac{6}{12}) \times 0.92$$

故0.92非符合利率平價學說的六個月均衡遠期匯率。

設均衡六個月遠期匯率為F

$$1 + 0.25\% \times \frac{6}{12} = \frac{1}{0.94}(1 + 2.5\% \times \frac{6}{12}) F$$

$$F = 0.93$$

方法(二)

套用公式 $\frac{F-S}{S} \neq r_d - r_f$

故0.92非符合利率平價學說的六個月均衡遠期匯率。

$$\frac{F-0.94}{0.94} = (0.25\% - 2.5\%) \times \frac{6}{12}$$

$$F = 0.93$$

習 題

一、是非題

1. （　）　我國及大多數國家的外匯匯率報價法係採直接報價法。

2. （　）　國際外匯市場中，EUR對USD係採間接報價法。

3. （　）　匯率報價通常報到最小貨幣單位的萬分之一，稱為point。

4. （　）　甲銀行向乙銀行報價USD：TWD的匯率為33.25-35，若乙銀行想要買USD，應適用33.25。

5. （　）　一般而言，銀行對顧客所報的現鈔買入匯率，較即期買入匯率低。

6. （　）　銀行同業間報價遠期匯率時，通常都只報出遠期匯率與即期匯率的差異點數。

7. （　）　國際借貸學說強調在一特定期間內，逐漸調整的資金流量觀念，所以對於短期匯率的變動並無法提出合理的解釋。

8. （　）　在經濟或政治不穩定的時期，購買力平價學說在解釋外匯市場上的投機、資本逃避等現象對匯率的影響方面，具有相當的參考價值。

9. （　）　假設其他條件不變，當本國物價上漲率大於外國物價上漲率時，本國幣相對外國幣將呈貶值。

10.（　）　一國國際收支順差時，其本國貨幣將呈貶值。

二、選擇題

1. （　）　以下哪一種貨幣在外匯市場上係採間接報價法？　(A)AUD　(B)SEK　(C)JPY　(D)CHF。

2. （ ） 以下敘述何者有誤？ (A)外幣現鈔匯率的買賣價差比即期匯率的買賣價差大 (B)銀行與顧客間的即期外匯交易是當天交割 (C)銀行間市場的即期買價較顧客市場的即期買價低 (D)銀行多不主動報價畸零期的遠期匯率，須個別向銀行詢價。

3. （ ） 銀行間報價USD：CHF即期匯率0.9856-66，兩個月遠期匯率15-22，若以直接匯率報價法，兩個月遠期匯率應為：
(A)0.9841-0.9844　(B)0.9841-0.9888　(C)0.9871-0.9888
(D)0.9871-0.9844。

4. （ ） 下列敘述何者正確？ (A) 銀行多不主動報價畸零期的遠期匯率，須個別向銀行詢價 (B)銀行與顧客之間的即期外匯交易是在成交後的第二個營業日交割 (C)銀行間市場的即期買價較顧客市場的即期買價低 (D)外幣現鈔匯率的買賣價差比即期匯率的買賣價差小。

5. （ ） 我國是以下列何者為基本匯率，以作為計算交叉匯率的基準？
(A)EUR/TWD　(B)USD/TWD　(C)CNY/TWD　(D)JPY/TWD。

6. （ ） 名目有效匯率指數與實質有效匯率指數差別在於後者有考慮：
(A)各國物價相對變動　(B)各國利率水準　(C)各國國際收支
(D)各國幣值高低。

7. （ ） 以下哪一種匯率學說，主要在說明利率與即期、遠期匯率之間的關係？ (A)國際借貸學說 (B)貨幣分析的匯率學說 (C)資產組合學說 (D)利率平價學說。

8. （ ） 以下何種情況將使本國幣呈現貶值？ (A)本國國際收支順差
(B)本國發生內戰 (C)本國利率上升 (D)本國貨幣需求增加。

9. （ ） 主張匯率應隨著兩國物價水準的變動率而調整的是： (A)絕對購買力平價學說 (B)利率平價學說 (C)相對購買力平價學說 (D)資產組合學說。

10. （ ） 以下何者的差價最小？ (A)銀行對顧客報價即期匯率 (B)銀行對顧客報價現鈔匯率 (C)銀行對銀行報價即期匯率。

三、填充題

1. 匯率的雙向報價法係指同時報出＿＿＿匯率與＿＿＿匯率。

2. 遠期匯率的報價法可分為＿＿＿報價法、＿＿＿報價法與＿＿＿報價法三種。

3. 常見的有效匯率指數，有以下三種：＿＿＿、＿＿＿與＿＿＿。

4. 今日臺北外匯市場發展基金會所計算的新臺幣有效匯率指數為95，表示新臺幣目前對外匯率＿＿＿（低估或高估），應適當＿＿＿（升值或貶值）。

5. 當遠期匯價高於即期匯價時，稱該通貨為遠期＿＿＿，俗稱＿＿＿。

四、解釋名詞

1. appreciation
2. effective exchange rate index
3. PPP
4. IRPT
5. IMF

五、問答題

1. 本國通貨對外匯率上漲，是否即表示本國幣相對外幣呈現升值？為什麼？

2. 銀行對顧客以及對同業報價遠期匯率，有何不同之處？

3. 有效匯率指數的功能為何？

4. 英國《經濟學人雜誌》（*The Economist*）自1986年起即公布他們所編製的「大麥克指數」（Big Mac Index），請問：
   (1) 何謂大麥克指數？
   (2) 大麥克指數係根據匯率學說中的哪一學說所發展出來的？

(3) 根據2020年1月《經濟學人雜誌》所公布的大麥克指數（如表4-5），在美國，一個大麥克漢堡售價USD5.67，各國的幣值高估或低估的情況為何？

(4) 大麥克指數有哪些缺點？

表4-5　2020年1月各國貨幣依據大麥克指數計算出的高估或低估比率

Nation	A Big Mac Costs	The implied exchange rate	the actual exchange rate	Currency is overvalued/undervalued by %	
Switzerland	SFr.　6.5	1.15	0.97	18.2%	overvalued
Norway	Nkr.　53	9.35	8.88	5.3%	overvalued
Brazil	Reais　19.9	3.51	4.14	-15.2%	undervalued
South Korea	Won　4,500	793.65	1,156.1	-31.4%	undervalued
Japan	¥　390	68.78	110.04	-37.5%	undervalued
China	Yuan　21.5	3.79	6.88	-44.9%	undervalued
Taiwan	NT$　72	12.70	29.88	-57.5%	undervalued
Russia	Roubles　135	23.81	61.43	-61.2%	undervalued
South Africa	Rand　31	5.47	14.39	-62.0%	undervalued

5. 請以近半年來，新臺幣對美元匯率的走勢，分析影響這段期間匯率變化的主要因素有哪些？

6. 請回顧歐元自1999年上市以來的匯價走勢，並說明其間變化的主要因素。

六、計算題

1. 下列各匯率為昨日與今日的匯率開盤價，請指出美元是漲了？還是跌了？

	昨日開盤	今日開盤
(1) USD-TWD	33.10-20	33.50-60
(2) USD-CAD	1.3520-30	1.3540-45
(3) EUR-USD	0.8563-74	0.8576-88
(4) USD-HKD	8.1280-90	8.1110-20
(5) GBP-USD	1.8230-40	1.8195-05

2. 下列匯率是某銀行的報價，哪一個是該銀行買入美元時適用的匯率？

   (1) USD-JPY　　　121.20-30

   (2) AUD-USD　　　0.8198-03

   (3) NZD-USD　　　0.5890-02

   (4) USD-TWD　　　 32.82-92

   (5) USD-HKD　　　7.4920-30

3. 銀行對外報價USD：TWD

   即期匯率　　　　　33.20-32

   一個月遠期匯率　　　40-30

   兩個月遠期匯率　　　24-36

   請問一個月及兩個月遠期匯率的outright rate各為多少？

4. 你打算到加拿大旅行，已知今天國內掛牌的即期匯率如下：

   USD：TWD = 1：33.70-80

   CAD：TWD = 1：23.20-30

   你在加拿大的朋友告訴你，當地的匯率為：

   USD：CAD = 1：1.4565-83

   他可以幫你先行結匯，如果不考慮其他因素，你應該以新臺幣結匯美
   元或加拿大幣？

5. 臺北外匯市場報價　　　　USD　　　33.40-50

   國際外匯市場報價　　　　JPY　　　120.10-30

   　　　　　　　　　　　　GBP　　　1.7320-30

CHF	0.9321-31
HKD	8.1234-54
NZD	0.6348-60

則JPY、GBP、CHF、HKD及NZD在臺北外匯市場的匯率應為多少？

6. 假設在基期時，我國物價指數為100，加拿大物價指數為98，CAD兌換TWD匯率為22.25，一年後，若我國物價上漲為103，加拿大物價指數為99，則根據購買力平價學說，CAD與TWD之間的匯率應調整為多少？

7. 外匯市場報價　　USD-JPY　　即期匯率　　　118.18
　　　　　　　　　　　　　　　三個月遠期匯率　117.26
　　貨幣市場報價　　USD　　　利率　5.75%　p.a.
　　　　　　　　　　JPY　　　利率　4.25%　p.a.

(1) 如果你是一個投資人，則你應以美元存款或日圓存款較有利？

(2) 117.26是否為符合IRPT的均衡三個月遠期匯率？若否，應為多少？

5

外匯交易(一)

International Exchange

一、外匯交易的意義

外匯交易係以一種通貨兌換另一種通貨的金融交易。就交易的層次而言，主要可分為「銀行與顧客」、「銀行與銀行」兩個層次。其中，銀行與顧客之間的交易多數是在銀行的營業場所面對面直接進行，例如：進出口結匯、匯出匯入款等；而銀行與銀行間的交易則以電訊設備作為聯繫工具，屬於無形的、抽象的交易方式。本章「外匯交易(一)」與下一章「外匯交易(二)」，主要即在說明外匯市場中，各種不同的外匯交易方式。

二、外匯交易型態的發展

早期外匯交易的型態只有即期外匯交易（spot exchange transaction）與遠期外匯交易（forward exchange transaction）兩種。隨著國際金融的發展，外匯交易的方式逐漸多樣化，除了套匯交易（arbitrage transaction）、換匯交易（swap transaction）以外，晚近崛起的外匯期貨交易（foreign currency futures transaction）與外匯選擇權交易（foreign currency option transaction）更成為近年來國際外匯市場中熱門的外匯交易方式。本章外匯交易(一)主要在介紹即期外匯交易、遠期外匯交易與換匯交易，下一章外匯交易(二)則以衍生性的外匯交易方式，諸如外匯期貨交易、外匯選擇權交易、外匯保證金交易、貨幣交換等為主。

三、外匯交易的詢價與報價

詢價與報價是外匯交易的基本環節，一筆外匯交易必須經由銀行之間外匯交易員的詢價和報價，才能達成。一般而言，詢價及報價多是透過專業交易系統（例如路透社的交易系統Reuters Dealing System）或銀行建構的網路交易系統，當某一銀行向另一銀行詢價，對方銀行報出買入匯率和賣出匯率後，詢價銀行應立刻作出回答，絕不能不置可否，耽誤時間。這是因為市場行情瞬息萬變，一個報價出來，幾秒鐘之後，市場匯率可能已經大幅變動了。

外匯市場上，銀行報價係採用雙向報價法（two-way quotation），即同時報出買入匯率及賣出匯率，買入匯率是報價銀行願意向詢價銀行買入外匯的價格；賣出匯率則是報價銀行願意售出外匯給詢價銀行的價格。一般而言，詢價銀行在詢價時不必表明自己是有意買進還是有意賣出，報價銀行係依據當時匯率的走勢，推測詢價銀行的交易意圖，並對報價的匯率作相應的調整。

實務上，由於銀行外匯交易員一般都熟諳匯率行情，而且外匯交易緊張而繁忙，因此銀行外匯報價時通常僅報出匯率小數點的末兩位數字，以求簡潔。例如：USD：CAD的匯率為「1.2036-46」，則僅報出「36-46」；又如：USD：JPY的匯率為「120.42-52」，則僅報出「42-52」。

至於交易的金額，通常是以100萬美元為一交易單位，詢價或報價時「USD1」即表示「100萬美元」。

國際外匯交易首重誠信，一方向另一方詢價並經對方報價，詢價的一方只要同意對方所報的匯率，並打出或說出該匯率，交易即為成立，雙方均不得後悔。

四、外匯部位

外匯部位（foreign exchange position）俗稱外匯頭寸，係指銀行買賣外匯所產生的外匯買賣差額。外匯部位依其買賣淨額，可分為以下三種：

(一)買超部位（overbought position）

又稱為長部位（long postition），即累積買進外匯的金額大於賣出的金額，其相差的淨額。

(二)賣超部位（oversold position）

又稱為短部位（short position），即累積賣出外匯的金額大於買入外匯的金額，其相差的淨額。

(三)均衡部位（equilibrium position）

即累積買進及賣出外匯的金額相等。

從銀行管理外匯風險的角度來看，外匯部位不論是長部位或短部位都會面臨因匯率變動所導致的外匯風險。當銀行累積有某種外幣的長部位時，將承擔該種外幣貶值的風險；當銀行累積有某種外幣的短部位時，若該外幣升值，亦將因而產生不利。因此，外匯部位又稱為外匯暴露（exchange exposure），而長部位與短部位又統稱為「暴露部位」，即銀行的外匯部位沒有軋平，暴露於外匯風險中的部分。

外匯部位的計算係採用「權責制」，也就是外匯交易一旦成交，交易金額即計入當日的買賣部位；換言之，不論是即期交易或遠期交易，都是在外匯契約完成時計算外匯部位，而不是在實際交割完成時才計入部位。

當銀行持有過多的長部位或短部位時，為避免因匯率變動所導致的風險，會與其他的銀行從事拋補交易（covering），以軋平其外匯

部位。當持有長部位時，就將該外匯向其他銀行拋出（即賣出），當持有短部位時，則從其他銀行補進（即買入）該外匯，以補足不足的部位，因此稱為「拋補」。

第二節　即期外匯交易

一、即期外匯交易的意義

即期外匯交易（spot exchange transaction）係指在買賣成交後的兩個營業日內進行交割的一種外匯交易方式。即期外匯交易乃外匯市場上最普遍的交易方式，因此，即期匯率就成為所有外匯買賣活動的基礎，外匯市場上的其他匯率多是以即期匯率為基礎計算得出。

即期外匯交易交割日，一般採用的是標準交割日，即在成交後的第二個營業日辦理交割，茲以下圖表示：

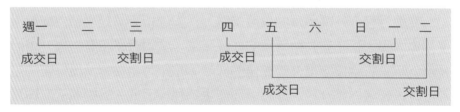

週一	二	三		四	五	六	日	一	二
成交日		交割日		成交日				交割日	
					成交日				交割日

註：交割日若逢國定假日或非營業日，則往後順延。

除上述標準交割日外，部分外匯市場中若干外幣的即期外匯交易係採當日交割（例如：香港外匯市場中上午成交的港幣對美元的即期交易），或成交後第一個營業日交割（例如：美國外匯市場上美元對加幣，及美元對墨西哥披索的即期交易），但並不多見。

即期外匯交易多數採用標準交割日的原因在於：

(一)外匯市場已是一全球性的市場，為因應各地的時差，僅在成

交當天或成交後第一個營業日交割恐不符實際。

　　(二)每一筆交易在交割之前，須有充裕的時間進行計算與核對。

二、即期外匯交易的功能

　　對外匯市場的參與者而言，即期外匯交易乃基本的外匯交易方式，舉凡貿易商為避險、投資人為套匯或套利、投機者為投機、中央銀行為干預等，都可以即期外匯交易來達成，茲分別說明如下：

(一)避險

　　對於在國際間從事商品買賣的進出口貿易商，以及在國際間從事投資的人士而言，若預期未來將收付一定金額的外匯，為避免因匯率變動而有損失，可利用即期外匯交易來避險，這種避險的操作方式，稱為即期避險或即期對沖（spot hedging）。

例如 Example

銀行報價如下：

USD：TWD即期匯率　　30.50

USD	貸款利率	8%	p.a.
	存款利率	7%	p.a.
TWD	貸款利率	5%	p.a.
	存款利率	4%	p.a.

　　國內某出口商出口一批貨物到國外，預計一個月後可收到貨款USD10,000，若該出口商擔心一個月後美元對臺幣貶值，可先向銀行借入USD，以目前的即期匯率兌換成TWD，一個月後再以國外進口商支付的USD償還向銀行的貸款，如此，該出口商便可避免一個月後

因USD貶值所造成收入減少的損失。其實際操作方式如下：

| 今 天 | 該出口商向銀行借入 USD $\dfrac{10,000}{(1+8\%\times\dfrac{1}{2})}$ ⇒ |

於即期匯市兌換成 TWD $\dfrac{10,000}{(1+8\%\times\dfrac{1}{2})}\times 30.50$ ⇒

存入銀行 TWD 帳戶

| 一個月後 | 應償還 USD 貸款本息 $\dfrac{10,000}{(1+8\%\times\dfrac{1}{12})}\times(1+8\%\times\dfrac{1}{12})$ |

$= 10,000$

直接以國外進口商支付的 USD10,000 償還銀行

TWD 存款本息共 $\dfrac{10,000}{(1+8\%\times\dfrac{1}{12})}\times 30.5\times(1+4\%\times\dfrac{1}{12})$

$= 303,990$

　　依上述方式，該出口商等於是以30.3990（$\dfrac{303,990}{10,000}=30.3990$）的匯率售出該USD10,000的收入，也就是說，該出口商今天即可確定一個月後的兌換匯率爲30.3990，不必承擔一個月後因匯率變動所可能造成的損失。

　　如果一個月後即期匯率低於30.3990，例如：爲30.00，則有預作避險的收入爲TWD303,990；未預作避險，一個月後再行兌換的收入爲TWD300,000（10,000×30.00 = 300,000），因此，有預作避險可少損失TWD3,990。而且，若一個月後匯率愈低（即USD貶值愈多），則該出口商少損失的金額就愈多；換句話說，其避險效果愈顯著。

　　相反的，如果一個月後即期匯率高於30.3990，例如：爲30.8，則有預作避險的收入爲TWD303,990；未預作避險，一個月後再兌換的收入爲TWD308,000（10,000×30.80 = 308,000），因此，有預作避險反而失去了多收TWD4,010（308,000 - 303,990 = 4,010）的機會。

由此可知，匯率的變動並不一定會造成損失，有時也可能帶來收益，須視匯率變動的方向而定。然而就避險者的觀點來看，只要能預先固定未來兌換的匯率，避免可能造成的損失，就算已達到目的。至於是否會失去可能的獲利機會，就不是太在乎了。對一個以商品交易爲主要利潤來源的出口商而言，重要的是固定出口的利潤，而不是在外匯交易上的獲利。

　　本例中，該出口商從事即期對沖，係將匯率固定在30.3990，而非今天的即期匯率30.50，這是因爲USD借款利率較高，TWD存款利率較低，兩者的差距即爲即期對沖交易的利息成本，這項利息成本會影響即期對沖的避險效果，而且USD借款利率與TWD存款利率的差距愈大，利息成本愈高，避險效果就愈不完全。

　　同上例，若國內某進口商須在一個月後支付USD10,000的貨款給國外出口商，該進口商擔心一個月後USD升值，可先向銀行借入TWD，以目前的即期匯率兌換成USD，一個月後再以這筆USD支付國外，如此，該進口商便可避免一個月後因美元升值所造成支出增加的損失。其實際操作方式如下：

$\boxed{今 \quad 天}$ 該進口商向銀行借入 TWD $\dfrac{10,000 \times 30.50}{1+7\% \times \dfrac{1}{12}} \Rightarrow$

於即期匯市兌換成 USD $\dfrac{10,000}{1+7\% \times \dfrac{1}{12}} \Rightarrow$

存入銀行 USD 帳戶

$\boxed{一個月後}$ 進口商可得 USD 存款本利共10,000 $\left(\dfrac{10,000}{1+7\% \times \dfrac{1}{12}} \times \right.$

$\left. (1+7\% \times \dfrac{1}{12}) = 10,000 \right)$ ，直接用以支付國外

TWD 借款本息共應償還 $\dfrac{10,000 \times 30.50}{(1+7\% \times \dfrac{1}{12})} \times (1+5\% \times \dfrac{1}{12})$

$= 304,495$

依上述方式，該進口商等於是以30.4495（$\frac{304,495}{10,000} = 30.4495$）的匯率購入該USD10,000，也就是說，該進口商今天即可確定一個月後的兌換匯率為30.4495，不必承擔一個月後因匯率變動所可能造成的損失。

如果一個月後即期匯率高於30.4495，例如：為30.8，則有預作避險的支出為TWD304,495；未預作避險，一個月後再行兌換的支出為TWD308,000（30.8×10,000 = 308,000）。因此，有預作避險可少支出TWD3,505（308,000 － 304,495 = 3,505）。而且，若一個月後匯率愈高（即USD升值愈多），則該進口商少支出的金額就愈多，其避險效果愈顯著。

相反的，如果一個月後即期匯率低於30.4495，例如：為30.2，則有預作避險的支出為TWD304,495；未預作避險，一個月後再兌換的支出為TWD302,000（10,000×30.2 = 302,000）。因此，有預作避險反而失去了少支出TWD2,495（304,495 － 302,000 = 2,495）的機會。這也是對沖交易難免的缺點，但就確定價格的觀點來看，該進口商已經因為上述避險措施而使匯率確定，從而其進口利潤也確定，從這裡可以發現貿易商是否會進行避險，和他對風險的看法與承受意願，以及匯率風險對他的影響程度有密切的關係。

本例中，該進口商從事即期對沖，係將匯率固定在30.4495，而不是今天的即期匯率30.50，這是因為TWD借款利率較低，USD存款利率較高，兩者的差距即為即期對沖交易的額外獲利，這項利息收益會增強對沖的避險效果，而且USD存款利率與TWD存款利率的差距愈大，利息收益愈多，避險效果就愈好。相反的，如果是TWD借款利率高於USD存款利率，則兩者的差距就構成即期對沖的操作成本，這項利息成本將會使對沖避險的效果打折扣。

此外，銀行也會利用即期外匯交易來避險，其操作方式是將所持有的外匯買超（或長部位）在即期市場中售與其他銀行，或向其他銀

行購入即期外匯以補足短少的外匯部位，避免因部位不平衡所產生的匯率變動風險，這種交易方式稱為即期拋補（spot covering）。

(二)地點套匯（space arbitrage）

地點套匯乃套匯交易（arbitrage）的一種，是指利用不同外匯市場間匯價的差異，或當間接計算出來的兩種貨幣間的交叉匯率，與兩種貨幣間直接的匯率脫節時，低價買進，高價賣出，以獲取差價利益的交易。

一般而言，地點套匯可分為以下兩種：

1. 直接套匯（direct arbitrage）

又稱為兩點套匯（two points arbitrage），係利用同一種貨幣在不同市場中價格不一致，在價格較低的市場買入該通貨，同時在價格較高的市場賣出，以賺取匯差的交易。

例如 *Example*

東　京　GBP：USD = 1：1.6863
新加坡　GBP：USD = 1：1.6873

可知GBP在東京的價格較新加坡低，也可以說，USD在東京的價格較新加坡高，套匯者即可利用這種市場間的差價從事直接套匯，其操作方式為：

在東京以1.6863的匯率購入GBP，同時在新加坡以1.6873的匯率賣出該筆GBP。若不考慮交易費用和成本，則每USD1.6863可獲利USD0.0010。例如：某套匯者同時在

東　京	購入GBP1,000,000，支付USD1,686,300
新加坡	售出GBP1,000,000，收入USD1,687,300
	獲利USD1,000

上述交易以另一個角度來看，就是在新加坡以較低價格購入USD，在東京以較高價格售出USD：

新加坡	購入USD1,687,300，支付GBP1,000,000
東 京	售出USD1,686,300，收入GBP1,000,000
	獲利 USD1,000

在經過上述兩點套匯的交易之後，

| 東 京 | GBP需求↑，USD需求↓ ⇒ 匯率↑ |
| 新加坡 | GBP需求↓，USD需求↑ ⇒ 匯率↓ |

亦即藉由套匯交易的進行，使兩市場的供需產生變動，進而影響匯率，最後兩市場之間匯率將趨一致，或兩市場間的匯率雖仍有差距，但差價剛好等於套匯的交易成本，從而使套匯不再有利可圖，套匯交易因而中止。

2. 間接套匯（indirect arbitrage）

又稱為三點套匯（three points arbitrage），係利用三種貨幣在三個市場中交叉匯率（cross rate）的不平衡，同時在三個市場上進行三種不同貨幣的買賣，以賺取匯差的交易。

例如 Example

東　京	SGD：HKD = 1：5.42
新加坡	USD：SGD = 1：1.50
香　港	USD：HKD = 1：8.24

依上述報價，新加坡市場USD：SGD的匯率為1.50，但是以HKD
為中介套算出來的交叉匯率應為 $\frac{8.24}{5.42} = 1.52$，亦即USD：SGD = 1：
1.52，比較的結果發現USD在新加坡比較便宜，因此可以進行套匯，
其操作方法為：

新加坡 以SGD1.50買入USD1 ⇒ 香港 賣出USD1，
買入HKD8.24 ⇒ 東京 賣出HKD8.24，買入SGD1.52

如此，則套匯者每買賣SGD1.50，可以獲得SGD0.02（1.52 −
1.50 = 0.02）的套匯利益。

從另一觀點來看，香港市場報價USD：HKD的匯率為8.24，但
是以SGD為中介套算出來的交叉匯率應為5.42×1.50 = 8.13，亦即
USD：HKD1：8.13，比較的結果發現USD在香港比較貴，因此可以
進行套匯，其操作方法為：

香港 賣出USD1，買入HKD8.24 ⇒ 東京 賣出HKD8.24，
買入SGD1.52，⇒ 新加坡 賣出SGD1.52，買入USD1.013

如此，則套匯者每買賣USD1，可獲利USD0.013。

上述兩種三點套匯的方法皆可獲利，主要原因是以間接方式計算
出來的兩種貨幣的交叉匯率，與兩種貨幣間直接的匯率不一致，所以
產生了三點套匯的機會。

但是，如果套匯方向錯誤，在香港賣出HKD，則套匯反而將產
生虧損：

香港 賣出HKD1，買入USD⇒ 新加坡 賣出USD，
買入SGD ⇒ 東京 賣出SGD，買入HKD

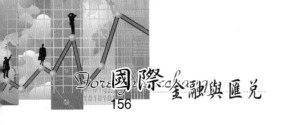

套匯者每買賣HKD1，將虧損HKD0.013（$1 - 1 \div 8.24 \times 1.5 \times 5.42 = 0.013$）。

經由三點套匯的操作，這種匯率存有差價的情況將逐漸消失，亦即以間接方式計算出來的兩種貨幣的交叉匯率，與該兩貨幣間直接的匯率將趨一致（或仍有差價，但差價剛好等於套匯交易成本），使套匯不再有利可圖，套匯交易因而中止。

在全球外匯市場上，各種貨幣被連續不斷地買賣，由於貨幣的種類很多，各地外匯市場的供需狀況不同，因而有時會發生某一種或某幾種外匯的價格在不同的外匯市場上出現短暫性的差異，產生了上述地點套匯的機會。不過由於通訊工具的發展，國際外匯市場資訊取得迅速，因此實際上可以進行套匯的機會甚少，只要各地匯率有些微差距，立刻會引發套匯交易。同時由於國際外匯市場的效率甚高，因此套匯交易發生之後，各地的匯價差異很快就會消失。所以，市場上從事套匯交易的多為銀行或設有專門的外匯交易室的大企業，他們不僅能立刻得知各地匯率有差異，而且往往可以在很短的時間內調度大筆資金，儘管有時各地匯率差異很小，由於買賣數額很大，仍可有相當的利潤。

(三)利息套匯（interest arbitrage）

利息套匯又稱為套利，即利用貨幣市場上兩種貨幣利率的差異，在外匯市場中轉換貨幣以謀取較高利息收入的操作方式。套利交易依其是否透過遠期外匯交易以規避匯率變動的風險，又可分為以下兩種：

1. 有拋補的套利（covered interest arbitrage）

又稱為無風險的套利，即在進行套利的同時，透過遠期外匯交易拋補手中持有的外匯部位，以規避匯率變動風險的交易方式。

2. 未拋補的套利（uncovered interest arbitrage）

又稱為有風險的套利，即在即期外匯市場轉換貨幣進行套利時，

有意承擔或不在乎匯率變動的風險,而未在遠期外匯市場進行拋補的交易方式。

有拋補的套利因涉及遠期外匯交易,將於下一節遠期外匯交易中再作詳細介紹,本節僅就未拋補的套利說明如下。

由於不同的貨幣其利率並不一致,因此外匯市場的參與者可在外匯市場中轉換貨幣,選擇持有利率較高的通貨,以賺取較多的利息收入。

例如 Example

市場報價如下:

外匯市場 USD:TWD 即期匯率 30.20

貨幣市場 USD存款利率 8% p.a.

TWD存款利率 4% p.a.

則投資人可選擇將TWD存款以30.20的即期匯率轉換成USD存款,以賺取較高的利息收益。

假設某投資人原持有資金TWD10,000元,若該投資人

選擇TWD存款 ⇒ 一年後可得本利共TWD10,000(1+4%)=TWD10,400

選擇USD存款 ⇒ TWD10,000於即期匯市換得USD$\frac{10,000}{30.20}$,一年後可得本利共USD$\frac{10,000}{30.20}$(1+8%)=USD357.62

若該投資人一年後需要的是TWD,則須於一年後以當時的即期匯率將USD兌換成TWD,設S表示一年後的即期匯率,當

S>30.20 ⇒ 357.62 × S > 10,800,以 USD 存款不僅利差有收益,匯差也有收益,故以 USD 存款較有利。

$\boxed{S > 30.20}$ ⇒357.62 × S > 10,800，以 USD 存款不僅利差有收益，匯
差也有收益，故以 USD 存款較有利。

$\boxed{S = 30.20}$ ⇒357.62 × S = 10,800，以 USD 存款利差有收益，匯差無
收益也無損失，故以 USD 存款仍較有利。

$\boxed{29.08 < S < 30.20}$ ⇒10,400 < 357.62 × S < 10,800，以 USD 存款利差有
收益，匯差有損失，但利差收益＞匯差損失，故
以 USD 存款仍較有利。

$\boxed{S = 29.08}$ ⇒357.62 × S = 10,400，以 USD 存款利差有收益，匯差有
損失，利差收益＝匯差損失，故以 USD 存款與 TWD 存
款收益相同。（註）

$\boxed{S < 29.08}$ ⇒357.62 × S < 10,400，以 USD 存款利差有收益，但匯差
有損失，且利差收益＜匯差損失，故以 USD 存款較不利。

註：$\frac{10,000}{30.20}$（1＋8%）× 29.08 ＝ 10,000（1＋4%），故當 S ＝ 29.08 時，利差收益恰
好被匯差損失抵銷。

由以上分析可知，若該投資人未預先採取避險措施，一年以
後若匯率跌至29.08以下，則投資USD將因USD貶值損失多於4%
（8% － 4%）的利息收益反較不利，此即從事套利交易所可能面臨的
風險。該投資人這種未採取避險措施的套利交易，即稱為未拋補的套
利。

為避免因套利交易所遭受的匯率變動風險，該投資人可利用遠期
外匯交易，拋補手中持有的外匯部位。有關避險的方法及避險的效
果，將於下一節「拋補利息套匯」中詳述。

(四)投機（speculation）

外匯市場的投機交易，係指有意承擔外匯匯率變動的風險，藉由
匯率的變動，買賣外匯以謀取利益的交易方式。外匯投機者（specu-
lator）希望藉由對未來走勢的準確預測，以買低賣高的方式賺取匯率
的差價。

speculator原意爲「預測者」，外匯投機者就是依據自己對匯率走勢的預測從一買一賣中獲利，投機者對匯率走勢的預測不同，其操作方式也有異，當：

1. 預測某種通貨未來將升值，即所謂「看漲者」或「多頭業者」（bull） 先買進該通貨，俟未來升值後，再賣出該通貨以獲利。

2. 預測某種通貨未來將貶值，即所謂「看跌者」或「空頭業者」（bear） 先賣出該通貨，俟未來貶值後，再買進該通貨，以獲買低賣高的利益。

「即期投機」係指藉由不同時點的即期匯率的不同，以買低賣高的方式賺取匯率的差價。

例如 Example

外匯市場	USD：TWD即期匯率	31.40	
貨幣市場	USD	利率 10%	p.a.
	TWD	利率 6%	p.a.

1. 預期USD未來將升值

假設投機者甲預期一年後USD將升值，則他可現在就買入即期USD，然後存入USD存款帳戶，俟一年後USD升值再賣出以獲利。

若甲投機者預測正確，一年後USD果眞升值，則他便可賺得買低賣高的利潤；但若是預測錯誤，USD不升反貶，則他可能將遭受損失。而實際上即期投機能否獲利，除了須視即期匯率的變動之外，尚須考慮兩種貨幣的利率差距。本例中由於投機者甲以TWD兌換成USD，TWD利率6%，USD10%，故持有USD較持有TWD多4%的利息收益；至於匯差方面是獲利或損失，則須視一年後的即期匯率水準而定。設S表一年後的即期匯率，當：

$\boxed{S > 31.40}$ ⇒匯差有收益，利差也有收益，即期投機有雙重獲利。

$\boxed{S = 31.40}$ ⇒匯差無收益也無損失，利差有收益，即期投機仍屬有利。

$\boxed{30.26 < S < 31.40}$ ⇒匯差有損失，利差有收益，匯差損失＜利差收益，
即期投機仍有收益。

$\boxed{S = 30.26}$ ⇒匯差有損失，利差有收益，匯差損失＝利差收益，即期投
機無損也無益。（註）

$\boxed{S < 30.26}$ ⇒匯差有損失，利差有收益，但匯差損失＞利差收益，即期
投機有損失。

註：$\dfrac{1}{31.40}$ （1＋10%） ×30.26 ＝1＋6%，故當 S ＝30.26 時，利差收益恰好被匯差損
失抵銷。

2. 預期USD未來將貶值

假設投機者乙預期一年後USD將貶值，亦即TWD將升值，則他可現在就賣出USD，買入TWD，俟一年後USD貶值再買入USD，售出TWD，賺取匯率差價的利益。

同樣的，乙投機者能否獲利，須同時考慮匯率和利率。本例中，由於投機者乙以USD兌換成TWD，TWD利率6%，USD利率10%，故持有TWD較持有USD少4%的利息收益；至於匯差方面是獲利或損失，須視一年後的即期匯率而定。設S表一年後的即期匯率，當：

$\boxed{S > 31.40}$ ⇒匯差有損失，利差也有損失，即期投機有雙重損失。

$\boxed{S = 31.40}$ ⇒匯差無收益也無損失，利差有損失，即期投機仍有損失。

$\boxed{30.26 < S < 31.40}$ ⇒匯差有收益，利差有損失，但匯差收益＜利差損
失，即期投機仍有損失。

$\boxed{S = 30.26}$ ⇒匯差有收益，利差有損失，且匯差收益＝利差損失，即
期投機無損也無益。

$\boxed{S < 30.26}$ ⇒匯差有收益，利差有損失，匯差收益＞利差損失，即期
投機有收益。

根據上述說明，由於USD利率大於TWD利率，甲有利差收益。因此，一年後USD匯率若與甲的預期相符，高於31.40，則甲必可獲利；但若USD不升反貶，只要不是貶至30.26或30.26以下，甲都仍有收益，只有當USD貶至30.26以下，甲才會有損失。相對的，對乙而言，由於有利差損失，因此一年後USD匯率不僅須與乙的預期相符，低於31.40，而且必須低於30.26，乙才可有投機的收益。

這種即期市場上所從事的投機交易，最大的缺點是投機者要自備足夠的資金或能夠獲得銀行的貸款，否則即無法進行，這其實也是以即期對沖避險的缺點。若是在遠期匯市進行投機或避險，即可免除這項困擾，因為遠期外匯交易不必於成交時準備足額的資金進行交割，只要先繳納交易金額一定成數的保證金即可，較無資金的壓力，也能夠發揮財務槓桿（financial leverage）的效果。

在浮動匯率下，匯率變動是市場的必然現象，因此只要在外匯市場上參與交易的，都一定會面臨匯率變動的風險。不過匯率變動除了是一種風險外，同時也是一種機會，若視其為風險而規避之，就是避險；若視其為機會而加以利用，就是投機。市場上因為有投機者願意承擔風險，才使得避險者的風險得以轉嫁。所以任何一種外匯市場上的交易方式，只要具有避險功能的，也一定可以作為投機的工具，即期交易如此，遠期交易、換匯交易、期貨交易、選擇權交易（將陸續於本章與下一章中介紹）等也都是如此。從這個觀點來看，投機者其實是市場流動性的主要來源。

此外，外匯投資與外匯投機兩者事實上並不容易加以區分，也沒有明確區分的必要。例如：本節介紹的未拋補套利，當投資者為獲取利率差價或匯率差價而轉換所持的通貨種類時，因為並未預作避險措施，所以廣義來看，這也可算是一種投機行為。投機者與投資者表面上最大的區別只在於投機者較願承擔更大的風險，也更相信自己的運氣，而投資者並不刻意去承擔風險。

(五)干預

　　中央銀行可經由即期市場進行干預，影響匯率。當外匯供給過多，導致外匯貶值太多，本國幣升值太多時，中央銀行可於外匯市場購入外匯，增加外匯的需求，拉抬匯率至所希望的水準；相反的，當外匯升值幅度太大，本國幣貶值太多時，中央銀行即於外匯市場拋售外匯，增加外匯供給，調整匯率至適當的水準。中央銀行在即期外匯市場調節供需，可直接影響匯率，避免匯率過度的波動，以達穩定市場的目的。

　　實例演練(一)

　市場報價如下：

USD：TWD　即期匯率　　　31.2030

USD　　　　利率　　7.25%（貸）　　6.75%（存）p.a.

TWD　　　　利率　　5.00%（貸）　　4.25%（存）p.a.

　某出口商與國外進口商簽訂一筆貿易契約，預計兩個月後將收入**USD100,000**。為避免兩個月後USD貶值造成收入減少的損失，擬以即期對沖方式固定匯率，請問：

　1.其對沖方法如何？

　2.該出口商利用即期對沖，可將匯率固定在多少？

解

　1. 即期對沖方法如下：

　　 今　　　天 借入 USD $\dfrac{100,000}{1+7.25\%\times\dfrac{2}{12}}$，於即期匯市以 31.20 的匯率售出，換得 TWD $\dfrac{100,000}{1+7.25\%\times\dfrac{2}{12}}\times 31.20$ 存入

　　 TWD 存戶中。

$\boxed{兩個月後}$ USD 借款：應償還 USD$\dfrac{100,000}{1+7.25\% \times \dfrac{2}{12}} \times$（$1+7.25\%$

$\times \dfrac{2}{12}$）$=$USD100,000，直接以國外支付的貨款 USD

100,000 償還。TWD 存款：本息共$\dfrac{100,000}{(1+7.25\% \times \dfrac{2}{12})}$

$\times 31.20 \times$（$1+4.25\% \times \dfrac{2}{12}$）$=3,104,586$。

2. 該出口商可將匯率固定在 31.05（$\dfrac{3,104,586}{100,000}=31.05$）

實例演練(二)

市場報價如下：

GBP：USD	即期匯率	**1.543252**
GBP	利率	**6.25%-7.50%** p.a.
USD	利率	**4.75%-5.25%** p.a.

某英國進口商與國外簽訂一筆貿易契約，預計三個月後將支付貨款USD20,000。為避免三個月後USD升值造成成本增加的損失，擬以即期對沖方式固定匯率，請問：

1. 其對沖方法如何？

2. 即期對沖的避險有效匯率為何？

$\boxed{解}$

1. 即期對沖方法如下：

$\boxed{今\quad天}$ 借入 GBP $\dfrac{20,000}{(1+4.75\% \times \dfrac{3}{12}) \times 1.5432}$，於即期匯市

以1.5432的匯率售出，換得 USD$\dfrac{20,000}{1+4.75\% \times \dfrac{3}{12}}$ 存入

USD 存戶中。

三個月後 USD 存款：本息共 $\dfrac{20,000}{1+4.75\% \times \dfrac{3}{12}}\left(1+4.75\% \times \dfrac{3}{12}\right)$

$=20,000$，直接支付國外出口商。

GBP 借款：本息共應償還 $\dfrac{20,000}{\left(1+4.75\% \times \dfrac{3}{12}\right)} \times 1.5432$

$\times \left(1+7.5\% \times \dfrac{3}{12}\right) = 13,048$。

2. 該進口商實際上等於是在三個月後以 GBP13,048 購 USD20,000，因此避險有效匯率 $=\dfrac{20,000}{13,048}=1.5328$

實例演練(三)

市場報價如下：

USD：CHF	即期匯率	**1.063262**
USD	利率	**5.25%-6.00% p.a.**
CHF	利率	**3.75%-4.50% p.a.**

某瑞士出口商預計半年後將有一筆**USD100,000**的出口收入，為免半年之後**USD**貶值造成損失，擬以即期對沖避險，請問：

1.其避險操作方法為何？

2.避險有效匯率為何？

3.若半年後市場即期匯率為**1.0418-48**，該出口商有預作避險與未預作避險的結果，何者收入的**CHF**較多？

解

1. 即期對沖方法：

$\boxed{今\ 天}$ 借入 USD $\dfrac{100,000}{1+6\%\times\dfrac{6}{12}}$，於即期匯市換得 CHF

$\quad\dfrac{100,000}{1+6\%\times\dfrac{6}{12}}\times 1.0632$ 存入 CHF 存戶。

$\boxed{半年後}$ USD 借款：本息共 $\dfrac{100,000}{1+6\%\times\dfrac{6}{12}}\times\left(1+6\%\times\dfrac{6}{12}\right)$

$\quad=100,000$，直接以國外支付的 USD100,000 償還。

$\quad$ CHF 存款：本息共 $\dfrac{100,000}{1+6\%\times\dfrac{6}{12}}\times 1.0632\times\left(1+3.75\%\right.$

$\quad\left.\times\dfrac{6}{12}\right)=105,159$。

2. 該出口商等於在半年後以 1.0516（$\dfrac{105,159}{100,000}=1.0516$）的匯率售
   出 USD100,000，故避險有效匯率為 1.0516。

3. 若半年後市場即期匯率為 1.0418-48，則：

   有預作避險⇒適用匯率為 1.0516

   未預作避險⇒適用匯率為 1.0418

   可知有預作避險時收入的 CHF 較多。

實例演練(四)

倫敦與巴黎報價EUR：USD的即期匯率如下：

倫敦　**1.1446**

巴黎　**1.1452**

請問：

1. 是否有地點套匯的機會？

2. 若有，則套匯的操作方法如何？

3. 可獲利多少？（交易成本假設為**0**）

解

1. 由於兩地對同一種通貨的報價不同，因此存在有地點套匯的機會。

2. 倫敦 以 1.1446 的匯率買入 EUR ⇒ 巴黎 將 EUR 以 1.1452 的匯率售出。

3. 每 USD1.1446 可獲利 USD0.0006（$1.1452 - 1.1446 = 0.0006$），或每 EUR1 可獲利 EUR0.0005242（$\frac{1.1452}{1.1446} = 1.0005242$）。

   獲利率均為 0.05242%（$\frac{0.0005242}{1} = 0.05242\%$, $\frac{0.0006}{1.1446} = 0.0005242 = 0.05242\%$）

實例演練(五)

> 倫敦與巴黎報價EUR：USD的即期匯率如下：
>
> 倫敦　　**1.1446-58**
>
> 巴黎　　**1.1463-76**
>
> 請問：
>
> **1.** 是否有地點套匯的機會？
>
> **2.** 若有，則套匯的操作方法如何？
>
> **3.** 可獲利多少？（假設不考慮套匯成本）

解

1. 比較兩地報價的匯率，發現：
   倫敦 EUR 的買價（1.1446）＜巴黎 EUR 的賣價（1.1476），因此無地點套匯的機會。但是，倫敦 EUR 的賣價（1.1458）＜巴黎 EUR 的買價（1.1463），故有套匯的機會。

2. 套匯方法：
   倫敦 買入 EUR ⇒ 巴黎 賣出 EUR

3. 以 USD1.1458 買入 EUR1⇒將 EUR1 售出得 USD1.1463⇒每 USD1.1458 可獲利 USD0.0005。獲利率 $=\dfrac{0.0005}{1.1458}=0.04364\%$，或每 EUR1 可獲利 EUR0.0004364（$\dfrac{1.1463}{1.1458}=1.0004364$），獲利率也是 0.04364%。

實例演練(六)

以下三市場的報價如下：

巴黎　　　　 **EUR：USD = 1：1.32**

法蘭克福　**USD：CHF = 1：1.03**

蘇黎世　　 **EUR：CHF = 1：1.38**

請問：

1. 是否有地點套匯的機會？

2. 若有，則套匯的操作方法如何？

3. 可獲利多少？（暫不考慮交易成本）

解

1. EUR：USD=1：1.32，USD：CHF=1：1.03，以 USD 為中介計算出的 EUR：CHF 的交叉匯率應為 1.32×1.03＝1.360，但是蘇黎世市場報價為 1.38，因此有三點套匯的機會。

2. 法蘭克福 賣 CHF，買 USD⇒ 巴黎 賣 USD，買 EUR⇒ 蘇黎世 賣 EUR，買 CHF。

3. CHF1⇒USD0.97⇒EUR0.7348（0.97/1.32＝0.7348）⇒ CHF1.0140（0.7348×1.38＝1.0140），因此，每 CHF1 可獲利 CHF0.0140（1.0140－1＝0.0140）。獲利率為 1.4%。

實例演練(七)

以下三市場的報價如下

巴黎	EUR：USD	1.3243-56
法蘭克福	USD：CHF	1.0345-56
蘇黎世	EUR：CHF	1.3812-25

請問：

1.是否有地點套匯的機會？

2.若有，則套匯的操作方法如何？

3.可獲利多少？（暫不考慮交易成本）

解

1. EUR：USD　1.3243-56，USD：CHF　1.0345-56，以 USD 為中介計算出的 EUR：CHF 的交叉匯率應為：

買入匯率＝$1.3243 \times 1.0345 = 1.3700$

賣出匯率＝$1.3256 \times 1.0356 = 1.3728$

但是市場報價為 1.3812-25，因此有三點套匯的機會。

2. 法蘭克福　賣 CHF，買 USD⇒ 巴黎　賣 USD，買 EUR⇒ 蘇黎世　賣 EUR，買 CHF。

3. CHF1

$\Rightarrow$USD0.9656（$\frac{1}{1.0356} = 0.9656$）$\Rightarrow$EUR0.7284（$\frac{0.9656}{1.3256} = 0.7284$）

$\Rightarrow$CHF1.0061（$0.7284 \times 1.3812 = 1.0061$）

因此每 CHF1 可獲利 CHF0.0061（$1.0061 - 1 = 0.0061$）

實例演練(八)

市場報價如下：

USD：TWD	即期匯率	31.82
USD	一個月期存款利率	5.75% p.a.
TWD	一個月期存款利率	5.25% p.a.

某投資人欲將其TWD2,000,000的存款轉成USD存款，賺取較高的利息收入，假設該投資人一個月後還要將USD換回TWD，如果一個月後即期匯率為31.68，則該投資人這種套利操作是否真的較有利？若是，獲利多少？

解

無拋補套利：TWD2,000,000 於即期匯市換成 $USD\dfrac{2,000,000}{31.82}$，存一個月後本息共 $USD\dfrac{2,000,000}{31.82}\left(1+5.75\%\times\dfrac{1}{12}\right)$，將 USD 本息以當時即期匯率換成 $TWD\dfrac{2,000,000}{31.82}\left(1+5.75\%\times\dfrac{1}{12}\right)\times 31.68$

$=TWD2,000,741$。

未進行套利：TWD2,000,000 存一個月後可得本息共 $TWD2,000,000\left(1+5.25\%\times\dfrac{1}{12}\right)=TWD2,008,750$

比較上述二法，可知該投資人欲獲取較高的利息收益而進行套利交易，一個月後因 USD 貶值損失過大，結果反比未進行套利時的收益少。

實例演練(九)

市場報價如下

USD：CHF	即期匯率	1.1242-82
USD：JPY	即期匯率	85.26-96
USD	利率	5.25% p.a.
CHF	利率	6.75% p.a.
JPY	利率	7.00% p.a.

投資人甲、乙、丙原各持有USD100,000的存款，這筆資金可運用（或投資）的期間為六個月，三人決定將USD100,000作如下運用：

甲：將USD存款轉換為CHF存款

乙：將USD存款轉換為JPY存款

丙：不轉換幣別，仍以USD存款

假設六個月之後，三人都必須以USD的方式收回投資，則當六個月後市場上即期匯率如下時，甲、乙、丙三人的投資收益各是多少？

USD：CHF 1.1334-81

USD：JPY 86.02-78

解

甲：今天 將 USD100,000 換成 CHF100,000 × 1.1242 ＝ CHF112,420，存入 CHF 存戶。

六個月後 CHF 存款本息共 112,420 $\left(1 + 6.75\% \times \dfrac{6}{12}\right)$

＝116,214，以即期匯率 1.1381 換成 USD $\dfrac{116,214}{1.1381}$ ＝ USD102,112。

＊投資收益＝USD（102,112－100,000）＝USD2,112

乙：| 今　　天 | 將 USD100,000 換成 JPY100,000 × 85.26＝

JPY8,526,000，存入 JPY 存戶。

| 六個月後 | JPY 存款本息共 8,526,000 ×（1＋7%× $\frac{6}{12}$)

＝8,824,410，以即期匯率 86.78

換成 USD $\frac{8,824,410}{86.78}$ ＝USD101,687。

＊投資收益＝USD（101,687－100,000）＝USD1,687

丙：| 今　　天 | 不轉換幣別，直接以 USD100,000 存款六個月。

| 六個月後 | USD 存款本息共 100,000（1＋5.25%× $\frac{6}{12}$)

＝102,625。

＊投資收益＝USD（102,625－100,000）＝USD2,625

由此可見，CHF 與 JPY 利率雖較 USD 利率高，但由於 CHF 與
JPY 在六個月之後，都因貶值而有匯差損失，抵銷了利差的收
益，結果反倒是丙的投資收益最多。

實例演練(十)

市場報價如下：

GBP：USD　即期匯率　1.5448

GBP　　　利率　　8%　p.a.

USD　　　利率　　6%　p.a.

某人預測一個月之後，**GBP**將跌至**1.4000**以下，欲於即期匯市進
行投機交易，請問：

1.其投機方法為何？

2.若一個月後，**GBP**果真跌至**1.3900**，則該投機者將獲利多少？

解

1. 今天於即期市場上售出 GBP，一個月後再在即期市場上買入 GBP，賺取匯率差價的利潤。

2. 設交易金額為 GBP1，則 GBP1 ⇒ USD1.5448

   ⇒一個月後 USD 本息共 $1.5448\left(1+6\% \times \dfrac{1}{12}\right)$

   ⇒換成 $GBP1.5448\left(1+6\% \times \dfrac{1}{12}\right) \div 1.3900 = 1.1169$

   GBP 一個月投機交易資金加利息共 $1+8\% \times \dfrac{1}{12} = 1.0067$

   故該投機者每交易 GBP1 可獲利 GBP0.1102（1.1169－1.0067 ＝0.1102）

實例演練(十一)

市場報價如下：

USD：TWD　即期匯率　**32.24-34**

USD　利率　**5.5%**　　**p.a.**

TWD　利率　**6.25%**　　**p.a.**

某人預測兩個月後TWD將貶值，欲將TWD存款轉成USD存款獲取匯差利潤，請問兩個月後，市場上即期匯率為多少時，該投資人才不致吃虧？

解

TWD1 ⇒ $USD\dfrac{1}{32.34}$ ⇒ 兩個月後 USD 存款本息共 $\dfrac{1}{32.34}\left(1+5.5\% \times \dfrac{2}{12}\right)$ ⇒ 換成 $TWD\dfrac{1}{32.34}\left(1+5.5\% \times \dfrac{2}{12}\right) \times S$，當 $\dfrac{1}{32.34}\left(1+5.5\% \times \dfrac{2}{12}\right) \times S \geq 1+6.25\% \times \dfrac{2}{12}$ 時，該投資人才不算吃虧，則 S 應 ≧32.38，故兩個月後即期匯市 USD：TWD 的買入匯率至少應大於或等於 32.38 時，該投資人才不致吃虧。

實例演練(十二)

> 市場報價如下:
>
> **AUD：USD** **即期匯率** **0.8931-83**
>
> **AUD** **利率** **6.75%** **p.a.**
>
> **USD** **利率** **5.25%** **p.a.**
>
> 某市場投機者預測三個月後AUD將貶值,欲在市場上借入資金以進行投機交易,請問:
>
> **1.**其投機方法為何?
>
> **2.**若三個月後即期匯率仍為0.8931-83,則該投機者是否無投機收益或損失?為什麼?

解

1. 預測 AUD 將貶值,故應先賣 AUD,三個月後再買入 AUD,其實際方法為:

   今　天│假設借入三個月期 AUD1,於即期匯市以 0.8931 的匯率售出,換取 USD0.8931,存入 USD 存戶。

   三個月後│AUD 借款應償還 $1+6.75\% \times \frac{3}{12} = 1.0169$,

   USD 存款本息 $0.8931 \left(1+5.25\% \times \frac{3}{12}\right)$,以即期匯率 0.8983 換成 AUD,可得 AUD $\left[0.8931 \left(1+5.25\% \times \frac{3}{12}\right) \div 0.8983\right]$ = AUD1.0073。

2. 該投機者的投機交易成本為AUD0.0169,收益為AUD0.0073,因此投機交易每 AUD1 有損失 AUD0.0096(0.0169 − 0.0073 = 0.0096)。

   三個月後即期匯率雖未變動,但是投機者賣出 AUD 係以買入匯率 0.8931,買入 AUD 則是以賣出匯率 0.8983,買高賣低本就會

有損失，再加上借入 AUD 的利率 6.75%大於 USD 存款利率 5.25%，投機者必須承擔利差損失的成本，因此縱然即期匯率仍維持 0.8931-83，投機交易也會因為匯差與利差而有損失。

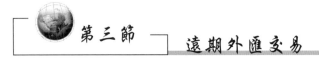

第三節　遠期外匯交易

一、遠期外匯交易的意義

遠期外匯交易（forward exchange transaction）係指外匯買賣的雙方簽訂一外匯買賣契約，約定雙方於一未來特定日期，以約定的匯率和金額，進行交割的外匯交易。

遠期外匯交易的雙方必須簽訂遠期外匯交易契約（forward exchange contract）。一般而言，遠期外匯契約中主要約定的項目有：交易類型（即買入或賣出）、交易幣別、交易數量（即交易金額）、遠期匯率及到期日。

例如：B銀行報價USD對TWD三個月遠期買入匯率為30.12，A公司以此匯率與B銀行訂定一筆三個月遠期外匯契約，約定三個月後以30.12的匯率向B銀行售出100萬美元。三個月之後，不論當天即期USD：TWD的匯率為何，雙方均應以三個月前的約定辦理交割，亦即A公司交給B銀行100萬美元，B銀行支付A公司3,012萬新臺幣。

上例中，遠期交易的類型和交易幣別為B銀行以新臺幣向A公司買入美元，交易數量為100萬美元，遠期匯率為30.12，到期日為三個月後。

B銀行為防止A公司到期不依契約辦理交割，會要求A公司於簽約時繳交保證金，保證金的額度依銀行對A公司的徵信結果而定，並無一定標準。至於銀行間遠期外匯交易則依例不收保證金。

理論上，所謂「遠期」係指三天以上，但實務上，絕少有報三天遠期匯率的，一般報遠期，均在七天以上，大多為一週、二週、三週……，或一個月、兩個月、三個月……的期數。

　　有關遠期匯率的決定、遠期匯率的報價方式以及遠期交割日的訂定，上一章中已有詳細說明，本節主要在介紹遠期外匯交易的目的以及交易方式。

二、遠期外匯交易的功能

　　在上一節中曾提及即期外匯交易可滿足各種不同交易動機的參與者。貿易商利用即期對沖交易，以避免從事國際貿易的匯率風險；套利者在即期匯市中轉換通貨，以賺取不同通貨間利率差距的利潤；投機者在即期匯市中接受開放部位，刻意承受風險，期望藉由預期匯率的變動而獲利；中央銀行則在即期匯市中調節外匯供需，以達穩定匯率的目的。上述這些交易的動機也可以在遠期外匯市場中獲得滿足。以下就分別依避險、套利、投機及干預四方面，說明遠期外匯交易的方式。

(一)避險

　　對於在國際間從事商品買賣的進出口貿易商，以及在國際間從事投資的人士而言，若預期未來將收付一定金額的外匯，為避免因匯率變動而產生損失，可利用遠期外匯交易以規避風險，這種避險的操作方式，稱為遠期避險或遠期對沖（forward hedging）。

例如 Example

USD：TWD	即期匯率	30.50
	一個月遠期匯率	30.40

　　假設國內某出口商出口一批貨物到國外，預計一個月後可收到貨款USD10,000。若該出口商擔心一個月後USD對TWD貶值，可與銀行簽訂遠期外匯買賣契約，以銀行今天所報的一個月遠期匯率30.40，預售一個月的USD，則不論一個月後USD兌TWD的即期匯率為何，該出口商都可以當初與銀行約定好的匯率，結售USD10,000的貨款，如此該出口商即可於今天就確定一個月後收入的金額，避免因匯率變動所產生的風險。

　　同理，若國內某進口商須在一個月後支付貨款USD10,000給國外出口商，若該進口商擔心一個月後USD兌TWD升值，可與銀行簽訂遠期外匯買賣契約，以銀行今所報的一個月遠期匯率，預購USD10,000，以規避匯率變動風險。

　　上述這種為確定成本或收入而進行遠期外匯交易的進出口廠商，乃遠期外匯市場的恆常參與者，也是最主要的參與者，其交易的動機也符合遠期外匯交易的原創精神，這種參與者既不承擔匯率風險，也不進行外匯投機，其利潤係來自正常的商品生產製造及／或買賣，屬於生產或經營性質，而非財務性質。

　　在上例中，若一個月後當天即期匯率為30.00，對出口商而言，即產生了「匯兌利益」，亦即該出口商因有預售遠期USD，可以30.40的匯率出售USD10,000，比未預作避險者多收入TWD4,000〔10,000×（30.40 － 30.00）＝ 4,000〕。但對進口商而言，則有「匯兌損失」，因為進口商預測錯誤，遠期外匯交易不但未使他避免匯率風險，反而增添了匯兌損失TWD4,000。當然，若貿易商進行遠期外匯交易的動機是為減少可能的匯兌損失，或賺取可能的匯兌利益時，因為他對匯率有預期，所以會出現有「匯兌利益」或「匯兌損失」的情況；但是如果廠商在進行遠期外匯操作時，目的是為確定未來的成本或收入，因為他並不對匯率預期，即不管匯率變動的方向是趨於有利或不利，將遠期匯率視為計價的標準，完全以確定價格為目的而進行遠期外匯交易，所以日後若有「匯兌損失」，則視為保險費的支

出；若有「匯兌利益」，則視爲額外的收入。

一般而言，廠商對於遠期外匯的操作態度有以下三種：

1. 對所有交易都簽訂遠期外匯契約，亦即以遠期匯率來確定未來的收入或支出。此即本節所述的避險。

2. 只在買賣遠期外匯可能對其有利的情況下才操作。例如：出口商預測未來的外匯匯率將比目前銀行所報遠期匯率低時，或進口商預測未來匯率比目前銀行所報遠期匯率高時。這種作法，廣義來說，可視爲避險，也可視爲是一種投機，但並非買空賣空的金融性投機。

3. 不從事遠期外匯操作，於實際收付外匯時，以即期外匯交易方式來處理，亦即不預作避險措施。

至於廠商會採用何種方式，則視匯率風險對該廠商的影響程度而定。

比較遠期對沖與上一節所述的即期對沖，兩者皆爲避免匯率變動風險的方法，但即期對沖須自備足額的資金，或必須獲得銀行的貸款，而遠期對沖交易則只要準備擬交易金額的一部分充作保證金即可，免除自備資金或向銀行貸款的成本與不便，是一種較理想的避險方式。由於近來與遠期外匯交易具相似功能，有替代性的新興金融商品，如外匯期貨與外匯選擇權等蓬勃發展，使避險方式日趨多樣化，因此，當避險者無法在市場上找到這些方便的避險工具時，才會以即期對沖方式避險。

事實上，避險者利用即期對沖，也可自行複製（或合成）所需要的遠期契約。茲以實例說明如下：

1. 上一節即期對沖的例子中

(1) 出口商以即期對沖避險，其出售USD的實際有效匯率爲30.3990，根據利率平價理論，遠期匯率應反映兩國的的利率差距，亦即

$$1 + \text{TWD 利率} = \frac{(1 + \text{USD 利率})}{\text{即期匯率}} \times \text{遠期匯率}$$

將本例數據代入後,得

$$1 + 4\% \times \frac{1}{12} = \frac{1 + 8\% \times \frac{1}{12}}{30.50} \times \text{遠期匯率}$$

遠期匯率 = 30.3990

因此,若市場報價一個月遠期匯率為均衡匯率30.3990,則出口商以即期對沖避險可得到與遠期對沖相同的避險效果,這就是以即期外匯交易合成遠期外匯交易。

(2) 進口商以即期對沖避險,其購入USD的實際有效匯率為30.4495,將本例數據代入上述的利率平價方程式

$$1 + 5\% \times \frac{1}{12} = \frac{1 + 7\% \times \frac{1}{12}}{30.50} \times \text{遠期匯率}$$

遠期匯率 = 30.4495

因此,若市場報價一個月遠期匯率為30.4495,則進口商以即期對沖避險可得到與遠期對沖相同的避險效果,這就是以即期外匯交易合成遠期外匯交易。

2. 在匯率方面

除了考慮存款利率與放款利率之外,在匯率方面,也同時考慮買入匯率與賣出匯率。

例如 Example

外匯市場 CHF：TWD	買入	賣出
即期匯率	18.10	18.20
三個月遠期匯率	無	無

貨幣市場	CHF	貸款利率	7.5%	p.a.
		存款利率	6.5%	p.a.
	TWD	貸款利率	5.0%	p.a.
		存款利率	4.0%	p.a.

(1) 假設某出口商預計三個月後將有CHF100,000的貨款收入，但無法以預售遠期CHF的方式來避險，則他可利用即期對沖方式：

今　天 出口商向銀行借入 CHF $\dfrac{100,000}{(1+7.5\% \times \frac{3}{12})}$ ⇒

於即期匯市兌換成 TWD $\dfrac{100,000}{(1+7.5\% \times \frac{3}{12})} \times 18.10$ ⇒

投資於貨幣市場

三個月後 應償還 CHF 貸款本息 $\dfrac{100,000}{1+7.5\% \times \frac{3}{12}}$ $(1+7.5\% \times \frac{3}{12})$

$=100,000$，直接以國外支付的 CHF100,000 償還銀行。

TWD 投資回收本利共 $\dfrac{100,000}{1+7.5\% \times \frac{3}{12}} \times 18.10 \times$

$(1+4\% \times \frac{3}{12})$ $=1,794,454$

可知出口商的避險有效匯率為17.94（1,794,454÷100,000÷17.94）。依利率平價理論，若有CHF：TWD三個月遠期外匯存在，其買入匯率應為：

$$18.10 \times (1+4\% \times \frac{3}{12}) \div (1+7.5\% \times \frac{3}{12}) =17.94$$

故上述的即期對沖操作結果與預售遠期外匯並無不同，亦即上述的操作合成了遠期外匯契約。

(2) 假設某進口商預計三個月後將有CHF100,000的貨款支出，但無法以預購遠期CHF的方式來避險，則他可利用即期對沖方式：

$\boxed{今\quad 天}$ 進口商向銀行借入 TWD $\dfrac{100,000 \times 18.20}{1 + 6.5\% \times \dfrac{3}{12}} \Rightarrow$

於即期匯市兌換成 CHF $\dfrac{100,000}{1 + 6.5\% \times \dfrac{3}{12}} \Rightarrow$

存入銀行外幣帳戶

$\boxed{三個月後}$ 進口商可得 CHF 存款本利共 $\dfrac{100,000}{1 + 6.5\% \times \dfrac{3}{12}}$

$\times (1 + 6.5\% \times \dfrac{3}{12}) = 100,000$，直接用以支付國外。TWD

借款本息共應償還 $\dfrac{100,000}{1 + 6.5\% \times \dfrac{3}{12}} \times (1 + 5.0\% \times \dfrac{3}{12})$

$= 1,813,284$

可知進口商的避險有效匯率為18.13（1,813,284÷100,000 = 18.1328）。依利率平價理論，若有CHF：TWD三個月遠期外匯存在，其賣出匯率應為：

$$18.20 \times (1 + 5.0\% \times \dfrac{3}{12}) \div (1 + 6.5\% \times \dfrac{3}{12}) = 18.1328$$

故上述的即期對沖操作結果與預購遠期外匯並無不同，亦即上述的操作合成了遠期外匯契約。

除了貿易商與國際投資者外，外匯銀行也會利用遠期交易來避險，其操作方式稱為遠期拋補（forward covering），即將其所持有的

外匯長部位在遠期市場中售出，或在遠期市場購入外匯以補足短少的外匯部位，避免因部位不平衡所產生的匯率變動風險。

(二)套利

上一節已說明何謂套利，以及套利依是否有預作避險，可分為「有拋補的套利」與「未拋補的套利」。其中，有拋補的套利係指在進行套利的同時，透過遠期外匯交易以避免匯率變動的風險。茲以上節「未拋補套利」的例子說明，如何利用遠期外匯交易進行有拋補的套利。

例如 Example

外匯市場	USD：TWD	即期匯率	30.20
		一年期遠期匯率	29.50
	USD	存款利率　8%　p.a.	
貨幣市場	TWD	存款利率　4%　p.a.	

假設投資人原持有資金TWD10,000，該投資人擬將TWD存款轉成USD存款，賺取較高的利息收益。不過由於一年後的匯率可能有變動，若一年後USD貶值，將影響投資收益。為避免因匯率變動所致的風險，該投資人可利用遠期外匯交易，預售一年期的遠期USD，其操作方法為：

$\boxed{\text{選擇 USD 存款}} \Rightarrow$ TWD10,000 於即期匯市換得 $USD\dfrac{10,000}{30.20}$，並同時

將一年後可得的本利和 $USD\dfrac{10,000}{30.20}\,(1+8\%)$ 以

29.50 的一年期遠期匯率預售給銀行，則一年後可得

$TWD\dfrac{10,000}{30.20}\,(1+8\%)\times 29.50 = TWD10,550$

在未拋補的套利方式之下，由於投資人並未預先以遠期外匯交易確定未來兌換的匯率，因此必須承擔一年後因即期匯率變動所產生的風險。倘若如本例有預售遠期USD，則今天即可確定一年後以29.50的匯率售出USD存款的本利，不必承擔日後匯率變動的風險。所以未拋補的套利又稱為有風險的套利，而有拋補的套利又稱為無風險的套利。

若該投資人並未轉換通貨，仍以TWD存款，則

選擇 TWD 存款 ⇒一年後可得本利和 TWD10,000（1＋4%）＝TWD10,400

比較USD存款與TWD存款，USD存款收益TWD550，TWD存款收益TWD400，因此選擇USD存款較有利。但是如果一年期遠期匯率報價不是29.50，則USD存款就不一定優於TWD存款了。

設F為一年期遠期匯率報價，當：

F＞29.08 ⇒ $\frac{10,000}{30.20}$（1＋8%）× F＞10,000（1＋4%），以 USD 存款較有利。

F＝29.08 ⇒ $\frac{10,000}{30.20}$（1＋8%）× F＝10,000（1＋4%），USD 存款與TWD存款收益相同。

F＜29.08 ⇒ $\frac{10,000}{30.20}$（1＋8%）× F＜10,000（1＋4%），以 TWD 存款較有利。

欲從事拋補套利的投資人可事先比較USD存款與TWD存款的收益，據以決定是否應轉換投資的通貨種類。

這種有拋補的套利交易，本質上可藉「利率平價學說」（Interest Rate Parity Theory）來解釋。依此學說的論點，在均衡的狀態下，兩種通貨間的利率差距等於其遠期升水或貼水的幅度。在本例中，USD利率較TWD利率高4%，故遠期USD應較即期USD貼水4%，亦即當遠

期匯率F爲如下狀況時：

$\boxed{F=29.08}$ ⇒USD 貼水幅度＝4%，亦即 USD 利差收益＝匯差損失，
符合利率平價學說的均衡條件，資金不會流動。

$\boxed{F>29.08}$ ⇒USD 貼水幅度＜4%，亦即 USD 利差收益＞匯差損失，
故持有 USD 較有利，資金自本國流向外國。

$\boxed{F<29.08}$ ⇒USD 貼水幅度＞4%，亦即 USD 利差收益＜匯差損失，
故持有 TWD 較有利，資金自外國流入本國。

若套用第三章利率平價學說的利率平價方程式$r_d - r_f = \frac{F-S}{S}$，4% － 8% = $\frac{F-30.20}{30.20}$ ⇒ F = 28.99，表示當一年遠期匯率報價爲28.99時，符合利率平價學說的均衡條件。

〔註：由於$r_d - r_f = \frac{F-S}{S}$係經過簡化的公式，故直接套用此公式，所得結果（F = 28.99時均衡）與精確求算的結論（F = 29.08時均衡）會有些許差異。〕

本例中由於市場報價遠期匯率爲29.50，與即期匯率30.20比較，USD遠期呈貼水，但貼水幅度小於USD與TWD的利率差距4%，由於USD的匯差損失小於其利差收益，故持有USD較有利。

(三)投機

匯率變動是一種風險，但同時也是一種機會。對避險者而言，爲了防止因匯率變動所可能產生的損失，會使用各種金融工具以規避風險；但是對於投機者而言，則恰好相反，投機者刻意去承擔風險，希望藉由匯率的變動以牟利，正所謂「不入虎穴，焉得虎子」。

外匯投機除可利用即期外匯交易方式（上節已有詳述）之外，也可利用遠期外匯交易來進行。事實上，遠期投機比即期投機更爲方便與容易，因爲遠期交易在實際交割前除少許保證金（甚至不須保證

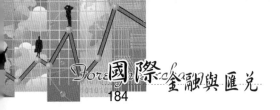

金）以外，不須交付資金。因此，遠期交易發揮了以小搏大的槓桿效用，使其投機功能與效果較即期投機擴大許多。

茲以實例說明遠期投機的方法。

例如 ● Example

USD：TWD	即期匯率	30.56
	兩個月遠期匯率	30.84

銀行所報兩個月遠期匯率乃銀行依各種影響匯率的因素所作的對兩個月後當天即期匯率的預測（或看法），若投機者對未來匯率的預測與銀行預測的不同，亦即與銀行所報的遠期匯率不同，就有遠期投機的機會，例如：

1. 某投機者甲預測兩個月後的即期匯率應為31.00，而非30.84，亦即他認為兩個月後USD應比目前（30.56）升值更多，則他的遠期投機方法為：

今　　天｜ 購入兩個月遠期 USD，設遠期交易保證金為 10%，則甲每購入 USD1，即應繳納 TWD3.084 作為保證金。

兩個月後｜ 若即期匯率果真如預測漲為 31.00，則售出同額的即期 USD，兩筆交易一買一賣，金額相同，且交割日為同一日，故兩筆交易皆不必交割，互相抵銷即可，抵銷之後，甲可獲得每 USD1 的投機收益為 TWD0.16（31.00 − 30.84）。

當然，若兩個月後即期匯率不是31.00，則甲的外匯投機交易損益情況就會有不同。設兩個月後即期匯率為S，當S：

S > 30.84 ⇒ 投機有收益

S = 30.84 ⇒ 投機無收益，亦無損失

S < 30.84 ⇒ 投機有損失

2. 某投機者乙預測兩個月後的即期匯率將跌至30.00，亦即他認為兩個月後USD不僅不會升值，反將貶值，則他的遠期投機方法為：

| 今　　天 | 售出兩個月遠期USD，設遠期交易保證金為10%，乙每售出USD1，即應繳納TWD3.084作為保證金。 |
| 兩個月後 | 若即期匯率果真如預測跌至30.00，則購入同額的即期USD，兩筆交易抵銷之後，乙可獲得每USD1的投機收益為TWD0.84（30.84-30.00）。 |

同樣的，若兩個月後即期匯率與預測不同，則乙的投機交易損益情況就會有不同。設兩個月後即期匯率為S，當S：

$S > 30.84$	$\Rightarrow$ 投機有損失
$S = 30.84$	$\Rightarrow$ 投機無收益，亦無損失
$S < 30.84$	$\Rightarrow$ 投機有收益

以上分析均未考慮投機者應負擔的遠期保證金成本，也未區分買入匯率與賣出匯率，故較為簡單，實際操作時，情況應較複雜。

像以上所述的這種遠期投機交易，投機者在購入或售出遠期外匯時，並非有實際交易的需求，因此並不會在到期時真的進行交割，只是企盼藉由準確的預測，在遠期交易到期時，以另一筆反向的即期交易作抵銷（或在到期前以另一單交割日相同的遠期交易互相抵銷，如本例乙今天預售兩個月遠期USD，則他可在一個月後預購一個月遠期USD，兩單交易交割日相同，可以互相抵銷），買低賣高以獲利。所以，遠期投機交易是一種「買空賣空」的操作方式，因為兩筆交易均未實際交割，這種遠期交易方式又稱為無本金交割的遠期外匯交易

（Non-Delivery Forward, NDF）。而前述爲避險所進行的遠期外匯交易，則稱爲有本金交割的遠期外匯交易（Delivery Forward, DF）。

爲方便比較遠期投機與即期投機在操作方法與投機效果的不同，以下就依上一節即期投機的例子加以說明。

例如 Example

外匯市場	USD：TWD	即期匯率	31.40
		一年期遠期匯率	30.26
貨幣市場	USD	利率 10%	
	TWD	利率 6%	

市場所報一年期遠期匯率，係依利率平價理論求得的均衡遠期匯率

$1 + 10\% = 31.40（1 + 16\%）\div F$

$F = 30.26$

1. USD看漲者（bull）

甲預期一年後USD至少在30.26以上，則其即期投機與遠期投機方法如下（設甲自有資金TWD10,000，遠期保證金10%）：

		即期投機	遠期投機
投機方法	今 天	購入即期 USD$\frac{10,000}{31.40}$ 存入 USD 存戶	以 TWD 10,000 作爲保證金，購入一年期遠期USD$\frac{10,000 \times 10}{30.26}$
	一年後	即期匯率 32.00，甲的 USD 存款本利兌換成 TWD$\frac{10,000}{31.40}$ ×（1+10%）×32.00=11,210	即期匯率 32.00，售出即期 USD$\frac{10,000 \times 10}{30.26}$，兩筆交易相互抵銷
投機效果		售出所得　　　TWD11,210 － 購入成本　　　　10,600 　投機收益　　TWD 610 獲利率$\frac{610}{10,000}$ = 6.1%	售出所得 TWD$\frac{10,000 \times 10}{30.26} \times 32.00$ － 購入成本 10,000 × 10 + 600 　投機收益 TWD5,150 獲利率$\frac{5,150}{10,000}$ = 51.5%

由此可知，若預測正確，遠期投機的獲利率比即期投機的獲利率高出甚多。這是因為甲的TWD10,000資金在即期投機中即為實際交易金額，但在遠期投機時充作交易金額的10%作為保證金，卻可發揮10倍（$1 \div 10\% = 10$）的財務槓桿效能，因此獲利率自然亦提升約10倍（$\frac{51.5\%}{6.10\%} = 8.44$）。

2. USD看跌者（bear）

乙預測一年後USD將貶至30.26以下，則其即期投機與遠期投機方法如下（設乙自有資金USD10,000，遠期保證金5%）：

		即期投機	遠期投機
投機方法	今　天	購入即期 TWD10,000×31.40 存入TWD 客戶	以 USD10,000 作為保證金，購入一年期遠期TWD30.26× $\frac{10,000}{5\%}$ =TWD6,052,000
	一年後	即期匯率 32.00，乙的 TWD 存款本利兌換成 $USD\frac{10,000 \times 31.40\,(1+6\%)}{32.00}$ =USD10,401	即期匯率 32.00，售出即期 TWD6,052,000，兩筆交易相互抵銷
投機效果		售出所得　　USD　10,401 －購入成本　　　　　11,000 ⎯⎯⎯⎯⎯⎯⎯⎯⎯⎯⎯ 投機收益 －USD　　599 獲利率$\frac{-599}{10,000}$=－5.99%	售出所得　　USD$\frac{6,052,000}{32.00}$ －購入成本　　　　201,000 ⎯⎯⎯⎯⎯⎯⎯⎯⎯⎯⎯ 投機收益 －USD　11,875 獲利率$\frac{-11,875}{10,000}$=－118.75%

由此可見，若預測錯誤，遠期投機的損失將比即期投機的損失高出甚多。若遠期交易的保證金為5%，則有20倍（$1 \div 5\% = 20$）的槓桿效果。因此，如果有損失時，其損失也將近為即期投機的20（$\frac{-118.75\%}{-5.99\%} = 19.82$）。

實務上，進行外匯投機交易時，應隨時留意市場行情變化，若預期的匯率提前出現，即可馬上獲利了結。同時，投機者多預設有停損

點，當行情變動方向與預期相違，達停損點時，應立刻了結交易，以免損失擴大。

設上例1.中，若三個月後，九個月遠期匯率已漲至32.00，則甲即可售出九個月遠期 $USD\dfrac{10,000 \times 10}{30.26}$，因為這筆交易的交割日與三個月前購入的一年期遠期 $USD\dfrac{10,000 \times 10}{30.26}$ 交割日為同一天，故可相互抵銷，如此則甲可獲投機收益TWD5,150。

其實，任何一種金融商品，只要能夠作為避險工具的，必然也可以作為投機的工具，遠期外匯交易就是最典型的例子，甚至這類金融商品原本是因避險動機而產生的，最後卻大多淪為投機者的主要工具（下一章介紹的期貨及選擇權交易也是如此），這是因為外匯市場的參與者都會面臨匯率變動的風險。但是每個人對於風險的偏好程度都不盡相同，因此對於匯率風險的處理方式就有不同，不願承擔風險的，會設法規避，例如：前述為固定貿易收入或成本的進出口商，以及為確定套利收益而預作避險措施的投資人；而縱然面臨風險，也不刻意規避的，則可能因為匯率變動遭受損失或有額外收益，例如從事無拋補套利的投資人即屬此類；另有些人則是刻意創造開放部位，希望利用風險而獲利，這就是投機者，也就因為投機者願意承擔風險，提供市場的流動性，才使避險者得以順利將風險轉嫁。

由於近年來外匯金融商品的不斷創新，操作技巧的增進，金融性外匯交易已成為外匯市場交易的主流，以至於外匯市場上進行投機交易的參與者愈來愈多。

(四)干預

中央銀行進行外匯干預時，除可透過即期外匯市場，也可經由遠期外匯市場。茲舉例說明其干預方式：

1. 我國外匯市場對遠期USD有強烈的投機性需求，而擴大了USD對TWD的升水幅度，若我國中央銀行不希望遠期USD對TWD升

水，或不希望升水幅度過大，則會藉由拋售大量遠期USD的方式，使遠期USD價格下跌。

2. 相反的，若USD對TWD貼水幅度過大，中央銀行可在市場上購入遠期USD，使遠期USD價格上升。

不過中央銀行若經由遠期市場干預，必須特別注意匯率與利率平價的關聯性，以免資金為了套利而大量流出或流入。

由於中央銀行對遠期匯市的干預，會影響外匯市場上套利及投機的交易，進而影響即期匯市，因此，若中央銀行希望穩定即期匯率，除可透過在即期市場的干預直接影響外，也可以透過遠期市場的干預間接影響即期匯率。

雖然中央銀行可利用遠期外匯交易進行市場的干預，不過由於遠期市場上的干預效果較不確定，因此實務上，各國中央銀行進行外匯干預多經由即期外匯交易來達成，較少透過遠期外匯交易的方式。

實例演練(一)

某出口商預計兩個月後將有一筆出口收入USD25,000，由於近來外匯市場上USD：TWD的匯率極不穩定，為免兩個月後因USD貶值，造成預期收入減少的損失，擬利用外匯操作避險。目前市場報價行情如下，請比較「即期對沖」與「遠期對沖」兩種避險方法，何者較優？

外匯市場：USD：TWD　　即期匯率　　　　31.68

　　　　　　　　　　　　兩個月遠期匯率　31.56

貨幣市場：USD利率　　5.50%　　p.a.

　　　　　　TWD利率　　4.75%　　p.a.

解

1. 即期拋補

(1)方法：今天借入 USD $\dfrac{25,000}{1+5.5\%\times\dfrac{2}{12}}$，於即期匯市換成 TWD

$\dfrac{25,000}{1+5.5\%\times\dfrac{2}{12}}\times 31.68$，存入 TWD 存戶。

兩個月後 USD 借款應償還 $\dfrac{25,000}{1+5.5\%\times\dfrac{2}{12}}\times$（$1+5.5\%$

$\times\dfrac{2}{12}$）$=25,000$

直接以國外支付的貨款償還；而 TWD 存款本息共

$\dfrac{25,000}{1+5.5\%\times\dfrac{2}{12}}\times 31.68\times$（$1+4.75\%\times\dfrac{2}{12}$）$=791,019$

(2)避險有效匯率 $=\dfrac{791,019}{25,000}=31.64$

2. 遠期拋補

(1)方法：今天預售兩個月期遠期 USD25,000。

(2)避險有效匯率 $=31.56$。

比較上述兩種方法，以「即期拋補」較佳，因可以較高的匯率售出 USD。

實例演練(二)

　　某美國進口商預計三個月後將支付一筆貨款 EUR50,000，為免三個月後因 USD 貶值使兌換支出增加，擬利用外匯操作固定匯率，目前市場報價如下，請比較「即期對沖」與「遠期對沖」兩種方法，何者較優？

外匯市場：EUR：USD　即期匯率　　　　　1.1567-87

　　　　　　　　　　　三個月遠期匯率　　1.1620-50

> 貨幣市場：EUR　　利率　**2.00%**（存），**3.00%**（貸）**p.a.**
>
> 　　　　　 USD　　利率　**3.25%**（存），**4.00%**（貸）**p.a.**

解

1. 即期對沖

(1)方法：今天借 USD $\dfrac{50,000 \times 1.1587}{1+2\% \times \dfrac{3}{12}}$，於即期匯市換成 EUR

$\dfrac{50,000}{1+2\% \times \dfrac{3}{12}}$，存入 EUR 存戶。

三個月後USD借款應償還本息$\dfrac{50,000 \times 1.1587}{1+2\% \times \dfrac{3}{12}} \times$（1

$+4\% \times \dfrac{3}{12}$）$=58,223$；EUR 存款本息共 $\dfrac{50,000}{1+2\% \times \dfrac{3}{12}}$

$\times$（$1+2\% \times \dfrac{3}{12}$）$=50,000$，直接支付國外。

(2)避險有效匯率 $=\dfrac{58,223}{50,000}=1.6645$。

2. 遠期對沖

(1)方法：預購三個月遠期 EUR50,000。

(2)避險有效匯率 $=1.1650$。

以「即期對沖」較優，因為可以較低的匯率購入 EUR。

實例演練(三)

> 假設**GBP**：**USD**　即期匯率　**1.6427-86**
>
> 　　　　　 **GBP**　利率　　　**5.25%-5.75%**　**p.a.**
>
> 　　　　　 **USD**　利率　　　**6.25%-6.75%**　**p.a.**
>
> 依據利率平價理論，均衡狀態的一個月及兩個月遠期匯率應是多
>
> 少？

解

1. 一個月遠期匯率：

$$買價 = \frac{1.6427}{1 + 5.75\% \times \frac{1}{12}} \times \left(1 + 6.25\% \times \frac{1}{12}\right) = 1.6434$$

$$賣價 = \frac{1.6486}{1 + 5.25\% \times \frac{1}{12}} \times \left(1 + 6.75\% \times \frac{1}{12}\right) = 1.6507$$

2. 兩個月遠期匯率：

$$買價 = \frac{1.6427}{1 + 5.75\% \times \frac{2}{12}} \times \left(1 + 6.25\% \times \frac{2}{12}\right) = 1.6441$$

$$賣價 = \frac{1.6486}{1 + 5.25\% \times \frac{2}{12}} \times \left(1 + 6.75\% \times \frac{2}{12}\right) = 1.6527$$

實例演練(四)

市場報價如下：

USD：TWD　　即期匯率　　　　**31.12**

　　　　　　　　兩個月遠期匯率　**31.05**

USD　利率　6%　p.a.

TWD　利率　4.5%　p.a.

某甲欲從事套利操作以獲利，請問：

1. 甲套利操作可能面臨何種風險？有何規避之道？

2. 其套利方法為何？

3. 可獲利多少？

4. **31.05**是否為符合**IRPT**的均衡兩個月期遠期匯率？

解

1. 兩個月後，匯率變動的風險，規避匯率變動風險的方法為簽訂兩個月遠期外匯交易契約。

2. 今天將 TWD 於即期匯市換成 USD，並且於遠期匯市預售兩個月遠期 USD，套取 USD 較高的利息收益，並避免兩個月後匯率變動的風險。

3. 設交易金額為TWD1，則甲進行拋補套利交易的利潤為 $\frac{1}{31.12} \times$ $\left(1+6\% \times \frac{2}{12}\right) \times 31.05 - \left(1+4.5\% \times \frac{2}{12}\right) = 1.0077 - 1.0075$ $= 0.0002$

   可知甲每交易 TWD1 可獲利 TWD0.0002。

4. 依 IRPT，均衡兩個月遠期匯率 F 應使下式成立：
   $$\frac{1}{31.12}\left(1+6\% \times \frac{2}{12}\right) \times F = 1+4.5\% \times \frac{2}{12}$$
   $$F = 31.04$$

   故 31.05 並非符合 IRPT 的均衡兩個月遠期匯率。

實例演練(五)

市場報價如下：

| USD：CAD | 即期匯率 | 1.2534-74 |
| 　 | 六個月遠期匯率 | 1.2532-68 |

USD　利率　5%-6%　　p.a.

CAD　利率　3%-4%　　p.a.

甲、乙兩投資人欲從事套利交易以獲利，兩人的投資策略如下：

甲：借入六個月期CAD，換成USD，進行拋補套利交易。

乙：借入六個月期CAD，換成USD，進行無拋補套利交易。

請問：

1.甲、乙的實際操作方式各是如何？

2.若六個月後即期匯率為1.2526-88，則哪一位的獲利較多？

解

1. 甲：借入六個月期 CAD⇒以即期匯率 1.2574 兌換成 USD⇒存入 USD 存戶六個月，同時以六個月遠期匯率 1.2532 預售 USD 存款本息。

   乙：借入六個月期 CAD⇒以即期匯率 1.2574 兌換成 USD⇒存入 USD 存戶六個月⇒六個月後再以當時的即期匯率售出 USD 存款本息。

2. 設兩人均借入 CAD1⇒

   $$甲的獲利 = \frac{1}{1.2574}\left(1+5\% \times \frac{6}{12}\right) \times 1.2532 - \left(1+4\% \times \frac{6}{12}\right)$$
   $$= 0.0016$$

   $$乙的獲利 = \frac{1}{1.2574}\left(1+5\% \times \frac{6}{12}\right) \times 1.2526 - \left(1+4\% \times \frac{6}{12}\right)$$
   $$= 0.0011$$

   故甲的獲利較多。

實例演練(六)

市場報價如下：

USD：JPY	即期匯率	114.16-46
	三個月遠期匯率	115.64-94

USD	利率	1.00%-1.75%	p.a.
JPY	利率	2.00%-2.50%	p.a.

某投資人擬於貨幣市場借入資金，於外匯市場轉換幣別，套取匯差收益或利差收益，請問該投資人應如何操作才能獲利，並避免匯率風險？可獲利多少？

解

依 IRPT，均衡三個月遠期匯率應為：

$$買入匯率 = \frac{114.16 \times (1+2\% \times \frac{3}{12})}{1+1.75\% \times \frac{3}{12}} = 114.23$$

$$賣出匯率 = \frac{114.46 \times (1+2.5\% \times \frac{3}{12})}{1+1\% \times \frac{3}{12}} = 114.89$$

今市場報價三個月遠期匯率為 115.64－94，可見 USD 實際升水幅度，大於其應有的升水幅度，因此持有 USD 其匯差利益＞利差損失；相對的，持有 JPY 的利差收益＜匯差損失，該投資人應：

借入 JPY⇒於即期匯市兌換成 USD，同時於遠期匯市預售三個月期 USD。

設該投資人借入 JPY100⇒三個月後可獲利 $\frac{100}{114.46}$ $(1+1\% \times \frac{3}{12}) \times 115.64 - 100 \times (1+2.5\% \times \frac{3}{12}) = 101.284 - 100.625 = 0.659$，

即每 JPY100 可獲利 JPY0.659。

實例演練(七)

市場報價如下：

USD：TWD　即期匯率　　　　　31.78-88

三個月遠期匯率　32.12-22

某人預測三個月後即期匯率應為33.00-10，擬進行遠期投機以獲利，設遠期交易保證金為10%，請問：

1.該投機者的投機方法為何？

2.若三個月後即期匯率果真為33.00-10，可獲利多少？（暫不考慮保證金利息成本）

解

1. 今天繳交 10%保證金，預購三個月遠期 USD，三個月後，再以當天即期匯率售出同額 USD。

2. 假設該投機者以 TWD1 作為保證金，$1 \div 10\% = 10$，可進行 TWD10 的交易，以 TWD10 預購三個月遠期 $USD\frac{10}{32.22}$，三個月後以即期匯率 33.00 售出 $USD\frac{10}{32.22}$，可得 $TWD\frac{10}{32.22} \times 33.00 = 10.24$，$10.24 - 10 = 0.24$，故每 TWD1 可獲利 TWD0.24。

實例演練(八)

市場報價如下：

GBP：USD	即期匯率	1.7225-55
	一個月遠期匯率	1.7825-62

GBP 利率 4% p.a.

USD 利率 6% p.a.

某人預測一個月後即期匯率應為1.8000-36，擬進行遠期投機交易獲利，假設遠期外匯交易保證金為10%，請問：

1.其投機方法為何？

2.試分析一個月後即期匯率為多少時，該投機者有獲利？即期匯率為多少時，投機有損失？（須考慮遠期保證金成本）

解

1. 今天預購一個月遠期 GBP，一個月後再售出同額的即期 GBP。

2. 假設該投機者以 USD1 作為保證金，$1 \div 10\% = 10$，可進行 USD 10 的交易，USD1 一個月的利息成本為 $6\% \times \frac{1}{12} = 0.005$，設一個月後 GBP 即期買入匯率為 X，當 X 使 $\frac{10}{1.7862} \times X - 10 - 0.005 = 0$

時，投機無損也無利，X＝1.7871，因此，若一個月後市場報價即期買入匯率為：

大於 1.7871⇒投機有獲利

等於 1.7871⇒投機無損也無利

小於 1.7871⇒投機有損失

實例演練(九)

市場報價如下：

USD：JPY　　即期匯率　　　　110.20-40

　　　　　　　兩個月遠期匯率　112.10-30

USD　利率　4%　p.a.

JPY　利率　6%　p.a.

某投機者預測兩個月後JPY將貶值至120.00以上，擬於貨幣市場上借入資金從事投機交易獲利，請比較在「即期投機」與「遠期投機」兩種方法下：

1.操作方式有何不同？

2.若兩個月後即期匯率為(1)120.20-42，(2)105.67-98，則兩種方法下，該投機者將有獲利或損失多少？（假設遠期交易保證金為5%）

解

1. 即期投機：今天先購入即期 USD，兩個月後再售出即期 USD。

　　遠期投機：今天先購入兩個月遠期 USD，兩個月後售出同額即期 USD。

2. 假設該投機者於貨幣市場中借入 JPY1 以進行投機交易，則當兩個月後即期匯率為：

(1) 120.20 - 42

即期投機：以 110.40 購入 USD 存入 USD 存户，兩個月後再以 120.20 售出 USD 存款本息，$\frac{1}{110.40}\left(1+4\%\times\frac{2}{12}\right)\times120.20$ $-\left(1+6\%\times\frac{2}{12}\right)=0.086$，故每 JPY1 可獲利 JPY0.086，獲利率 8.6%。

遠期投機：以 JPY1 作為保證金，可交易 JPY20（$1\div5\%$ $=20$），以 112.30 購入 $USD\frac{20}{112.30}$，再以 120.20 售出 USD $\frac{20}{112.30}$，$\frac{20}{112.30}\times120.20-20-\left(6\%\times\frac{2}{12}\right)=1.3969$，故 每 JPY 1 可獲利 JPY1.3969，獲利率 139.69%。

(2) 105.67 - 98

即期投機：以 110.40 購入 USD 存入 USD 存户，兩個月後再以 105.67 售出 USD 存款本息，$\frac{1}{110.40}\left(1+4\%\times\frac{2}{12}\right)\times105.67$ $-\left(1+6\%\times\frac{2}{12}\right)=-0.046$，故每 JPY1 損失 JPY0.046，損失率 4.6%。

遠期投機：以 JPY1 作為保證金，可交易 JPY20，以匯率 112.30 購入 $USD\frac{20}{112.30}$，再以 105.67 售出 $USD\frac{20}{112.30}$，$\frac{20}{112.30}\times105.67$ $-20-\left(6\%\times\frac{2}{12}\right)=-1.1908$，故每 JPY1 將損失 JPY1.1908，損失率 119.08％。

第四節　換匯交易

一、換匯交易的意義

換匯交易（Foreign Exchange Swap, FX swap）係指同時買入與賣出等額的同一種通貨，但交割日不同的外匯交易。例如：A

銀行在6月10日買入即期USD1,000,000，又同時賣出一個月遠期
USD1,000,000，這種外匯操作方式，即稱爲換匯交易。

　　如果A銀行買入即期USD的匯率爲31.50，賣出遠期USD的匯率爲
31.80，則A銀行的換匯交易可以下圖表示：

〈例一〉

　　　　6月10日（星期一）
　　　　成交兩筆交易：買入即期USD1,000,000（匯率31.50）
　　　　　　　　　　　　賣出一個月遠期USD1,000,000（匯率
　　　　　　　　　　　　31.80）
　　　　6月12日（星期三）
　　　　即期交易交割

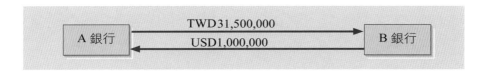

　　　　7月12日（星期五）
　　　　遠期交易交割

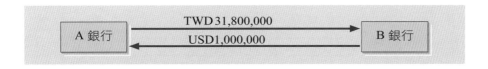

　　根據換匯交易的定義，換匯交易可以是同時買入與賣出一筆即期
外匯與一筆遠期外匯的交易，也可以是同時買入與賣出兩筆遠期，
但交割日不同的外匯交易。例如：A銀行在6月10日賣出一個月遠期
USD1,000,000，又同時買入兩個月遠期USD1,000,000，這種外匯操作

方式，也是換匯交易。

如果A銀行賣出一個遠期USD的匯率為31.80，買入兩個遠期USD的匯率為32.00，則A銀行這筆換匯交易可以下圖表示：

〈例二〉

6月10日（星期一）
成交兩筆交易：賣出一個月遠期USD1,000,000（匯率31.80）
買入兩個月遠期USD1,000,000（匯率32.00）

7月12日（星期五）
一個月遠期交易交割

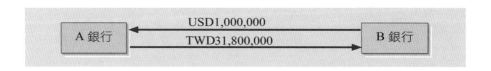

8月12日（星期一）
二個月遠期交易交割

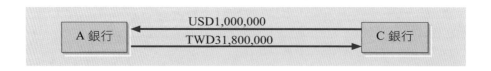

一般而言，換匯交易以「即期換遠期」的較為常見，「遠期換遠期」的較為少見。

換匯交易中，如果買賣是和同一對象做成，這種操作方式稱為「純粹的換匯交易」（pure swap transaction），如例一：A銀行兩筆

交易均是和B銀行做成；一般所稱的換匯交易即指此種。如果是與不同的對象做成，如例二：A銀行向B銀行賣出，但向C銀行買入，則稱爲「拼湊的換匯交易」或「技巧性的換匯交易」（engineered swap transaction）。

此外，一筆換匯交易中，依交割日的先後，若是先買後賣外匯者，稱爲「buy and sell」，如例一：A銀行先交割買入即期USD，後交割賣出遠期USD；若是先賣後買外匯者，稱爲「sell and buy」，如例二：A銀行先交割賣出一個月遠期USD，後交割買入兩個月遠期USD。

二、換匯交易的重要約定項目

一筆換匯交易在做成之後，只要經過確認（confirm）的程序，即算完成，不需要簽訂契約。一般而言，換匯交易的重要約定項目有下列三項：

(一)換匯金額

換匯金額是以多少「外幣」來表示，例如：換匯金額100萬美元，意思是「100萬美元與等值的其他通貨交換」。換匯交易與外匯市場上的其他外匯交易一樣，也是以美元爲中心；也就是說，換匯交易通常是多少美元的交易，美元以外的其他通貨交易，多是經由美元間接換算完成。

(二)換匯期間

換匯交易是買入與賣出兩個不同交割日的外匯，因此換匯期間有以下幾種：

1. 即期對即期

又分爲：

(1) overnight swap：稱爲當日隔夜換匯，即「成交日」對「成交日後次一日」。

(2) tomorrow-next swap：稱爲次日隔夜的換匯，即「成交日後次一日」對「成交日後次二日」。而「成交日後次二日」即所謂「spot date」（即期日），爲即期交易的標準交割日。

(3) spot-next swap：即「spot date」對「spot date次一日」，也就是「成交日後次二日」對「成交日後次三日」。

2. 即期對遠期

遠期的期間可以是一週、數週、一個月、數個月及一年等多種，也可以是任何天數。

3. 遠期對遠期

兩筆遠期交易的交割日必須不同。

無論是何種期間的換匯，其交割日都必須是營業日。

(三)換匯率（swap rate）

換匯率即換匯交易的價格，在進行換匯交易時，銀行所報的換匯率係兩筆交易所適用的匯率。爲求簡易，銀行通常係報該兩筆交易所適用匯率的差價點數。例如：即期對三個月遠期的換匯交易，即期交易的匯率爲1.5432，三個月遠期的匯率爲1.5412，則以這兩個匯率的差價點數「20」報價（1.5432 － 1.5412 = 0.0020，0.0020÷0.0001 = 20）。

由於外匯市場上，銀行間的外匯交易係採用雙向報價法，亦即報價時均同時報出買入匯率及賣出匯率，因此，依市場慣例，銀行對換匯交易的報價也是採雙向報價法，而非如上例一般僅報一個匯率。換匯匯率雙向報價時，前面的匯率爲「換匯買匯匯率」，後面的匯率爲「換匯賣匯匯率」。以最常見的即期對遠期爲例，其意義分別爲：

1. 換匯買匯匯率：報價銀行sell and buy（簡寫爲S/B）的換匯

率,亦即報價銀行先賣即期後買遠期所適用的匯率,這個匯率是以報
價銀行「賣即期外匯」與「買遠期外匯」兩筆交易所適用匯率的差價
點數表示。

2. 換匯賣匯匯率:報價銀行buy and sell(簡寫爲B/S)的換匯
率,亦即報價銀行先買即期後賣遠期所適用的匯率,這個匯率是以報
價銀行「買即期外匯」與「賣遠期外匯」兩筆交易所適用匯率的差價
點數表示。

由於國際外匯市場上有的通貨採直接報價法,有的則採間接報價
法(如GBP、AUD等),因此有關換匯匯率對報價者及詢價者的適
用,兩種報價法之下,恰好相反。茲以下表說明:

	直接報價匯率（如 USD：CHF）		間接報價匯率（如 GBP：USD）	
	前	後	前	後
報價者	S/B USD 或 B/S CHF	B/S USD 或 S/B CHF	S/B GBP 或 B/S USD	B/S GBP 或 S/B USD
詢價者	B/S USD 或 S/B CHF	S/B USD 或 B/S CHF	B/S GBP 或 S/B USD	S/B GBP 或 B/S USD

S/B:先賣即期對後買遠期

B/S:先買即期對後賣遠期

例如:A銀行欲進行USD對CHF,買即期賣三個月遠期的換匯交
易,向B銀行詢價,B銀行報價40/50,則:

40:表B銀行賣即期USD,買三個月遠期 USD 所適用的換匯
　　率,亦即A銀行買即期USD,賣三個月遠期USD所適用的換
　　匯率。

50:表B銀行買即期USD,賣三個月遠期USD所適用的換匯率,
　　亦即A銀行賣即期USD,買三個月遠期USD所適用的換匯

率。

因此A應適用B所報的換匯買匯匯率，即「40」。由於「前小後大」（即換匯買匯匯率小於換匯賣匯匯率），故稱之爲「溢價40點」。如果B銀行所報的即期匯率爲1.7654，則A與B之間即期對三個月遠期的USD與CHF間的換匯交易，

$$\begin{cases} \text{即期交易適用匯率爲 } 1.7654 \\ \text{三個月遠期交易適用匯率爲 } 1.7654 + 0.0040 = 1.7694 \end{cases}$$

又例如：C銀行欲進行GBP對USD，賣即期買兩個月遠期的換匯交易，向D銀行詢價，D銀行報價20/10，則：

20：表D銀行賣即期GBP，買兩個月遠期GBP所適用的換匯率，亦即C銀行買即期GBP，賣兩個月遠期GBP所適用的換匯率。

10：表D銀行買即期GBP，賣兩個月遠期GBP所適用的換匯率，亦即C銀行賣即期GBP，買兩個月遠期GBP所適用的換匯率。

因此C應適用D所報的換匯賣匯匯率，即「10」。由於「前大後小」（即換匯買匯匯率大於換匯賣匯匯率），故稱之爲「折價10點」。如果D銀行所報的即期匯率爲1.5432，則C與D之間即期對兩個月遠期的GBP與USD間的換匯交易，

$$\begin{cases} \text{即期交易適用匯率爲 } 1.5432 \\ \text{兩個月遠期交易適用匯率爲 } 1.5432 - 0.0010 = 1.5422 \end{cases}$$

以上兩個例子中，B銀行所報換匯率40/50，前小後大，遠期匯率＝即期匯率＋換匯匯率；而D銀行所報換匯率20/10，前大後小，遠期匯率＝即期匯率－換匯匯率。爲什麼呢？關於這點，涉及到有關遠期匯率、即期匯率與利率之間的關係，茲說明如下。

上一章在提及即期匯率的報價法時，曾說明即期匯率的報價方式

可分爲「直接匯率報價法」、「換匯匯率報價法」及「年利率報價法」三種，其中，換匯匯率報價法就是報出遠期匯率與即期匯率差價的點數，例如：市場報價：

USD：TWD	買　入	賣　出
即期	30.5242	30.6242
一個月遠期	20	30
三個月遠期	40	50
六個月遠期	60	70

　　這種報價法就是換匯匯率報價法。其中，20、30、40、50、60、70等就是遠期匯率與即期匯率的差價點數。例如：一個月遠期買入匯率與即期買入匯率相差20點，即相差0.0020，一個月遠期賣出匯率與即期賣出匯率相差30點，即相差0.0030，以直接匯率報價法，一個月遠期買入與賣出匯率分別爲30.5262（30.5242 + 0.0020）、30.6272（30.6242 + 0.0030）。

　　依據利率平價學說，即期匯率與遠期匯率的匯差應等於兩種貨幣的利率差距，因此，均衡的遠期匯率可以根據即期匯率和兩種貨幣的利率計算求得。本章第一節與第二節中提及即期對沖與遠期對沖時，曾說明當市場沒有遠期外匯交易制度，或無法利用遠期外匯交易對沖避險時，可以利用即期外匯匯率與兩種貨幣的利率自行合成遠期匯率，則利用貨幣市場中資金的借貸以及即期交易仍可達到對沖避險的目的。根據這項原理，可以說明換匯匯率的計算方法。

例如　*Example*

外匯市場　USD：CHF　即期匯率　1.3456（買入）

　　　　　　　　　　　　　　　1.3498（賣出）

貨幣市場　USD 利率　4.5%（存）　5.0%（貸）　p.a.

　　　　　CHF 利率　7.0%（存）　7.5%（貸）　p.a.

某瑞士出口商兩個月後將自國外收入USD10,000貨款，為避免兩個月後USD貶值造成損失，擬以即期對沖方法避險：

| 今　　天 | 借入 USD $\dfrac{10,000}{1+5\% \times \dfrac{2}{12}}$，以即期匯率兌換成 |

CHF $\dfrac{10,000}{1+5\% \times \dfrac{2}{12}} \times 1.3456 \Rightarrow$ 存入 CHF 存戶。

| 兩個月後 | USD 借款本利 $\dfrac{10,000}{1+5\% \times \dfrac{2}{12}} \times \left(1+5\% \times \dfrac{2}{12}\right) = 10,000$， |

直接以國外支付的 USD10,000 償還，CHF 存款本利共

$$\dfrac{10,000}{1+5\% \times \dfrac{2}{12}} \times 1.3456 \times \left(1+7\% \times \dfrac{2}{12}\right) = 13,500.48。$$

兩個月後，該出口商實際上係以USD10,000兌換CHF13,500.48，有效避險匯率為 $\dfrac{13,500.48}{10,000} = 1.3500$，這個匯率也就是符合利率平價學說的均衡USD：CHF兩個月買入匯率。

又例如：某瑞士進口商兩個月後將支付國外USD10,000貨款，為避免兩個月後USD升值造成支出增加的損失，擬以即期對沖方法避險：

| 今　　天 | 借入 CHF $\dfrac{10,000}{1+4.5\% \times \dfrac{2}{12}} \times 1.3498$，以即期匯率兌換成 |

USD $\dfrac{10,000}{1+4.5\% \times \dfrac{2}{12}} \times 1.3498 \div 1.3498 = \dfrac{10,000}{1+4.5\% \times \dfrac{2}{12}}$

存入 USD 存戶。

| 兩個月後 | USD 存款本利 $\dfrac{10,000}{1+4.5\% \times \dfrac{2}{12}} \times \left(1+4.5\% \times \dfrac{2}{12}\right) = 10,000$， |

直接用以支付國外，CHF 借款本利 $\dfrac{10,000}{1+4.5\% \times \dfrac{2}{12}} \times 1.3498$

$\times \left(1+7.5\% \times \dfrac{2}{12}\right) = 13,564.99。$

兩個月後，該進口商實際上是以CHF13,564.99兌換USD10,000，有效避險匯率為$\dfrac{13,564.99}{10,000}=1.3565$，這個匯率也就是符合利率平價學說的均衡USD：CHF兩個月賣出匯率。

　　因此，根據USD與CHF的利率，以及這兩種貨幣即期匯率，利用利率平價學說合成的兩個月遠期匯率應為：

　　1.3500（買入），1.3565（賣出）

其分別與即期買入及賣出匯率相差：

　　買入匯率：$1.3500-1.3456=0.0044$，$0.0044\div0.0001=44$（點）
　　賣出匯率：$1.3565-1.3498=0.0067$，$0.0067\div0.0001=67$（點）

因此，兩個月遠期匯率若以換匯匯率報價法，就是44/67。

　　即期與遠期買入匯率差44點，賣出匯率差67點，也就是「前小後大」，其最主要的原因是USD利率小於CHF利率。根據利率平價學說，遠期USD應呈升水（即溢價）。同時，在計算遠期買入匯率時，使用的是USD貸款利率5%與CHF存款利率7%，利差2%；而在計算遠期賣出匯率時，使用的是USD存款利率4.5%與CHF貸款利率7.5%，利差3%。因此，即期與遠期的買入匯率反映利差2%，為44點；賣出匯率反映利差3%，為67點，換匯匯率即成為「前小後大」。

　　依上述可知，當換匯匯率是「前小後大」，遠期匯率＝即期匯率＋換匯匯率。

　　如果將上例稍作變更，USD與CHF的利率對調，成為如下：

外匯市場	USD：CHF	即期匯率	1.3456（買入）
			1.3498（賣出）
貨幣市場	USD利率	7.0%（存）	7.5%（貸） p.a.
	CHF利率	4.5%（存）	5.0%（貸） p.a.

同上例，瑞士出口商的避險方法如下：

$\boxed{今\ \ \ 天}$ 借入 USD$\dfrac{10,000}{1+7.5\%\times\dfrac{2}{12}}$，以即期匯率兌換成 CHF

$\dfrac{10,000}{1+7.5\%\times\dfrac{2}{12}}\times 1.3456\Rightarrow$ 存入 CHF 存戶。

$\boxed{兩個月後}$ USD借款本利$\dfrac{10,000}{1+7.5\%\times\dfrac{2}{12}}\times\left(1+7.5\%\times\dfrac{2}{12}\right)=10,000$，

直接以國外支付的 USD10,000 償還，CHF 存款本利共

$\dfrac{10,000}{1+7.5\%\times\dfrac{2}{12}}\times 1.3456\times\left(1+4.5\%\times\dfrac{2}{12}\right)=13,389.55$。

兩個月後，該出口商實際上係以USD10,000兌換CHF13,389.55，有效避險匯率為$\dfrac{13,389.55}{10,000}=1.3390$，這個匯率也就是符合利率平價學說的均衡USD：CHF兩個月買入匯率。

瑞士進口商的避險方法如下：

$\boxed{今\ \ \ 天}$ 借入 CHF$\dfrac{10,000}{1+7\%\times\dfrac{2}{12}}\times 1.3498$，以即期匯率兌換成 USD

$\dfrac{10,000}{1+7\%\times\dfrac{2}{12}}\times 1.3498\div 1.3498=\dfrac{10,000}{1+7\%\times\dfrac{2}{12}}$ 存入 USD 存戶。

兩個月後　USD 存款本利 $\dfrac{10,000}{1+7\% \times \dfrac{2}{12}} \times (1+7\% \times \dfrac{2}{12}) = 10,000$，

　　直接用以支付國外，CHF 借款本利 $\dfrac{10,000}{1+7\% \times \dfrac{2}{12}} \times 1.3498$

　　$\times (1+5\% \times \dfrac{2}{12}) = 13,453.53$。

　　兩個月後，該進口商實際上是以CHF13,453.53兌換USD10,000，有效避險匯率為 $\dfrac{13,453.53}{10,000} = 1.3454$，也就是符合利率平價學說的均衡USD：CHF兩個月賣出匯率。

　　因此，根據USD與CHF的利率，以及這兩種貨幣的即期匯率，利用利率平價學說合成的兩個月遠期匯率應為：

　　1.3390（買入），1.3454（賣出）

　　其分別與即期買入及賣出匯率相差：

買入匯率：$1.3456 - 1.3390 = 0.0066$，$0.0066 \div 0.0001 = 66$（點）
賣出匯率：$1.3498 - 1.3454 = 0.0044$，$0.0044 \div 0.0001 = 44$（點）

　　因此，兩個月遠期匯率若以換匯匯率報價法，就是66/44。

　　由此可知，兩個月遠期的換匯為「前大後小」，其原因是USD利率大於CHF利率，依利率平價學說，USD遠期應呈貼水（即折價）。同時，在計算遠期買入匯率時，使用的是USD貸款利率7.5%與CHF存款利率4.5%，利差3%；而在計算遠期賣出匯率時，使用的是USD存款利率7%與CHF貸款利率5%，利差2%。因此，即期與遠期的買入匯差反映利差3%，為66點；賣出匯差反映利差2%，為44點，換匯匯率即成為「前大後小」。

依上述可知，當換匯匯率是「前大後小」時，遠期匯率 = 即期匯率 − 換匯匯率。

其實，在外匯市場上，銀行對匯率的報價一定是買入匯率低於賣出匯率，從這個基本定律，就可以知道銀行報的換匯匯率是升水或貼水，並不需要另外註明，因為若報換匯匯率為「前小後大」，則：

$$\begin{array}{l} \text{即期買入匯率（小）} \quad \text{即期賣出匯率（大）} \\ + \text{換匯買匯匯率（小）} \quad \text{換匯賣匯匯率（大）} \\ \hline \text{遠期買入匯率（小）} \quad \text{遠期賣出匯率（大）} \end{array}$$

若用減的，則可能出現遠期買入匯率大於賣出匯率的情況，不合常理。

若報換匯匯率為「前大後小」，則：

$$\begin{array}{l} \text{即期買入匯率（小）} \quad \text{即期賣出匯率（大）} \\ - \text{換匯買匯匯率（大）} \quad \text{換匯賣匯匯率（小）} \\ \hline \text{遠期買入匯率（小）} \quad \text{遠期賣出匯率（大）} \end{array}$$

若用加的，則可能出現遠期買入匯率大於賣出匯率的不合理現象。

因此銀行間報換匯匯率時，詢價銀行可立刻依換匯率係「前大後小」或「前小後大」，研判遠期是貼水或升水，不須報價銀行加以說明。不過若是銀行向顧客報價，則通常可應顧客要求作單向報價，此時就必須明白表示是升水還是貼水。

如果我們將換匯交易說成是一種交換交易或是一種附買回協議的外匯交易時，則一般單筆的外匯買賣，不論是即期交易或遠期交易，便可稱之為買斷或賣斷的外匯交易了。以下即以實例將不同期別的一般外匯交易及換匯交易的匯率列表加以比較。

以下為銀行對外報價USD：TWD各種不同交易的匯率：

	一般外匯交易		換匯交易
期 別	即 期	六個月遠期	即期對六個月遠期
雙向報價匯率	30.2234－54	30.2262－92 （或 28－38）	28－38
前	適用交易	買入 USD	買入 USD	先賣即期 USD，後買六個月遠期 USD
	匯 率	30.2234	30.2262	30.2254 對 30.2282
	匯 差		0.0028	0.0028
後	適用交易	賣出 USD	賣出 USD	先買即期 USD，後賣六個月遠期 USD
	匯 率	30.2254	30.2292	30.2234 對 30.2272
	匯 差		0.0038	0.0038

以下為銀行對外報價GBP：USD各種不同交易的匯率：

	一般外匯交易		換匯交易
期 別	即 期	三個月遠期	即期對三個月遠期
雙向報價匯率	1.5000－10	1.4850－70 （或 150－140）	150－140
前	適用交易	買入 GBP	買入 GBP	先賣即期 GBP，後買三個月遠期 GBP
	匯 率	1.5000	1.4850	1.5010 對 1.4860
	匯 差		0.0150	0.0150
後	適用交易	賣出 GBP	賣出 GBP	先買即期 GBP，後賣三個月遠期 GBP
	匯 率	1.5010	1.4870	1.5000 對 1.4860
	匯 差		0.0140	0.0140

三、換匯交易的特色

換匯交易與即期、遠期交易雖同爲外匯市場上的主要外匯交易方式，但換匯交易與即期、遠期外匯交易在性質上有以下之不同：

(一)即期外匯交易與遠期外匯交易是一種買斷或賣斷的交易；換匯交易則是一種交換交易。

(二)每一筆即期或遠期外匯交易都會產生外匯部位；換匯交易則由於同時買入與賣出相同金額的外匯，兩筆交易的部位互相抵銷，因此不會產生淨外匯部位。

(三)即期或遠期外匯交易因創造外匯部位，故會有匯率風險；換匯交易則因爲不會創造外匯部位，所以不會產生匯率風險。不過由於換匯交易中，兩筆買賣的交割日不同，因此會因爲兩貨幣的期差部位（又稱爲換匯部位）而帶來利率風險。簡單地說，換匯交易雖不會有匯率風險，但會有利率風險。想要避免這種利率風險，最直接的方法就是在貨幣市場中作兩筆相對的資金借貸。有關換匯交易的應用，下一小節再詳細介紹。

(四)即期匯率與遠期匯率是外匯的買賣價格，價格決定較爲主觀，受預期心理因素的影響很大；換匯匯率則是兩種貨幣的交換價格，價格的決定較爲客觀，係以兩種貨幣的運用成本或收益的差距爲價格決定的基礎。

(五)可提前交割或展期：換匯交易可依情況要求提前交割或展期，故流動性佳。不過換匯交易展期應依當時市場匯率重訂展期價格，不得依原價格展期。

例如 *Example*

8月16日：某客戶手中持有USD，但是有三個月的TWD需求，他就和銀行簽訂即期對三個月遠期USD1,000,000的S/B換匯交易，假設USD/TWD即期匯率30.820，三個月換匯匯率-0.020。

兩筆交易的交割日期與交割匯率分別爲：

8月18日 即期交易交割（匯率30.82）

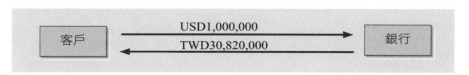

11月18日 三個月遠期交割（匯率30.82 − 0.02 = 30.80）

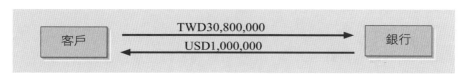

　　該客戶於11月16日告知銀行需展期S/B Swap一個月，銀行同意，但須先行結算雙方應收補付的TWD，並依當天即期匯率重新訂約，假設11月16日即期匯率31.01，一個月換匯匯率−0.01。

11月18日 先行結算，客戶應收TWD210,000 (31.01 − 30.80)×1,000,000

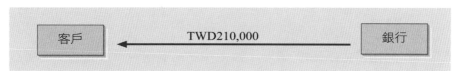

12月18日 展期一個月遠期交易交割（匯率31.01 − 0.01 = 31.00）

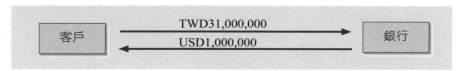

四、換匯交易的參與者

換匯市場是外匯市場的一部分,因此,換匯市場的參與者也就是外匯市場的參與者,包括顧客、外匯銀行、中央銀行及外匯經紀商。其中,企業與外匯銀行是換匯市場的最主要參與者。

(一)顧客

換匯市場上的顧客以多國籍企業為主。多國籍公司因擁有多種不同貨幣的資產、負債,因此,換匯交易即成為其母公司與子公司間,或子公司與子公司間經常使用的資金調度方式。除了這種母子公司彼此之間的直接換匯外,大型企業也可以與銀行進行換匯交易。

一般中小企業由於利潤來源主要為貿易所得,傳統上多採用遠期外匯交易來消除因貿易所得所產生的外匯風險,較少進行金融性的外匯獲利或投機交易。此外,中小企業在外匯市場上的信用評等不若銀行或國際性大企業,即使市場上有利用換匯交易牟利的機會,中小企業受限於本身的條件也不容易加以利用,因此中小企業參與換匯交易的並不多見。

(二)外匯銀行

銀行利用換匯交易的情形,較企業更為普遍,銀行間的換匯交易除一部分是為軋平與顧客交易所產生的外匯部位外,銀行也經常為自身財務、風險規避或資金調度的目的進行換匯交易。

(三)中央銀行

中央銀行參與本國換匯交易的,並不普遍,比較常見的是各國中央銀行與他國簽訂換匯協議,約定將一定額度的本國貨幣與他國貨幣交換,同時約定在一定時間後,將本國貨幣換回。各國簽署換匯協議的目的是,當簽約國家遇到流動性短缺的問題時,可以取得短期強勢

外幣融資，等未來金融情勢穩定後再將外幣換出，也就是，在面對流動性短缺或金融危機時，可由各國一同分擔風險。

(四)外匯經紀商

經紀商在換匯市場上主要是為銀行間的換匯交易提供行情與成交機會，賺取佣金或手續費。

五、換匯交易的功能

(一)調度資金

換匯交易基本上就是以不同幣別資金互換的方式，來達到資金借貸的目的。在下列情況下，換匯交易更是經常被用來作為資金借貸（或資金交換）的手段：

　　1. 由於被借、貸貨幣的國家法令限制（例如：禁止外國人借或存該國貨幣），無法直接在市場上借或貸該國通貨，在此情況下，換匯交易便提供了合法取得及運用該國貨幣資金的管道。

　　2. 某些國家由於經濟實力較弱，其貨幣並無廣大的國際市場，或因時差關係，不易取得報價，以致該國通貨的資金借貸市場不活絡，換匯交易就成為借貸該種通貨的主要方式。

　　3. 一般銀行對拆放同業授信額度的訂定，較外匯交易的額度授予來得嚴格，因此，當拆放的授信額度已滿時，銀行間經常以換匯交易來取得或運用資金。

　　4. 某些國家對於信用評等較佳的銀行，給予資金取得方面的優待，例如：資金取得較容易或利率較低等，這些銀行透過換匯交易彼此交換資金，因資金成本較低廉，可使雙方均獲利。

　　5. 由於不同規模的金融市場，有不同的交易金額標準，對於資

金借貸的期間,也各有不同的慣例。因此,對於金額不符標準金額或期間無法配合慣例的資金借貸,銀行多偏好以換匯交易來操作。

例一 Example

甲銀行應顧客要求必須貸出一筆1,000萬的瑞典幣(SEK)三個月,但由於某些問題,使得市場上不易取得瑞典幣,甲銀行可透過換匯交易取得三個月的SEK1,000萬貸放給顧客。

(1) 在美國貨幣市場借入USD。

(2) 在外匯市場賣出即期USD,買入SEK,同時賣三個月遠期SEK,買回USD(亦即承作一筆即期對三個月遠期的sell and buy換匯交易)。

如此,則甲銀行可暫時取得三個月的SEK貸放給顧客,三個月後以遠期交割買回的USD,償還USD借款。

例二 Example

乙銀行目前有多餘的USD資金,但TWD資金不足,同時該銀行知道一個月後情況會恰好相反,變成USD資金不足,TWD資金過剩,為調度資金,乙銀行可以採用下列換匯交易。

在外匯市場承作一筆即期對一個月遠期的sell and buy換匯交易,亦即賣出即期USD,取得TWD資金,同時買入一個月遠期USD,以應付一個月後USD的資金需求。

在我國,銀行間進行換匯交易的動機主要就是在調度資金,對外商銀行而言,換匯交易是其取得新臺幣資金的主要方式之一;對本國銀行而言,換匯交易則為其取得外幣資金的重要管道,並可藉此增進新臺幣資金的運用。

(二)規避風險

由於各種資金的進出常會有不能配合的情形，造成外匯部位及（或）到期日的缺口，產生了匯率風險及（或）利率風險，透過換匯交易可以消除這種匯率風險及利率風險。

例三 *Example*

丙銀行向顧客買進了一筆三個月遠期USD1,000,000，因而持有USD1,000,000的長部位，為了避免因持有USD開放部位所可能面臨的匯率風險，可以採用下列換匯交易。

(1) 於即期市場上賣出USD1,000,000。

(2) 承作一筆即期對三個月遠期的buy and sell換匯交易，亦即買入即期USD1,000,000，同時賣出三個月遠期USD1,000,000。

如此，則即期的USD1,000,000經過一買一賣相互抵銷之後，丙銀行實際上只賣出了一筆三個月的遠期USD1,000,000，正好與從顧客手中買進的三個月遠期USD1,000,000相抵，軋平了丙銀行的USD部位，從而消除可能面臨的匯率風險。

例四 *Example*

丁銀行與顧客承作下列兩筆交易：

賣出一筆兩個月遠期USD1,000,000

買入一筆六個月遠期USD1,000,000

上述兩筆交易，由於買入及賣出同額的USD，不會產生淨外匯部位，故不會有匯率風險，但是兩個月後，丁銀行必須付出USD1,000,000，因此丁銀行屆時必須在市場借入USD，直到六個月後購入的遠期USD交割為止。在這四個月的期間，丁銀行將面臨USD利率變動的風險。為消除這種利率風險，丁銀行可以下列換匯交易填補兩筆遠期外匯交易到期日的缺口。

　　承作一筆兩個月對六個月的buy and sell 換匯交易，亦即買入兩個月遠期USD1,000,000，同時賣出六個月遠期USD1,000,000。

　　丁銀行利用上述換匯交易所買入的兩個月遠期USD以支付出售給顧客的兩個月遠期USD，六個月後，再以向顧客購入的遠期USD，支付換匯交易所需的金額，如此，不僅仍不會產生外匯淨部位，更因為填補了兩筆遠期交易到期日的缺口，而避免了USD利率可能變動的風險。

(三)將外匯交易的交割日提前或延後

例五 Example

臺灣某出口商於1月10日與國外進口商簽訂一筆貿易契約，預計兩個月後對方將支付USD100,000，該出口商為避免兩個月後USD貶值造成收入減少的損失，於是將該筆遠期USD100,000以兩個月遠期交易的方式（匯率為31.5）預售給銀行。但是當遠期交易快到期時，進口商告知出口商無法如期付款，並與出口商達成協議，將付款時間延後一個月，該出口商為免遠期外匯交易到期無法交割而違約，可利用下列換匯交易展延預售外匯的到期日。

　　3月10日：向銀行買入即期USD100,000，同時賣一個月遠期USD100,000（亦即操作一筆即期對一個月遠期的buy and sell換匯交易）。如此該出口商即可順利地將USD預售交割日再延後一個月。

　　如果該筆換匯交易中，即期匯率　　　　　　　31.40

　　　　　　　　　一個月遠期匯率　　　　　　31.00

　⇒3月10日：1月10日簽訂的兩個月預售USD（匯率31.5）與3月10日買入即期USD（匯率31.4）相互抵銷，獲利100,000×（31.5－31.4）＝10,000（TWD）

　　4月10日：3月10日簽訂的一個月預售USD（匯率31.00）到期交割，收入TWD310,000。

由此可知，該出口商經由換匯交易不僅將交割日向後延，而且可使其收入增加TWD5,000（＝310,000＋10,000－315,000）。當然，如果USD並未貶值，反而升值，則該出口商將因換匯交易而有損失。

例六　Example

戊銀行向顧客買入一筆六個月遠期JPY，為避免六個月後JPY貶值造成損失，該銀行可利用下列交易將JPY的交割日提前。

(1) 賣出即期JPY。

(2) 在即期匯市買入JPY，同時在遠期匯市賣出六個月JPY，亦即操作一筆即期對六個月遠期的buy and sell JPY換匯交易。

　　該銀行藉由上述交易可將JPY外匯部位軋平，避免匯率變動風險，並將JPY交割日往前提至今天，同時將JPY匯率在今天予以固定。

(四)套利

　　換匯匯率乃兩種貨幣交換使用的成本，由於換匯交易中，賣出與買入交易的交割日不同，根據利率平價學說，在均衡狀態下，換匯匯率（亦即兩筆交易的匯差）應該反映兩種貨幣的利率差距，如果市場上所報的換匯匯率不等於兩種貨幣的利率差距時，就產生了套利的機會，而藉由換匯交易所進行的套利，就是本章上一節中所介紹的「拋補的套利」。此處不再贅述。

(五)投機

　　換匯交易雖然主要是用於資金調度、風險規避及財務處理，通常並不作為投機的工具，不過在市場中可作為規避風險的金融商品，多數都可成為投機的工具。因此，換匯交易也可技巧性地操作以進行投

機。換匯交易的投機可分為匯率投機與利率投機兩種，茲分別說明如下：

1. 匯率投機

換匯交易由於並不會創造外匯淨部位，故沒有匯率風險；但是換匯交易若是配合即期交易，或是配合遠期交易，就可以創造外匯部位進行匯率投機。亦即：

buy and sell ＋ 賣出即期 ＝ 賣出遠期
sell and buy ＋ 買入即期 ＝ 買入遠期
buy and sell ＋ 買入遠期 ＝ 買入即期
sell and buy ＋ 賣出遠期 ＝ 賣出即期

實務上，以換匯交易配合遠期交易創造即期部位的投機方式較為少見，多以換匯交易配合即期交易創造遠期部位的方式進行。

例七 Example

目前市場報價

USD：TWD　即期匯率　　　　　　　　31.00
　　　　　　六個月遠期換匯匯率　貼水0.8
己銀行預測六個月後USD將貶值到29.00，該銀行可進行下列投機交易。

(1) 賣出即期USD（匯率31.00）。
(2) 承作一筆即期對六個月遠期的buy and sell，亦即買入即期USD（匯率31.00），同時賣出同額六個月遠期USD（匯率30.20）。

該銀行進行上述交易的結果是產生了一遠期短部位，價格為30.20，如果半年後，即期匯率果真為29.00

⇒ 該銀行可自即期匯市以29.00購入USD，用以交割到期的遠期交易，每USD1可獲利TWD1.20（30.20 － 29.00 ＝ 1.20）。

2. 利率投機

換匯交易的基本功能是兩種通貨的交換使用，在交換的期間內所有資金的運用都互相配合，成本收益也都是計算好的。例如：庚銀行承作了一筆三個月的USD放款，該銀行以往都是以一筆三個月的USD借款來支應，如果目前市場上不易取得USD借款或USD借款成本太高，則該銀行可以下列方式：

(1) 借入三個月期TWD。

(2) 進行即期對三個月期的 buy and sell換匯交易，亦即買入即期USD，賣出三個月遠期USD。

如此，則所有資金的進出完全配合，不論借入或貸出的款項，利率均已固定，完全沒有風險。

但是如果庚銀行預期這三個月當中USD利率將會變動（其他情況均不變），該銀行就可利用數個期間不等的換匯交易來進行利率投機，賺取利率變動的利潤。

例八　Example

今天市場報價：

USD：TWD　即期匯率　　　　　　　　　31.00

　　　　　　三個月遠期換匯匯率　升水0.62

USD　利率　5%　p.a.

TWD　利率　7%　p.a.

庚銀行預測USD利率將下跌，則可利用下列交易進行利率投機。

今　　天	買入即期USD，貸放給顧客，同時賣出一個月遠期USD。
一個月後	如果預測正確，USD利率下跌，則買入即期USD（此時一個月期的賣出USD已到期），同時賣出兩個月遠期USD。

　　一個月後，若USD利率下跌，則USD與TWD的利率差距將擴大（假設TWD利率不變），一個月後，USD的換匯匯率將升水更多，對該銀行有利，該銀行即可在剩下的兩個月期間獲得USD利率下跌所帶來的額外利潤。

　　上述交易係利用USD貸放期間（三個月），和換匯期間（一為一個月，另一為兩個月）的故意不一致，創造換匯部位以進行利率投機，本質上為一基於資金需求而進行的實質性交易。其實，在沒有任何實質資金需求時，也可自行創造換匯部位來進行利率投機。

例九　Example

承上例，庚銀行並未承作USD放款，因此原本並無USD資金的需求，但是該銀行若是預測一個月後USD利率將下跌，同樣可利用換匯交易進行利率投機。

今　　天	承作一筆一個月對更長期的遠期對遠期換匯交易，例如：賣出一個月USD，同時買入三個月遠期USD。
一個月後	買入即期USD，同時賣出二個月遠期USD。

　　上述兩筆換匯交易的資金部位完全軋平。如果一個月後USD利率真的下跌，則遠期USD升水幅度將增大，投機者可獲得利率變動的收益（即第一個與第二個換匯匯率的差價）。

　　相反的，如果一個月後，USD利率不跌反升，該投機者就必須承擔利率投機的損失了。

由以上說明可知，匯率投機的方式是故意創造外匯部位，而利率投機的方式則是故意創造換匯部位。

　　換匯部位係因換匯交易所產生兩種貨幣的期差部位，換匯部位的風險，乃在於兩種貨幣利率的變動，避免這種風險的最直接的方法，就是作兩筆相對的資金借貸，以軋平因換匯交易所產生兩貨幣的期差部位。例如：當作了一筆買入即期USD，賣出一個月遠期USD的換匯交易之後，並作相同期間的兩筆資金借貸，亦即借入一個月期TWD（用於購入即期USD），同時貸出一個月期USD，如此則：

今　　　天	借入TWD ⇒ 賣出TWD ⇒ 買入USD ⇒ 貸出USD
	⇓
一個月後	償還TWD ⇐ 買入TWD ⇐ 賣出USD ⇐ 收回USD

　　如此即可達成既無利率風險，又無匯率風險的資金轉換交易。因此，換匯交易產生的換匯部位風險可以相對的資金借貸來軋平；反過來看，因資金借貸所產生的風險，當然也就可以利用換匯交易來規避。此外，還可以透過故意創造換匯部位的方式來進行投機交易。

六、實例演練

實例演練(一)

　　某顧客想進行即期對三個月，JPY對USD的**buy and sell**換匯交易，銀行報價匯率為250-260，請問該筆交易適用哪個匯率？

解

　　顧客欲進行的換匯交易包括下列兩筆交易：

(1) 買入即期JPY，賣出即期USD。

(2) 賣出三個月遠期JPY，買入三個月遠期USD。

　　對報價銀行而言，則為買入即期USD，賣出三個月遠期USD，因此應適用換匯賣匯匯率，即「溢價260點」。

實例演練(二)

　　某顧客想進行USD對TWD，即期對一個月遠期的**buy and sell**換匯交易，向銀行詢價，甲銀行及乙銀行的報價如下：

甲銀行：**0.10-0.12**

乙銀行：**0.11-0.13**

假設今天即期匯率為**31.00-10**，請問與哪家銀行換匯較有利？

解

　　該顧客欲進行的換匯交易包括下列兩筆交易：

(1) 買入即期USD，賣出即期TWD。

(2) 賣出一個月遠期USD，買入一個月遠期TWD。

　　對報價者而言，則為先賣即期USD，後買一個月遠期USD，故應適用換匯買匯匯率，即：

甲銀行：溢價0.10

乙銀行：溢價0.11

其換匯交易適用匯率為：

甲銀行：31.10對31.20

乙銀行：31.10對31.21

所以顧客與乙銀行交易較為有利，因為一個月後賣出USD時，可獲得較多的TWD。

實例演練(三)

市場報價如下：

USD：CHF 即期匯率 1.0650-60

USD 利率 2.3125%（貸） 2.1785%（存） p.a.

CHF 利率 1.6250%（貸） 1.5000%（存） p.a.

請報價USD：CHF六個月遠期換匯匯率。

解

六個月期 USD：CHF 的買入成本為

$$\frac{1.0650 \times (1 + 1.5000\% \times \frac{6}{12})}{1 + 2.3125\% \times \frac{6}{12}} = 1.0607$$

六個月期 USD：CHF 的賣出成本為

$$\frac{1.0660 \times (1 + 1.6250\% \times \frac{6}{12})}{1 + 2.1785\% \times \frac{6}{12}} = 1.0631$$

若依成本價，則即期匯率與遠期匯率的

買價匯差 = 1.0650 − 1.0607 = 0.0043，即 43 點；

賣價匯差 = 1.0660 − 1.0631 = 0.0029，即 29 點。

因此換匯匯率應報 43-29。

實例演練(四)

市場報價

USD：TWD 即期匯率 31.2345-678

六個月遠期換匯匯率 242-278

請問六個月遠期的outright rate 為何？

解

換匯匯率242-278，前小後大，可知遠期溢價（或稱遠期升水），故

六個月買入匯率 = 31.2345 + 0.0242 = 31.2587

六個月賣出匯率 = 31.2678 + 0.0278 = 31.2956

實例演練(五)

> **市場報價如下：**
>
> | **EUR：USD** | **即期匯率** | | **1.1100-10** |
> |---|---|---|---|
> | | **三個月遠期換匯匯率** | | **50-30** |
> | **EUR** | **利率** | **3.50%（存）** | **3.75%（貸）** |
> | **USD** | **利率** | **1.25%（存）** | **1.75%（貸）** |
>
> **某公司有USD資金的需求，請比較下列兩種取得USD資金的方式，何者較有利？**
>
> **1. 直接於市場上借入。**
>
> **2. 利用換匯交易取得。**

解

1. 直接於市場上借入 USD，利率為 1.75% p.a.。

2. 借入 EUR（期限三個月），利率為 3.75% p.a.，並進行一筆即期對遠期 sell and buy 的 EUR 對 USD 換匯交易，匯率為 1.1100 對 1.1070，折價 30 點，將其於市場上借入的 EUR 於即期市場賣出，取得 USD，三個月後再售出 USD，換得 EUR，償還借款。

設借入 EUR1，$1 \times 1.1100 \left(1 + X \times \dfrac{3}{12}\right) \div 1.1070 = 1 + 3.75\% \times \dfrac{3}{12}$

X = 2.66% p.a.

2.66% < 3.75%

所以以向市場借入 EUR，再以換匯方式轉換為 USD，資金成本較低。

實例演練(六)

> 某出口商於兩個月前，向銀行預售兩個月期的遠期**USD**，匯率為**31.50**，並依規定向銀行繳存**10%**的遠期交易保證金，即預售**USD1**，繳存保證金**TWD3.15**。今天是交割日，但該出口商因延誤出口，無法如期押匯，辦理交割，希望可以展延交割日30天。請問該出口商應如何利用換匯交易來處理？展延後所適用的售出匯率為何？
>
> 假設今天**USD：TWD**　即期匯率　　　　　**31.80-90**
>
> 　　　　　　　　　　一個月遠期匯率　**32.10-25**

解

一個月期換匯匯率為：

買匯匯率32.10 − 31.80 = 0.30

賣匯匯率32.25 − 31.90 = 0.35

該出口商可以進行一筆買即期USD，賣一個月遠期USD的換匯交易，將交割日往後延一個月，換匯交易適用的匯率為31.90對32.20，則該出口商

今天到期的預售USD交易匯率	31.50
今天買入的即期USD交易匯率	31.90
損失	0.40
今天所售出的遠期USD匯率	32.20
一損失	0.40
實際預售匯率	31.80

因此，該出口商實際上等於是以31.80的匯率，另訂一新的遠期預售契約。

實例演練(七)

市場報價如下：

GBP：USD　即期匯率　　　　　1.8980

　　　　　　三個月遠期匯率　　1.8885

　　　　　　六個月遠期匯率　　1.8790

USD　　　　利率　5%　p.a.

GBP　　　　利率　7%　p.a.

某投機者預測三個月後GBP利率將下跌，擬用換匯交易進行投機獲利，請問：

1.其投機的操作方法為何？

2.若三個月後市場報價如下：即期匯率　1.7500

三個月遠期匯率1.7475，GBP利率6%　p.a.，USD利率5%　p.a.，則該投機者將獲利或虧損多少？

解

1.　今　天　賣出三個月遠期GBP（匯率1.8885），同時買入六個月遠期GBP（匯率1.8790）。

　三個月後　買入即期GBP（匯率1.7500），同時賣出三個月遠期GBP（匯率1.7475）。

2.$1.8885 - 1.7500 = 0.1385$

$1.7475 - 1.8790 = -0.1315$

$0.1385 - 0.1315 = 0.0070$

每交易GBP1，可獲利USD0.0070

（註：為方便說明投機方法，將各項價格均予以簡化，例如：匯率不詳加區分買入及賣出匯率，利率不區分存款及貸款利率。）

實例演練(八)

市場報價如下：

USD：TWD 即期匯率 30.10-20

六個月遠期換匯匯率 70-60

詢價者A擬進行買即期USD，同時賣六個月遠期USD的換匯交易，匯率如何？

詢價者B擬進行買入六個月遠期USD的交易，匯率為如何？

解

詢價者A：30.20對29.50（30.20 − 0.70 = 29.50）

詢價者B：29.60（30.20 − 0.60 = 29.60）

實例演練(九)

你是某銀行的交易員，今天有客戶存入一筆日圓，為期三個月，你付息1.125% p.a.。

若今天市場行情如下：

USD：JPY 即期匯率 118.25-30

一個月遠期換匯匯率 38-13

USD 利率 2.5%（存） 3%（貸） p.a.

JPY 利率 1.5%（存） 1.75%（貸） p.a.

你應如何運用這筆日圓資金？哪種方法較有利？

解

方法1：直接在市場上貸出這筆日圓，利率1.5% p.a.。

方法2：(1)進行賣即期買一個月遠期日圓的換匯交易，匯率為118.30 對 117.92。

(2)將即期取得的 USD 於市場上貸出，利率為 2.5% p.a.。

假設 JPY 的運用收益為 X，則 $1 + X \times \dfrac{3}{12} = \dfrac{1}{118.30}$

$(1 + 2.5\% \times \dfrac{3}{12}) \times 117.92$

$X = 1.2071\%$ p.a.

$1.5\% > 1.2071\%$

所以方法1較有利。

實例演練(十)

市場報價如下：

GBP：USD　即期匯率　　　　　　1.644-263

　　　　　　六個月遠期換匯匯率　320-316

某顧客欲進行買即期USD，同時賣六個月遠期USD的換匯交易，其適用匯率為何？

解

買即期USD，賣六個月遠期USD，就是賣即期GBP，買六個月遠期GBP。對於報價者而言，則是「買即期GBP，賣六個月遠期GBP」，因此應適用1.6442對1.6126（1.6442 － 0.0316 = 1.6126）。

實例演練(十一)

承上題，某顧客預期六個月後USD將對GBP貶值，擬利用換匯交易進行投機交易，請問：

1.其操作方法為何？

2.若六個月後**GBP：USD**遠期匯率為：**(1)1.6550-80，(2)1.6032-62，(3)1.6442-63**時，該投機者的損益各為何？

解

1. 買入即期 GBP（匯率為 1.6463），另外進行一筆賣出即期 GBP，同時買入六個月期遠期GBP的換匯交易（匯率為 1.6442 對 1.6126）。

2. 今天以 1.6463 買入即期，以 1.6442 賣出即期，每交易GBP1 損失 USD0.0021。當六個月後，即期匯率為：

   (1)1.6550 − 80 ⇒ 1.6550 − 1.6126 = 0.0424（買賣差價），0.0424 − 0.0021 = 0.0403，每交易 GBP1，獲利 USD0.0403。

   (2)1.6030 − 62 ⇒ 1.6030 − 1.6126 = − 0.0096（買賣差價），− 0.0096 − 0.0021 = − 0.0117，每交易 GBP1，損失 USD0.0117。

   (3)1.6442 − 63 ⇒ 1.6442 − 1.6126 = 0.0316（買賣差價），0.0316 − 0.0021 = 0.0295，每交易 GBP1，獲利 USD0.0295。

習 題

一、是非題

1. （　）從銀行管理外匯風險的角度來看，不論持有外匯長部位或外匯短部位，都會面臨匯率變動風險。

2. （　）依外匯交易的慣例，遠期外匯交易係於交割時，計入外匯買賣部位。

3. （　）依國際外匯市場的慣例，週五成交的即期外匯交易，交割日為下一週的週二。

4. （　）即期外匯交易若用以投機，可發揮以小搏大的槓桿效果，故風險較高。

5. （　）由於國際外匯市場運作的效率高，再加上通訊工具的發達，因此實際上可以進行地點套匯的機會甚多。

6. （　）有拋補的套利又稱為有風險的套利。

7. （　）任何一種外匯商品，只要能夠作為避險工具的，也可以作為投機的工具。

8. （　）各國中央銀行進行外匯干預時，多經由即期外匯交易來達成，較少透過遠期外匯交易的方式。

9. （　）換匯交易係指同時買入與賣出交割日相同的同一種通貨，但交易金額不等的外匯交易。

10. （　）換匯交易中，買與賣必須是和同一對象做成。

二、選擇題

1. （　）以下對於overbought position的敘述，何者有誤？　(A)又稱

為長部位　(B)即累積買進外匯的金額大於賣出外匯的金額，其相差的淨額　(C)持有者將面臨外匯貶值的風險　(D)為避免匯率變動風險，應設法到市場補進該外匯，以軋平部位。

2. (　)　在我國，3月1日（星期一）成交的一個月遠期外匯交易，交割日為：　(A)4月1日　(B)4月2日　(C)4月3日　(D)4月4日。

3. (　)　以下對於地點套匯（space arbitrage）的敘述，何者有誤？　(A)係賺取買低賣高的差價　(B)為財務槓桿原理的應用　(C)經由套匯的操作，將使各地匯率存有差價的情況逐漸消失　(D)市場上從事套匯交易的多為銀行或設有專門外匯交易室的大企業。

4. (　)　即期投機交易是一種：　(A)買實賣實　(B)買實賣空　(C)買空賣實　(D)買空賣空　的操作方式。

5. (　)　遠期外匯交易的原創目的為：　(A)避險　(B)套利　(C)投機　(D)干預。

6. (　)　所謂有拋補的套利係指在進行套利的同時，透過：　(A)即期外匯交易　(B)遠期外匯交易　(C)即期對遠期的換匯交易　(D)遠期對遠期的換匯交易　拋補手中持有的外匯部位，以規避匯率風險的交易方法。

7. (　)　overnight swap係指：　(A)「成交日」對「成交日後次一日」　(B)「成交日後次一日」對「成交日後次兩日」　(C)「成交日」對「成交日後次兩日」　(D)「即期日」對「即期日後次一日」。

8. (　)　若EUR：USD即期匯率為1.1432-42，三個月遠期匯率為1.7462-78，則三個月遠期的換匯匯率為：　(A)36-30　(B)30-36　(C)94-120　(D)62-78。

9. (　)　以下對於換匯交易的敘述，何者有誤？　(A)不是一種買斷或賣斷的交易　(B)不會產生淨外匯部位　(C)不會面臨匯率風險　(D)換匯匯率受預期心理因素的影響很大。

10. （ ） 在我國，銀行間進行換匯交易的動機最主要為： (A)避險 (B)投機 (C)套利 (D)調度資金。

三、填充題

1. 外匯部位俗稱_____，係指銀行買賣外匯所產生的_____，可分為以下三種：_____、_____、_____。

2. 未拋補的套利係指在進行套利操作時，有意承擔或不在乎_____風險，而未在_____市場進行拋補的交易方式。

3. 外匯市場的參與者進行遠期外匯交易的動機有以下四種：_____、_____、_____與_____。

4. 本日銀行報價USD：TWD的匯率如下，請將下表的空格填入實際匯率數字：

報價匯率			即期	三個月遠期
			33.00-33.10	0.50-0.58
一般外匯交易	USD 買 價	匯 差	—	
		匯 率		
	USD 賣 價	匯 差	—	
		匯 率		
換匯交易	先 賣 後 買 USD	匯 差	—	
		匯 率		
	先 買 後 賣 USD	匯 差	—	
		匯 率		

5. 假設A銀行擬進行GBP對USD，買即期賣一個月遠期的換匯交易，向B銀行詢價，B銀行報價40-30，則「40」表B銀行賣_____GBP，買_____GBP所適用的換匯率，「30」表A銀行買_____GBP，賣_____GBP所適用的換匯率。

四、解釋名詞

1. foreign exchange position
2. uncovered interest arbitrage
3. financial leverage
4. foreign exchange swap
5. spot date

五、問答題

1. 何謂即期對沖？遠期對沖？兩者有何異同？
2. 何謂即期投機？遠期投機？兩者有何異同？
3. 何謂covered interest arbitrage？其與IRPT有何關係？
4. 你知道為什麼市場上稱看跌者為熊（bear），看漲者為牛（bull）？
5. 換匯交易與即期、遠期外匯交易的不同點為何？
6. 為何匯率變動是一種風險，也是一種機會？
7. 是不是每個人都適合高風險的外匯投資操作？為什麼？

六、計算題

1. 市場報價如下：

   USD：CAD　即期匯率　1.7428-38

   USD　利率　4.25%-4.75%　p.a.

   CAD　利率　3.50%-3.875%　p.a.

   某加拿大出口商與美國進口商簽訂一筆貿易契約，預計兩個月後將收入USD150,000，為避免兩個月後USD貶值造成損失，擬以即期對沖方式固定匯率，請問：

   (1) 其對沖方法如何？

(2) 該出口商利用即期對沖,可將兩個月後售出美元的匯率固定在多少?

(3) 若兩個月後,CAD即期匯率為1.7415-25,該出口商有預作避險與未預作避險的結果,孰優孰劣?

2. 以下三市場的報價如下:

倫敦　GBP：JPY　　　211.76-98

巴黎　USD：JPY　　　121.32-52

紐約　GBP：USD　　　1.7412-20

請問:

(1) 是否有地點套匯的機會?

(2) 若有,套匯的操作方法如何?

(3) 可獲利多少?(假設不考慮套匯交易成本)

3. 假設USD：TWD即期匯率33.60-70

USD　利率　5.25%-5.75%　p.a.

TWD　利率　6.00%-7.00%　p.a.

則符合IRPT的三個月及六個月遠期匯率各應是多少?

4. 假設GBP：USD即期匯率1.8466-76,三個月遠期匯率1.7924-36

USD　利率　3.25%-4.00%　p.a.

GBP　利率　5.00%-5.75%　p.a.

請問:

(1) 若投資人想從事套利交易以獲利,則拋補套利與無拋補套利的操作方式各是如何?

(2) 若三個月後,GBP即期匯率為1.7954-66,則上述兩種方式何者獲利較多?

5. USD：JPY　　　即期匯率　　　　84.56-78

　　　　　　　三個月遠期匯率　　86.10-30

某投資人對JPY前景不表樂觀,認為三個月後,JPY即期匯率將跌至88以上,擬利用遠期外匯交易投機獲利,若遠期交易保證金為4%,

請問：

(1) 該投資人的操作方法為何？

(2) 若三個月後，JPY即期匯率為：

　　① 84.56-78

　　② 85.56-78

　　③ 86.10-30

　　④ 90.00-20

　　則該投資人將獲利或損失多少？

(3) 若一個月後，市場行情如下：

　　即期匯率　　　　　89.00-10

　　一個月遠期匯率　　90.00-10

　　二個月遠期匯率　　91.00-10

　　三個月遠期匯率　　92.00-10

　　該投資人擬立即獲利了結，請問其操作方法如何？可獲利多少？

　　（以上均不考慮保證金利息成本）

6. 某公司擬借款GBP1,000,000，為期一年，目前市場報價為：

　外匯市場　GBP即期匯率　　　　1.6500-10

　　　　　　一年期換匯匯率　　　550/540

　貨幣市場　GBP利率　13.125%-13.875%　p.a.

　　　　　　USD利率　9.125%-9.750%　　　p.a.

　請問如何以較低的成本取得這筆資金？

6

外匯交易(二)

International Exchange

上一章介紹了外匯市場中常見的外匯交易方式，有即期外匯交易、遠期外匯交易與換匯交易。本章將繼續介紹其他的外匯交易方式，分別有外匯期貨交易、外匯選擇權交易、通貨交換與外匯保證金交易等。

　　在進入本章主題之前，先來談談什麼是衍生性金融商品（De-rivative Financial Products，簡稱derivatives，DFP）。所謂衍生性金融商品係指由傳統的（或基礎的）金融現貨市場（包括外匯市場、貨幣市場與資本市場等）衍生出來的金融商品。衍生性金融商品基本上可以分為遠期交易（forwards）、期貨交易（futures）、交換交易（swaps）與選擇權交易（options）四種。這四個基本交易型態與各類標的資產交叉組合之後，就產生各式各樣的衍生性金融商品，茲以下圖表示：

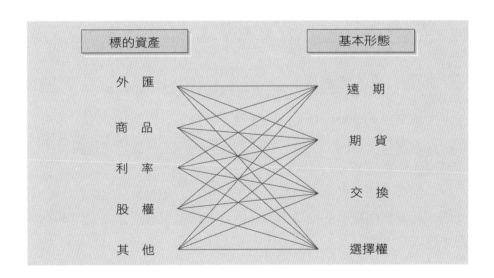

　　由此可見，衍生性金融商品的種類繁多，而且也很複雜。事實上，由於衍生性金融商品變化萬千又不斷地推陳出新，因此並不容易界定它的範圍。市場上甚至將任何新的、複雜的、不易懂的金融商品，都稱之為衍生性金融商品。上一章所介紹的遠期外匯交易、換匯

交易，以及本章將介紹的外匯期貨、外匯選擇權、通貨交換與外匯保證金交易等，都屬於外匯市場中的衍生性商品（遠期外匯交易因爲由來已久，使用也甚爲普遍，所以有人認爲遠期外匯交易應屬傳統的外匯交易；不過也有人以遠期外匯交易符合衍生性金融商品的定義爲理由，認爲廣義的衍生性金融商品應包含遠期外匯交易在內）。

　　衍生性金融商品產生的最主要原因，是爲了作爲規避市場價格變動風險的工具，遠期外匯交易以及期貨交易就是最典型的例子。隨著全球金融市場的自由化與國際化，衍生性金融商品的交易也日趨活絡。不過近年來由於衍生性金融商品的交易日益複雜，產品不斷創新，作爲避險工具的原始動機及精神逐漸模糊，市場上交易的投機氣氛愈來愈濃，是否會影響金融市場的穩定，極受各國主管當局重視。

第一節　外匯期貨交易

一、期貨交易的意義

　　期貨交易（futures trading）係指買賣雙方以標準化合約的方式，約定在未來特定期間，以成交當時約定的價格，交付標準化數量的特定商品的一種交易。

　　「期貨」與「現貨」是相對的，「現貨」是買賣成立之後，立即交割（即銀貨兩訖）的交易，而「期貨」則是買賣成立之後，一段時間才進行交割的交易。

　　期貨交易的產生與價格風險有密切的關係，凡商品在市場上有交易，且具有市場機能的（即供需與價格之間具有互動關係），即有價格風險，因此理論上，幾乎所有未來價格不確定的商品（即有價格風險者）都可以成爲期貨交易的標的。期貨交易最早係由農產品期貨發端（其起源約可追溯至1780年英國利物浦棉花交易，當時的「to arrive」契約便是現代期貨契約的前身），主要的原因是農產品從播種到長成需要一段時間，在這段期間，不論生產者或購買者都會面臨價格變動風險，為消除這種價格風險，使生產者能確保收益，購買者能固定支出，因而有期貨交易的產生。

雖然早在十八世紀（甚至有人認為應更早）就有期貨交易的出現，然而有制度的期貨交易是在1848年美國成立芝加哥期貨交易所（Chicago Board of Trade, CBOT）之後才逐漸成形。芝加哥期貨交易所最初建立的目的乃在於提供一個集中交易的場所，以利穀物期貨交易的順利進行，隨著市場參與人數及成交量的增加，期貨契約逐漸標準化，標準化的契約對於交易標的物的種類、數量、價格變動幅度、交割日及保證金等都有嚴格的規定。也由於交易契約的標準化及交易方式的制度化，使得期貨交易數量不斷成長，交易標的物也由農產品逐漸擴充到貴重金屬及能源產品。尤其在1970年代以後，國際金融市場上匯率、利率及股價的變動較以往頻繁且劇烈，於是金融期貨（包括外匯期貨、利率期貨及股價指數期貨）乃應運而生，提供市場參與者有效的避險管道(註1)。

由期貨交易的發展來看，早期的期貨市場參與者買賣期貨契約的目的（或動機）是為避險，但是由於期貨交易以小搏大以及不須實際交割的交易特性，使得期貨市場近年來已成為以投機交易為主，其以避險為目的的原創精神已逐漸模糊。

如上所述，期貨交易標的物種類繁多，本節主要係以金融期貨中的外匯期貨（foreign exchange futures，或稱為外幣期貨foreign currency futures）為說明重點，介紹外匯期貨的起源、特性、交易方式，並比較外匯期貨交易與遠期外匯交易的異同。

（註1） 民國87年7月21日，我國期貨市場開始運作，已陸續推出臺股期貨、電子期貨、金融期貨、小型臺指期貨、臺灣50期貨、黃金期貨等。

二、外匯期貨的起源

芝加哥商品交易所（Chicago Merchantile Exchange, CME）將商品期貨的交易技巧應用到金融產品上，發展出金融期貨交易。1972年成立國際貨幣市場（International Money Market, IMM）部門，首先推出外匯期貨，1975年再推出利率期貨，1982年股價指數期貨發展出來。金融期貨交易產生之後，成長相當迅速，目前已成為期貨交易的主流商品之一。

全球主要的外匯期貨交易所有：

- 芝加哥商品交易所（CME）
- 倫敦國際金融期貨交易所（London International Financial Futures Exchange, LIFFE）
- 紐約證券交易所（New York Stock Exchange）
- 新加坡國際貨幣交易所（Singapore Exchange, SGX）
- 東京國際金融期貨交易所（Tokyo International Financial Futures Exchange, TIFFE）
- 香港期貨交易所（Hong Kong Futures Exchange, HKFE）
- 雪梨期貨交易所（Sydney Futures Exchange, SFE）

三、外匯期貨交易的特點

(一)標準化契約

外匯期貨契約的標準化包括以下各項：

1. 交易標的物

雖然理論上所有未來價格不確定的商品（亦即具有價格變動風險的商品）均可以成為期貨交易的對象，但若要真正成為期貨交易所

內交易的商品,必須經該期貨交易所審查通過,外匯期貨亦然。例如:CME所交易的外匯期貨有四十幾種。不同的期貨交易所交易的外幣種類都不盡相同。一般而言,該種外幣通常是國際間普遍使用的可兌換通貨,或者與該交易所具特殊關係(如CME交易的墨西哥披索)。茲以表6-1列出幾種重要商品的規格。

表6-1 CME外匯期貨契約規格(部分)

商品名稱	澳幣	英鎊	加拿大幣	歐元	日圓	瑞士法郎
商品代碼	AD	BP	CD	EC	JY	SF
報價方式	AUD/USD	GBP/USD	CAD/USD	EUR/USD	JPY/USD	CHF/USD
一口契約的標準單位	AUD100,000	GBP62,500	CAD100,000	EUR125,000	JPY12,500,000	CHF125,000
最小跳動點(值)	0.0001 (=USD10)	0.0001 (=USD6.25)	0.0001 (=USD10)	0.0001 (=USD12.5)	0.000001 (=USD12.5)	0.0001 (=USD12.5)
可交易的契約月分	三月、六月、九月、十二月					
最後交易日	契約到期月分的第三個週三之前的第二個營業日(通常是週一)					

對許多散戶來說,標準外匯期貨的金額太大,CME在2009年推出了E-Micro迷你外匯期貨,一口E-Micro外匯期貨契約數量是標準期貨契約的1/10,涵蓋上述主要貨幣種類,例如:一口E-Micro歐元期貨契約的標準單位為12,500歐元,這種期貨契約比較適合一般散戶,因為相較於銀行與基金,散戶買賣的數額一般都比較小,除了標準數量不同之外,E-Micro外匯期貨契約的報價與標準期貨契約都是一樣的。

2. 單位契約的數量(或俗稱「每口」契約的大小)

每一個期貨交易所都會對交易的期貨契約訂定標準的交易數量。例如:CME對各種外匯期貨契約訂定的標準交易數量,如表6-1所示。從該表中可發現,不同種類的外幣期貨契約,其標準交易數量並

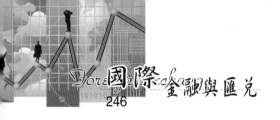

不完全相同，這是因為每種通貨的幣值大小不一，若訂定相同的標準數量，將使其交易成本及交易風險懸殊太大。例如：英鎊與日圓若訂定相同的標準交易數量，假設GBP：JPY的匯率為1：17。則買賣一口英鎊期貨契約的成本與風險將是日圓期貨契約的170倍。為使每種外幣期貨契約的交易成本及風險都差不多，所以依其幣值訂定不同的標準交易數量，幣值愈大者，標準數量愈少；幣值愈小者，標準數量則愈多。

3. 交割月分（或到期月分）

期貨交易應於何時交割，並不是由買賣雙方自行決定，而是由交易所規定。一般而言，任何一種期貨契約，一年當中只有幾個固定的交割月分，交割日也僅限於交割月分的其中某日。例如：CME主要外匯期貨契約的交割月分為每年的三月、六月、九月與十二月，最後交易日為各交割月分第三個週三之前的第二個營業日（通常是週一），最後交割日為各交割月分的第三個週三。

報價時，同一種通貨，但其交割月分不同的，也視為不同的商品，有不同的價格。例如：表6-2中，9月分的英鎊期貨契約與12月分的英鎊期貨契約為不同的期貨契約，有其各自的報價。

4. 報價方式

外匯期貨契約報價，如果是美元兌換他種外幣時，通常是以「一單位外幣 = X單位美元」，例如：澳幣兌美元的期貨報價，表示方式為AUD/USD；如果是歐元與他種外幣的交叉匯率期貨，是以「一單位歐元 = X單位外幣」，例如：日圓兌歐元的期貨報價，表示方式為EUR/JPY；如果是美元兌換歐元，則是以「一單位歐元 = X單位美元」的方式報價，表示方式為EUR/USD，與一般外匯市場的報價方式不大相同。

CME也提供很多的不同貨幣之間的交叉，以便A種貨幣能以B種外幣的形式報價。

表6-2　CME外匯期貨行情

JUN. 24, 2020

PRODUCT	CODE	CONTRACT	LAST	CHANGE	OPEN	HIGH	LOW	GLOBEX VOL
Euro FX Futures	6EU0	Sep-20	1.1322	-0.0011	1.133	1.1347	1.1321	27,649
Japanese Yen Futures	6JU0	Sep-20	0.00939	-0.0000135	0.0094045	0.0094115	0.0093875	20,879
British Pound Futures	6BU0	Sep-20	1.2504	-0.0024	1.2519	1.2548	1.2502	11,331
Australian Dollar Futures	6AU0	Sep-20	0.6923	-0.0014	0.6929	0.6963	0.6923	23,000
New Zealand Dollar Futures	6NU0	Sep-20	0.645	-0.0045	0.6491	0.6513	0.6448	10,599
E-mini Euro FX Futures	E7U0	Sep-20	1.1322	-0.0011	1.133	1.1346	1.1317	1,361
E-mini Japanese Yen Futures	J7U0	Sep-20	0.00939	-0.000014	0.009401	0.00941	0.009389	134
Canadian Dollar Futures	6CU0	Sep-20	0.73735	-0.0013	0.73815	0.73935	0.7372	5,766
Swiss Franc Futures	6SU0	Sep-20	1.0605	-0.0011	1.0609	1.0626	1.0601	2,117

資料來源：http://www.cmegroup.com/trading/fx

5. 價格最小變動幅度

每一種期貨契約的價格跳動規則係由其交易所制定，稱為「最小變動幅度」、「基點」或「跳動點」（tick）。例如：CME規定歐元的每次價格變動最小幅度為USD0.0001，由於一口英鎊期貨契約的標準交易單位為EUR125,000，如下式：

價格變動最小幅度×契約標準單位 ＝ 每一契約最小變動幅度的價值

$$\frac{USD0.0001}{EUR} \times EUR125,000 = USD12.5$$

計算得出一口歐元期貨契約最小變動幅度的價值為USD12.5，簡單的說，每一口歐元期貨契約每次喊價的價格變動幅度應為0.0001或其倍數（或折合USD12.5或其倍數）。如表6-2所示，2017年6月分的AUD/USD期貨契約漲0.0020，一口契約漲USD250(100,000×0.0020 = 200)。

由於不同的外幣期貨契約，因幣值的考量而訂有不同的標準交易數量，但透過不同的價格最小變動幅度的設計，兩者相乘之後，每一種外幣期貨契約均具有相近的「每口契約價格變動最小幅度」，如表6-1所列，加幣與歐元的標準交易數量一為CAD100,000，一為EUR125,000，兩者的價格最小變動幅度各為0.0001與0.0001，相乘之後一為10.00，一為12.50：

$$100,000 \times 0.0001 = 10.00$$
$$125,000 \times 0.0001 = 12.50$$

其他種類的外幣期貨契約「每口契約的價格變動最小幅度」也都在USD10.00上下，如此一來，其每次價格跳動的幅度都差不多。

E-Micro 期貨的一口契約交易單位為標準期貨契約的1/10，其每一個升降單位的價值也是標準期貨契約的1/10。

　　6. 每日價格變動幅度的限制

　　有些交易所訂有每日漲跌停價格的範圍，其計算基準為前一日的收盤價格。

　　由上所述可知期貨契約的標準化（standardized）可說是期貨交易的最大特色，透過這種標準化的設計，可提高交易的效率，方便交易的進行，並可減少買賣的糾紛。

(二)集中交易制度

　　傳統的期貨交易都是在交易所內集中交易，很少有場外交易。絕大多數的交易所都是採取公開喊價的交易方式，買方及賣方都必須透過經紀商下單，由經紀商在交易所內集中競價，交易時間也僅約全天的1/3時間。

　　1992年CME將外匯期貨引入GLOBEX電子交易平臺，GLOBEX幾乎全天24小時的自動撮合交易，提供準確、快速、透明、隱密與安全的交易環境，並維持市場的公平性，自從推出以來，交易量急速上升，2004年，GLOBEX交易量首次超越場內喊價交易所的交易量，目前，GLOBEX交易量已占所有交易量的80%以上。全球其他交易所也紛紛引進電子自動交易系統。

(三)保證金制度

　　期貨交易乃是一種「先成交，後交割」的交易，為避免「成交後不交割」的風險，確保市場運作的健全，客戶須向經紀商繳存保證金（margins），經紀商或清算所會員須向交易所繳存保證金，以表明其履行契約的承諾，避免經紀商或清算所受到未平倉期貨部位損失的影響。

　　保證金分為原始保證金（initial margin，又稱為期初保證金）、

維持保證金（maintenance margin）與變動保證金（variation margin）。原始保證金是交易人在交易時須預先繳交的保證金，其額度依各交易所的規定，大多是契約金額的1%-10%不等，或每一契約訂有固定金額。原始保證金的多寡主要視價格風險的高低而定，價格風險愈高，保證金也愈多。

例如：CME規定，一口E-Micro GBP/USD期貨契約的期初保證金為USD270，，則交易人只要預繳USD270的保證金，就可以交易GBP6,250的期貨，約折合USD10,625，因此期貨交易可發揮以小搏大的槓桿作用（槓桿倍數約40倍，270/10,625＝39.37）。

交易人繳妥原始保證金之後，就可開始進行交易。此後交易所的清算單位（clearing unit）會根據期貨契約的每日收盤價格，逐日計算交易人所持有期貨部位的盈虧。若發生虧損，則虧損須自原始保證金扣除，當保證金餘額減少至交易所訂定的維持保證金水準時（維持保證金即經逐日清算後，保證金所必須維持的最低水準，其額度通常為原始保證金的50%-75%），交易所會通知交易人補繳保證金至原始保證金水準，這項補繳的保證金即稱為變動保證金。交易人若未能及時補足保證金，交易所便會公開拍賣其期貨契約（俗稱「砍倉」或「斷頭」），客戶不得有任何異議。

相反的，若期貨契約的價格變動有利於交易人，交易所會自動將盈餘加到交易人的保證金帳戶上，交易人可提領超過維持保證金的額度。

假設6月分英鎊期貨契約的原始保證金為USD1,080，維持保證金為USD800，某交易人於1月1日購入一口英鎊期貨契約，茲以表列1月1日至1月5日該期貨契約價格的變動，以及該項變動對保證金餘額的影響：

日　期	結算價	當日盈虧（USD）	累積盈虧（USD）	保證金餘額（USD）	追繳或提領差額保證金（USD）
1/1	1.5654			1,080	
1/2	1.5623	−193.75	−193.75	886.22	
1/3	1.5590	−206.25	−400	680	追繳 400
1/4	1.5612	137.5	−262.5	1,217.5	
1/5	1.5648	225	−37.5	1,442.5	
1/6	1.5582	−412.5	−450	1,030	
1/7	1.5530	−325	−775	705	追繳 375

(四)參與門檻低

任何人只要依規定辦理開戶手續，繳交保證金之後，就可以參與交易，交易成本低，參與交易很容易，而且交易所對大戶、小戶並無差別待遇。

(五)多不實際交割

期貨契約的交割方式可分為實物交割（physical delivery or settlement）與現金交割（cash delivery or settlement）。實物交割係指以實物交付來完成交割義務，一般的期貨契約均是採實物交割；但是某些期貨契約的標的物並無實體（例如：股價指數），無法以實物交割，就採用現金交割，於最後結算日依最後結算價來計算未平倉契約的盈虧，以現金收付的方式了結期貨契約。

雖然交易所都訂有交割的制度，但實際上，在期貨市場中真正持有契約到期並進行交割的非常少，絕大多數的期貨部位在到期前，就已平倉了結。這是因為不論參與者的交易動機是為避險或為投機，都沒有將期貨部位持有至到期日而進行交割的必要。就投機者來說，本來就是要以買空賣空的方式賺取買賣的差價，當然沒有到期交割的必要；就避險者來說，縱使真的想在到期時持有現貨，但往往因期貨商品的品質、交割的日期與地點無法完全配合避險者的需求，而不能實

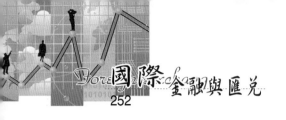

際交割，因此避險者通常也會在到期前，反向沖銷其期貨部位，然後到現貨市場中滿足其交易需求。

(六)透過清算所完成清算工作

期貨交易的清算單位居間擔任買方的賣方，以及賣方的買方，這種清算單位，通常稱爲清算所（clearing house）。有的清算所是交易所附設的部門，有的則是個別獨立。清算所通常都是非營利性的會員組織，清算所的會員大多是交易所的會員，而且還要通過比一般會員更嚴格的財力鑑定。期貨交易必須透過經紀人在交易所內完成，成交後的交易則要經由清算所會員來結算，若買賣雙方有一方違約的話，並不會影響到另一方，因爲清算所在買方與賣方之間保證交易契約的履行，消除雙方的信用風險。

就期貨交易的上述各項特點來看，期貨市場是一非常有效率而且公平的市場，標準化的契約、交易人數眾多、無限量的交易籌碼、集中喊價、透過清算所清算與嚴格的保證金制度等，都使得期貨交易更具公平性與安全性，而且使得人爲操縱或壟斷的可能性大爲降低。也正因爲如此，期貨交易乃成爲現代投資者風險管理的最佳工具之一。

四、外匯期貨交易的流程

期貨交易有一定的交易程序，在實際開始買賣以前，客戶須先向期貨交易所的會員經紀商開立帳戶，並繳交保證金，然後就可以開始進行交易。茲以圖示期貨交易的流程：

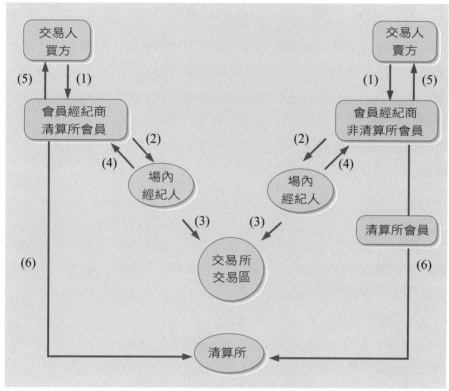

圖6-1　外匯期貨交易的流程

(1) 交易人下單給會員經紀商。

(2) 會員經紀商委託場內經紀人。

(3) 場內經紀人在交易所執行交易。

(4) 成交後，場內經紀人即向會員經紀商確認交易完成。

(5) 會員經紀商向交易人回報並確認交易內容。

(6) 會員經紀商透過清算所會員向清算所報告交易資料，若會員經紀商本身也是清算所會員，即直接向清算所辦理；如果會員經紀商並非清算所會員，就必須透過清算所會員向清算所辦理。

五、外匯期貨市場的參與者及其交易方式

外匯期貨市場的參與者主要為避險者與投機者，期貨市場的產生最初是因為避險的需要，但避險者要移轉其風險，就必須有人願意承擔該項風險，投機者就是扮演這種風險承擔者的角色。避險者與投機者乃期貨市場的一體兩面，沒有避險者的期貨市場是不健康的，而沒有投機者的期貨市場也不可能存在。以下即分別就這兩種參與者，說明其交易的方式：

(一)避險者（hedgers）

避險者係指在現貨市場面臨價格風險，而利用期貨交易來規避其風險，以固定未來買賣的收入或成本的參與者。避險者在期貨市場的交易方式，稱為對沖（hedge）。

1. 避險的方式

(1)買入對沖（buying hedge）或多頭對沖（long hedge）

即預期未來將於現貨市場購入某種外幣，為避免該項外幣升值的風險，乃先於外匯期貨市場購入與該外幣相同或相關的外幣期貨契約，俟未來在現貨市場購入該種外幣的同時，再將原先購入的外幣期貨契約於期貨市場平倉了結。茲以實例說明買入對沖的交易方法：

◎買入對沖

美國進口商於3月20日與瑞士出口商簽訂一筆貿易契約，約定美國進口商應於6月20日支付貨款CHF1,000,000，目前外匯市場中USD：CHF即期匯率為1.2500，為避免6月20日因CHF升值致結匯支出增加，該美國進口商可以下列對沖交易避險。

	現　貨　市　場		期　貨　市　場
3/20	報價	即期匯率 1.2500，改成間接報價法為 $\frac{1}{1.2500}=0.8000$	報價	6 月分 CHF 期貨契約價格 0.8100
	交易方式		交易方式	購入 6 月分 CHF 期貨契約 8 口（$\frac{1,000,000}{125,000}=8$），到期交割應支付 USD810,000（1,000,000 × 0.8100)
6/20	報價	即期匯率 1.2000，改成間接報價法為 $\frac{1}{1.2000}=0.8333$	報價	6 月分 CHF 期貨契約價格 0.8333（6/20 為該期貨契約到期日）
	交易方式	購入即期 CHF1,000,000，支付 USD833,300	交易方式	售出 6 月分 CHF 期貨契約 8 張，到期交割可收入 USD833,300
	現貨市場購入成本＝USD833,300		期貨市場交易獲利 ＝USD（833,300−810,000) ＝USD23,300

$\Rightarrow$　實際購入成本＝USD（833,300−23,300）＝USD810,000

實際購入匯率＝$\frac{1,000,000}{810,000}=1.2346$（直接報價法）

$=\frac{810,000}{1,000,000}=0.8100$（間接報價法）

　　此買入對沖交易，該美國進口商可將購入CHF的匯率固定在USD1 = CHF1.2346（或CHF1 = USD0.8100）。

　　但是如果6月20日CHF未升反貶，則情況又如何呢？茲以上例說明：

	現　貨　市　場			期　貨　市　場
3/20	報價	CHF 即期匯率 1.2500，改成間接報價法為 $\frac{1}{1.2500}=0.8000$	報價	6月分CHF期貨契約價格 0.8100
	交易方式		交易方式	購入 6 月分CHF期貨契約8口，到期交割應支付 USD810,000（1,000,000 ×0.8100）
6/20	報價	即期匯率 1.2821，改成間接報價法為 $\frac{1}{1.2821}=0.7800$	報價	6月分CHF期貨契約價格 0.7800
	交易方式	購入即期 CHF1,000,000，支付 USD780,000	交易方式	售出 6 月分CHF期貨契約8口，到期交割可收入 USD780,000
	現貨市場購入成本＝USD780,000			期貨市場交易損失 ＝USD（810,000−780,000） ＝USD30,000

$$\Rightarrow \quad 實際購入成本＝USD（780,000+30,000）＝USD810,000$$
$$實際購入匯率＝\frac{1,000,000}{810,000}=1.2346（直接報價法）$$
$$=\frac{810,000}{1,000,000}=0.8100（間接報價法）$$

　　由此可知，藉由期貨對沖交易，無論6月20日CHF是升值還是貶值，避險者均可將購入CHF的匯率固定在3月20日報價的6月分CHF期貨契約價格（0.8100）上。

　　(2) 賣出對沖（selling hedge）或空頭對沖（short hedge）

　　即預期未來將於現貨市場售出某種外幣，為避免該外幣貶值的風險，乃先於外匯期貨市場售出與該外幣相同或相關的外幣期貨契約，俟未來在現貨市場售出該種外幣的同時，再將原先售出的外幣期貨契約於期貨市場平倉了結。茲以實例說明賣出對沖的交易方式：

◎賣出對沖

> 　　某美國出口商於6月20日與英國進口商簽訂一筆貿易契約，約定英國進口商應於9月20日支付貨款GBP250,000，目前外匯市場中GBP：USD即期匯率為1.5500，為避免9月20日因GBP貶值致收入減少，該美國出口商可以下列對沖交易避險。

		現　貨　市　場		期　貨　市　場
6/20	報價	GBP 即期匯率為 1.5500	報價	9月分 GBP 期貨契約價格 1.5450
	交易方式		交易方式	售出 9 月分 GBP 期貨契約 4 口 $\left(\dfrac{250,000}{62,500}=4\right)$，到期交割可收入 USD386,250 （250,000 × 1.5450）
9/20	報價	GBP 即期匯率 1.5000	報價	9 月分 GBP 期貨契約價格 1.5000 （9/20 為該期貨契約到期日）
	交易方式	售出即期 GBP250,000，收入 USD375,000 （250,000 × 1.5000）	交易方式	購入 9 月分 GBP 期貨契約 4 口，到期交割應支付 USD375,000 （250,000 × 1.5000）
	現貨市場售出收入＝USD375,000		期貨市場交易權利 ＝ USD（386,250－375,000） ＝USD11,250	

⇒　實際售出成本＝USD（375,000＋11,250）＝USD386,250

　　實際售出匯率$=\dfrac{386,250}{250,000}=1.5450$

　　因此，利用賣出對沖交易，該美國出口商可將售出GBP的匯率固定在GBP1＝USD1.5450（即6/20的9月分GBP期貨契約價格）。

但是如果9月20日GBP未貶反升，則情況又如何呢？茲以上例說明：

		現　貨　市　場		期　貨　市　場
6/20	報價	GBP即期匯率為1.5500	報價	9月分GBP期貨契約價格1.5450
	交易方式		交易方式	售出9月分CHF期貨契約4口，到期交割可收入USD386,250
9/20	報價	GBP即期匯率1.6000	報價	9月分GBP期貨契約價格1.6000
	交易方式	售出即期GBP250,000，收入USD400,000	交易方式	購入9月分GBP期貨契約4口，到期交割應支付USD400,000
		現貨市場售出收入＝USD400,000		期貨市場交易權利 ＝USD（400,000－386,250） ＝USD13,750

$$\Rightarrow \quad 實際售出成本＝USD（400,000-13,750）＝USD386,250$$
$$實際售出匯率＝\frac{386,250}{250,000}＝1.5450$$

由此可知，藉由期貨對沖交易，無論9月20日英鎊是升值還是貶值，避險者均可將出售GBP的匯率固定在6月20日報價的9月分英鎊期貨價格上（即1.5450）。

2. 期貨避險的原理

上述對沖交易所以能夠發揮避險的功能，乃是因為期貨價格與現貨價格之間具有高度的相關性。一般而言，期貨價格與現貨價格的變動方向相同，而且兩者變動的幅度也大致相同，稱為期貨價格與現貨價格的平行變動性（price parallelism）。除此之外，當期貨契約愈接

近到期日,其價格愈接近現貨價格,到了契約到期當日,期貨價格與現貨價格將完全一致(此乃因為在到期日,期貨與現貨的交割日為同一天,若兩者價格不同,則套利者會在兩市場間進行買低賣高的套利交易,經由兩市場間一買一賣的套利操作,自然會使兩市場價格趨於一致)。

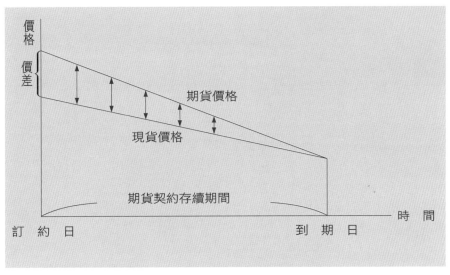

圖6-2 期貨價格與現貨價格的關係

價差(basis):期貨價格 − 現貨價格的差價

期貨價格可視為市場對未來價格的預期,因此,當某種貨幣的期貨價格高於現貨價格,價差 > 0,稱為正價差,表示市場對該貨幣的未來價格看漲;反之,若價差 < 0,稱為逆價差,表示市場對該貨幣的未來價格看跌。

當期貨契約接近到期日,隨著買方與賣方對期貨契約的平倉了結,價差將逐漸縮小,到期當天,期貨價格將與現貨價格一致,也就是價差為零。例如:9月20日到期的EUR/USD期貨契約,到期當天的價格為1.3500,若即期現貨價格為1.3400,則投資人於9月20日買入現

貨EUR，賣出當天到期的期貨EUR，立即可賺取差價0.01，在一個有效率的市場，這種價差實際上不可能存在，亦即期貨到期當天的價格將與現貨價格一致。

外幣期貨交易可用以避險的原理，即在於這種期貨價格與現貨價格的相關性，外幣期貨交易的損益可與現貨交易的損益互相抵銷，因而可用於固定匯率。

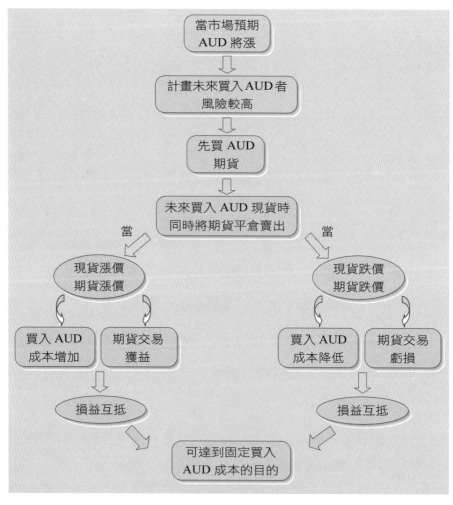

圖6-3　利用期貨交易達到避險功能

3. 完全對沖與不完全對沖

上述買入對沖與賣出對沖的例子中，由於假設避險者要在現貨市場買入或售出的日期，恰好是該期貨契約的到期日，當天現貨市場的價格與期貨市場的價格完全一致，因此可以完全避險。

此外，縱使避險者要進入現貨市場買賣的日期，並不是該類商品期貨契約的到期日，但只要現貨價格與期貨價格平行變動，且變動幅度完全一致，則利用對沖交易也能達到完全避險的目的。但實際上，由於預期因素以及持有成本的變化，期貨價格與現貨價格的變動幅度不可能完全相同，此即避險者對沖交易的價差風險。由於價差風險的存在，使得利用期貨交易避險的效果難免要打些折扣。

由此可知，當避險者在現貨市場買賣的日期與期貨契約的到期日無法完全吻合時，會因為價差風險而影響避險效果。除此之外，現貨市場買賣的標的物種類若與期貨交易的標的物不同，或現貨市場買賣的數量與期貨交易的數量無法配合時，都會影響對沖避險的效果。依對沖交易的避險效果完全與否，可分為：

(1)完全對沖（perfect hedge）

指避險者從事對沖交易時，其所買入或賣出的期貨契約中，凡交易標的物、交割日及成交數量均與其未來在現貨市場的交易需求完全吻合者，稱為完全對沖。完全對沖可以完全規避風險，上述買入對沖與賣出對沖的例子均屬完全對沖。

(2)不完全對沖（imperfect hedge）

指避險者從事對沖交易時，其所買入或賣出的期貨契約中，交易標的物、交割日期或成交數量三項中，有一項以上未能與其未來在現貨市場的交易需求吻合者，即稱為不完全對沖。不完全對沖的避險效果不完全。

茲以上述買入對沖與賣出對沖的例子，更改其中部分條件，說明不完全對沖的交易方式及避險效果：

◎買入對沖

> 假設該避險者未來要在現貨市場購入的CHF數量是CHF700,000，其餘條件皆不變，則其對沖方法如下。

		現　貨　市　場		期　貨　市　場
3/20	報價	即期匯率 1.2500，改成間接報價法為 0.8000	報價	6 月分 CHF 期貨契約價格 0.8100
	交易方式		交易方式	購入 6 月分 CHF 期貨契約 6 口 $\left(\dfrac{700,000}{125,000}=5.5，故購入 6 張\right)$ 到期交割應支付 USD607,500
6/20	報價	即期匯率 1.2000，改成間接報價法為 0.8333	報價	6 月分 CHF 期貨契約價格 0.8333
	交易方式	購入即期 CHF700,000，支付 USD583,310	交易方式	售出 6 月分 CHF 期貨契約 6 口，到期交割可收入 USD624,975
		現貨市場購入成本＝USD583,310		期貨市場交易獲利 ＝USD（624,975－607,500）＝USD17,475

$\Rightarrow$　實際購入成本＝USD（583,310－17,475）＝USD565,835

實際購入匯率＝$\dfrac{565,835}{700,000}$＝0.8083

　　由此可知，當交易數量無法完全吻合時，仍可進行對沖避險，而且由於期貨交易數量較現貨市場交易數量多（期貨為CHF750,000，現貨為CHF700,000），因此期貨交易獲利也較多，可使其實際購入成本更為降低（完全對沖時，實際購入匯率為0.8083）。當然，如果期貨交易不是獲利，而是損失，因為期貨交易量較大，所以損失金額

也會較大，進而使實際購入成本增加，影響避險效果。

◎賣出對沖

> 　假設該避險者未來要在現貨市場售出GBP的日期是8月15日，其餘條件皆不變，則其對沖方法如下。

		現　貨　市　場		期　貨　市　場
6/20	報價	GBP 即期匯率 1.5500	報價	9月分GBP期貨契約價格 1.5450
	交易方式		交易方式	售出9月分GBP期貨契約4口，到期交割可收入 USD386,250
8/15	報價	GBP 即期匯率 1.5000	報價	9月分GBP期貨契約價格 1.5090
	交易方式	售出即期 GBP250,000，收入 USD375,000	交易方式	購入9月分GBP期貨契約4口，到期交割應支付 USD377,250
	現貨市場購入成本＝USD375,000		期貨市場交易損失 ＝USD（386,250－377,250） ＝USD9,000	

$\Rightarrow$ 實際購入成本＝USD（375,000＋9,000）＝USD384,000

實際購入匯率＝$\dfrac{384,000}{250,000}$＝1.536

　　由此可知，當交易日期不能完全配合時，避險有效匯率並非固定於1.5450，而是在1.536，避險效果不完全。

(二)投機者（speculator）

投機者（以中性的名詞來說，speculator宜認爲「臆測者」或「預測者」）買賣期貨的動機並不是要規避現貨市場的價格風險，而是要從期貨買賣的差價賺取利潤。其投機策略與任何市場的投機者一樣，於看漲時先行買進，待價格上漲便予以賣出；於看跌時先行賣出，待價格下跌時再買入沖銷賺取差價。如果未來期貨價格的變動方向與預期相符，則投機即可獲利；反之，如果預測錯誤，則將遭受損失。由於期貨交易有只要繳少許保證金，即可進行交易的「以小搏大」特點，再加上手續簡便、成本低廉，而且可以不實際交割，所以極易成爲投機交易的工具。不過也正因爲其槓桿操作的方式，是一種大賺或大賠的金融性交易，風險也相對提高。茲以實例說明期貨投機的方式：

◎期貨投機

> **10月15日市場報價如下：**
>
> 歐元價格　即期匯率　　　　　　　　　1.1000
>
> 　　　　　12月歐元期貨契約價格　　　1.1100
>
> 某投機者預測12月歐元期貨契約價格未來將呈上漲的趨勢，擬於期貨市場從事投機交易以獲利，其操作方式如下。

		現 貨 市 場		期 貨 市 場
10/15	報價	EUR 即期匯率 1.1000	報價	12 月 EUR 期貨契約價格 1.1100
	交易方式		交易方式	購入 12 月分 EUR 期貨契約 1 口，到期應支付 USD138,750

（接下頁）

（承上頁）

11/30	報價	EUR 即期匯率 1.1150	報價	12 月 EUR 期貨契約價格 1.1150
	交易方式		交易方式	售出 12 月分 EUR 期貨契約 1 口，到期可收入 USD139,375
				上述兩筆交易抵銷後，該投機者有期貨交易獲利＝USD（139,375－138,750）＝USD625

由於該投機者預測正確，因此有投機利益；若該投機者預測錯誤，歐元不升反貶，則將有投機損失，可見投機交易能否獲利的最主要關鍵在於投機者未來價格的預測是否正確。「預測」並非毫無根據的猜測，一般而言，市場上經常的參與者必須善用基本分析及技術分析，方能對未來的價格做出較正確的預測。

除了上述一般的投機交易之外，期貨市場中另有交易方式較為複雜的「價差交易」（spread trading）與「基差交易」（basis trading），限於篇幅，本書不再說明，有興趣者請自行參閱相關書籍。

六、外匯期貨交易與遠期外匯交易的異同

表6-3　外匯期貨交易與遠期外匯交易的比較

項目	外匯期貨交易	遠期外匯交易
市場性質	集中市場（交易所）	銀行間市場：無形市場 銀行與顧客市場：有形或無形市場
外幣種類	標準化	不限定，由買賣雙方約定
交易數量	標準化	不限定，由買賣雙方約定
交割日	標準化	不限定，由買賣雙方約定
價格變動最小幅度	標準化	不限定，由買賣雙方約定

（接下頁）

（承上頁）

保證金	交易所規定	銀行間交易：不須保證金
		銀行對顧客交易：由銀行決定或與顧客議定
	買賣雙方皆須繳交保證金	顧客需依銀行要求向銀行繳交保證金銀行不需向顧客交保證金
報價方式	XX/USD	除少數貨幣外，多為USD/XX
定價方式	公開喊價	銀行報價
買賣價差	無買價與賣價之分，故無買賣價差	有買賣價差
結算方式	每日結算以調整保證金，以降低履約風險	在履約前不需再支付任何金額，履約風險由買賣雙方自負
交割方式	多不交割，於到期前平倉了結	多數會辦理實際交割
交易成本	佣金（手續費）	買賣價差
擔保者	清算所	無

七、實例演練

實例演練(一)

CME報價外匯期貨價格如下：

AD	Dec. 2016	0.9803
EC	Dec. 2016	1.1337
SF	Dec. 2016	1.0266
BP	Dec. 2016	1.5773
JY	Dec. 2016	0.009828

| CD | Dec. 2016 | 1.1735 |
| E-Micro EC | Dec. 2016 | 1.1337 |

請問買賣上列期貨契約一口，折合多少美元？

解

AD	$0.9803 \times 100{,}000 = 98{,}030$
EC	$1.1337 \times 125{,}000 = 141{,}712.5$
SF	$1.0226 \times 125{,}000 = 140{,}825$
BP	$1.5773 \times 62{,}500 = 98{,}581.25$
JY	$0.009828 \times 12{,}500{,}000 = 122{,}850$
CD	$1.1735 \times 100{,}000 = 117{,}350$
E-Micro EC	$1.1337 \times 12{,}500 = 14{,}171{,}25$

實例演練(二)

　　某投資人於3月5日買進BP外匯期貨一口，原始保證金為USD2,430，維持保證金為USD1,800，若3月5日至3月14日該BP期貨契約價格變動如下時，請問該投資人應於何時補繳或可領回保證金差額？

3月5日	1.5773	3月10日	1.5680
3月6日	1.5792	3月11日	1.5760
3月7日	1.5580	3月12日	1.5522
3月8日	1.5601	3月13日	1.5450
3月9日	1.5732	3月14日	1.5380

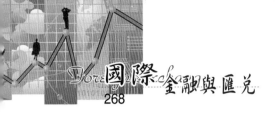
解

日　　期	價　　格	當日盈虧	累積盈虧	保證金餘額	追繳或提領差額保證金
3/5	1.5773			USD2,430.00	
3/6	1.5792	USD118.75	USD118.75	2,548.75	
3/7	1.5580	−1,325	−1,206.25	1,223.75	追繳 1,206.25
3/8	1.5601	131.25	−1,075	2,561.25	
3/9	1.5732	818.75	−256.25	3,380.00	
3/10	1.5680	−325	−581.25	3,055.00	
3/11	1.5760	500	−81.25	3,555.00	
3/12	1.5522	−1,487.5	−1,568.75	2,067.50	
3/13	1.5450	−450	−2,018.75	1,617.5	追繳 812.5
3/14	1.5380	−437.5	−2,456.25	1992.5	

實例演練(三)

　　某美國進口商於2月10日自法國進口一批貨物，貨價為EUR1,000,000，付款日期為6月18日，為免屆時EUR升值造成損失，擬以期貨交易規避風險，請問：

　　1. 其對沖方法如何？

　　2. 避險效果如何？

　　3. 是完全對沖，還是不完全對沖？

　　4. 該進口商若未採避險措施，則其屆期適用的匯率為何？

　　註：2月10日歐元即期匯率1.3823

　　　　6月18日歐元即期匯率1.3868

　　　　2月10日6月分歐元期貨契約價格1.3858

　　　　6月18日6月分歐元期貨契約價格1.3868

　　　　6月18日為6月分歐元期貨契約到期日

　　　　歐元期貨契約標準單位EUR125,000

解

1.

		現　貨　市　場		期　貨　市　場
2/10	報價	EUR 即期匯率 1.3823	報價	6 月分 EUR 期貨契約價格 1.3858
	交易方式		交易方式	購入 6 月分 EUR 期貨契約 8 口 $\left(\frac{1,000,000}{125,000}=8\right)$，到期交割應支付 USD1,385,800
6/18	報價	EUR 即期匯率 1.3868	報價	6 月分 EUR 期貨契約價格 1.3868
	交易方式	購入即期 EUR1,000,000，支付 USD1,386,800	交易方式	售出 6 月分 EUR 期貨契約 8 口，到期交割可收入 USD1,386,800

2. 由於現貨市場購入成本＝USD1,386,800

　　期貨市場交易獲利＝USD（1,386,800－1,385,800）

　　　　　　　　　　＝USD1,000

　⇒實際購入成本＝USD（1,386,800－1,000）

　　　　　　　　＝USD1,385,800

　　實際購入匯率＝1.3858

3. 完全對沖，因為：

(1) EUR 為外匯期貨市場中有交易的外幣。

(2) EUR1,000,000 恰好為 8 個標準 EUR 期貨契約交易單位。

(3) 6 月 18 日為 6 月分 EUR 期貨契約到期日，因此當天現貨市場與期貨市場的價格一致。

所以避險效果完全，該進口商可將未來購入 EUR 的價格固定在今天（2 月 10 日）的期貨價格上。

4. EUR1＝USD1.3868

實例演練(四)

> 某出口商於3月5日與國外客戶簽訂一筆貿易契約，貨價為AUD 180,000，約定交付貨款的日期為7月15日，該出口商為避免屆時因AUD對USD貶值，造成兌換的USD收入減少，擬以期貨對沖交易避險，請問：
>
> 1.其對沖方法為何？
>
> 2.避險效果為何？
>
> 3.是買入對沖還是賣出對沖？
>
> 4.是完全對沖還是不完全對沖？
>
> 5.該出口商若未採避險措施，則其屆期適用的匯率為何？
>
> 註：3月5日AUD即期匯率0.8392
>
> 　　3月5日9月分AUD期貨契約價格0.8313
>
> 　　7月15日AUD即期匯率0.8535
>
> 　　7月15日9月分AUD期貨契約價格0.8578
>
> 　　AUD期貨契約標準交易單位為100,000

解

1.

		現 貨 市 場		期 貨 市 場
3/5	報價	AUD 即期匯率 0.8392	報價	9 月分 AUD 期貨契約價格 0.8313
	交易方式		交易方式	售出 9 月分 AUD 期貨契約 2 口（$\frac{180,000}{100,000}=1.8$），到期交割可收入 USD166,260

（接下頁）

（承上頁）

7/15	報價	AUD 即期匯率 0.8535	報價	9 月分 AUD 期貨契約價格 0.8578
	交易方式	售出即期 AUD180,000，收入 USD153,630	交易方式	購入 9 月分 AUD 期貨契約 2 口，到期交割應支付 USD171,560

2. 現貨市場售出收入＝USD153,630

　期貨市場交易損失＝USD（171,560－166,260）＝USD5,300

　⇒實際售出收入＝USD（153,630－5,300）＝USD148,330

　　實際售出匯率＝0.8241

3. 賣出對沖。

4. 不完全對沖，因為：

　(1) AUD180,000 並非 AUD 期貨契約標準交易單位的整數倍，期貨市場與現貨市場的交易數量無法完全配合。

　(2) 7 月 15 日並非 9 月分 AUD 期貨契約到期日，當天現貨市場與期貨市場價格不一致。

5. AUD1＝USD0.8535

實例演練(五)

　4月1日市場報價如下：6月分CHF期貨契約價格0.9059

　某投機者預期該商品未來價格將呈上漲，擬進行期貨投機交易獲利，至5月20日，6月分CHF期貨契約價格漲至0.9800，該投機者即予以結清獲利，請問其投機的操作過程如何？獲利率多少？（CHF期貨契約標準交易單位CHF125,000，每口原始保證金USD5,000，假設該投機者買賣8個單位。）

解

1. 4/1：繳交原始保證金 USD50,000，買入 8 口 6 月分 CHF 期貨
契約，價格 0.9059。

5/20：售出 10 口 6 月分 CHF 期貨契約，價格 0.9800。

2. 期貨交易獲利＝USD〔（0.9800－0.9059）× 8 × 125,000〕

＝USD74,100

$$獲利率 = \frac{74,100}{50,000} = 148.2\%$$

第二節　外匯選擇權交易

一、選擇權交易的意義

選擇權（option）是一種「可以選擇是否要履約」的權利，買賣
這項權利應支付的價金稱為權利金（premium）。

進行選擇權交易時，買方支付權利金給賣方，約定買方有權在未
來的特定日期或之前，以事先約定的價格購買或出售一定數量的標的
物。買方若選擇要履約，賣方就有義務依照選擇權契約所定的條件履
行契約；買方若選擇不履約，賣方就不需履約。簡單的說，買方支付
權利金買入「選擇的權利」，買方有權利但沒有義務；相對的，賣方
收了權利金，有義務但沒有權利。

選擇權交易的商品可以是現貨商品或期貨契約，現貨商品包括一
般的農、礦產品、石油、股票、債券、外匯和股價指數等，期貨契約
則有各類商品期貨、金融期貨等。本節主要是以現貨商品中的外匯選
擇權〔foreign exchange options，或稱為外幣選擇權（foreign currency
options）〕交易的說明為主，探討外匯選擇權的起源、特色與操作策
略，並比較外匯選擇權交易與外匯期貨交易、遠期外匯交易的異同。

二、外匯選擇權交易的起源與發展

　　自1973年世界各主要國家紛紛放棄固定匯率制度，改採浮動匯率制度之後，國際金融市場正式邁入詭譎多變的時代，匯率波動日趨激烈，對從事國際經濟活動的企業而言，匯率風險管理的重要性逐與日俱增。市場中除了傳統的外匯避險工具——遠期外匯交易之外，1972年芝加哥外匯期貨市場成立後，又增加了另一可供避險的管道，可是在某些特別的情況，例如：貿易商的出口報價及工程投標，由於此時交易承作與否尚難以確定，因此上述兩種外匯避險工具乃無法滿足需要。此外，對已採上述兩種避險操作的企業而言，有時在契約到期之前，匯率變動雖然對自己有利，但限於既有契約的規定，卻不得不坐失匯率變動的利益。有鑑於上述的限制，一種新的外匯交易方式——「外匯選擇權交易」乃應運而生。這種新的外匯交易方式不僅具有避險的功能，而且在避險的同時，還有獲得外匯利益的機會。

　　外匯選擇權可以在集中市場或是店頭市場（OTC）交易，外匯選擇權OTC市場的興起遠較集中市場為早，多由商業銀行或投資銀行承作，提供非標準化的選擇權，顧客可自由指定幣別、到期日、金額、履約價格等，由於其交易金額大，流動性佳，且更具有彈性，所以其交易量遠高於集中市場。

　　外匯選擇權集中市場則肇始於1982年的美國費城股票交易所（Philadelphia Stock Exchange, PHLX。2008年被NASDAQ OMX集團收購，現稱為NASDAQ OMX PHLX），隨後世界各地重要金融市場也紛紛開辦集中式的外匯選擇權交易。1984年CME開始有期貨式選擇權（Option on Future）的交易，以CME中的期貨作為標的資產，以上兩者為目前重要的外匯選擇權集中市場。除此之外，歐洲選擇權交易所（The European Option Exchange, EOE）與新加坡交易所（SGX）也頗具規模。表6-4為NASDAQ OMX PHLX外幣現貨選擇權的各項契約規格。

表6-4　NASDAQ OMX PHLX 外匯選擇權商品規格

外幣種類	Australian Dollar	British Pound	Canadian Dollar	Euro	Swiss Franc	New Zealand Dollar	Japanese Yen
標準交易單位	AUD10,000	GBP10,000	CAD10,000	EUR10,000	CHF10,000	NZD10,000	JPY1,000,000
權利金報價方式	100單位外幣=多少單位USD，權利金皆以USD收付						
最小報價單位（點）	0.01						0.0001
一點折合 USD	0.01×10,000　　　　USD100						0.0001×1,000,000
履約價格（匯率）報價方式	100單位外幣=多少單位USD						
選擇權種類	歐式，僅能於到期日當天決定是否履約						

費城股票交易所的七種外匯選擇權契約規格都是以美元計價的歐式選擇權,其最大特色是契約標準數量較為整齊,歐元、英鎊、瑞士法郎、加幣、紐幣與澳幣都是10,000單位,日圓為1,000,000單位。相較之下,芝加哥商品交易所(CME)的外匯選擇權契約標準數量則較不一致,例如:歐元選擇權的契約標準數量為125,000單位,英鎊選擇權的契約標準數量為62,500單位。

　　我國目前並無集中式的外匯選擇權交易所,但各大商業銀行均有對顧客承作外幣選擇權的買賣,顧客可以選擇擔任選擇權的買方或賣方。

三、外匯選擇權的種類

(一)依交易型態的不同,可分為

1.買入選擇權(call options)

　　買方可自契約成立之日起,至預先約定的未來某一時日前,以預先約定的履約價格向賣方買入一定數量的某種外幣。例如:A與B雙方約定A於本年6月底以前,有權以GBP1 = USD1.65的價格向B買入GBP10,000,此即GBP的call options,A即為此call options的買方,享有選擇是否以上述價格向B購入GBP的權利,而B則為此call options的賣方。當A選擇「履約」時,B就必須依約履行賣出GBP的義務;當A選擇「不履約」時,B就無履約的義務。由於A「有權利,無義務」,而B「有義務,無權利」,因此A必須支付B權利金,作為A向B購入這項選擇權的代價,而且無論A決定「履約」或「不履約」,權利金均無須退還。茲以圖示上述關係:

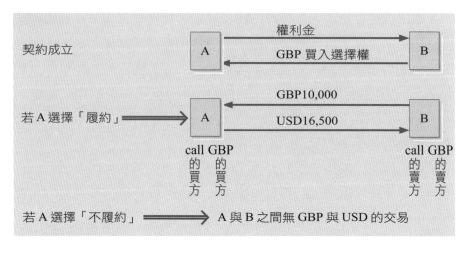

2. 賣出選擇權（put options）

買方可自契約成立之日起，至預先約定的未來某一時日前，以預先約定的履約價格售予賣方一定數量的某種外幣。例如：A與B雙方約定A於本年6月底以前，有權以GBP1 = USD1.65的價格售予B GBP10,000，此即GBP的put options，A即為此put options的買方，享有選擇是否以上述匯率售予B GBP的權利，而B則為此 put options的賣方。當A選擇「履約」時，B就必須依約向A買入GBP；當A選擇「不履約」時，B即無履約的義務。同樣的，A向B買入這項選擇的權利，必須付給B權利金。茲以圖示上述關係：

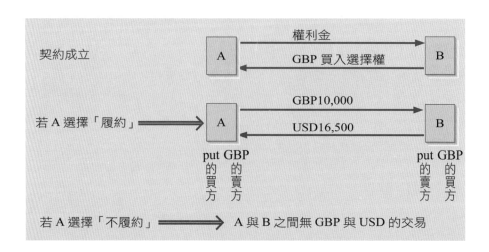

須提醒注意的是，在賣出選擇權中，當A選擇履約時，A是「put的買方」，但也是「GBP的賣方」；而B是「put的賣方」，但同時也是「GBP的買方」。由於本節主要是在介紹「選擇權」的交易，因此在本節當中，無論是買入選擇權或賣出選擇權，凡稱「買方」（holder）的，係指「選擇權的買方」，而非「外幣的買方」；凡稱「賣方」（writer）的，係指「選擇權的賣方」，而非「外幣的賣方」。

(二)依交易場所的不同，可分為

1. 交易所（exchanges）商品

　　大部分的外匯選擇權交易均係透過專業性的選擇權交易所進行。例如：芝加哥選擇權交易所（Chicago Board Options Exchange, CBOE）、NASDAQ OMX PHLX及CBOT等，為目前國際上較具規模的外匯選擇權交易所。

2. 店頭市場（Over-The-Counter, OTC）商品

　　多數由銀行承作，辦理銀行與顧客的外匯選擇權交易，由於店頭市場交易沒有標準化的限制，可以配合顧客的個別需求，因此部分顧客習慣以店頭方式交易。

　　雖然交易所的交易彈性小，但信用風險相對較低，為防止當買方要求履約而賣方不履約的情況，交易所要求賣方需繳交保證金，而且最後還有選擇權清算公司負責交割的義務；相反的，店頭市場的違約風險則完全由買賣雙方自行承擔，所以交易前，必須審慎評估對方的履約能力。

表6-5 交易所與店頭市場選擇權交易的比較

	交易所	店頭市場
報價方式	公開競價	雙方議價
交易幣別	每一交易所有其特定的幣別選擇權	非標準化，雙方可自行約定
交易數量	每一交易對不同幣別的選擇權，均有標準數量規定	
履約價格	由交易所規定	
契約到期日	依交易所規定的固定到期日	
清算方式	由清算公司辦理	雙方自行清算
部分履約	不可	可
信用擔保	交易所擔保	無，雙方須各自承擔對方的信用風險

(三)依履約期限不同，可分為

1. 美式選擇權（American-style options）

自契約成立之日起，至約定的未來某一時日前，買方得隨時要求賣方以事先約定的履約價格，買入或賣出某種外幣。對買方而言，這種選擇權較具有彈性，也更有價值；但相對的，其應支付的權利金也較高。

2. 歐式選擇權（European-style options）

買方不得於契約到期之前要求賣方履約，僅能於到期日當天要求賣方履約。這種選擇權因較不具彈性，故權利金較美式選擇權低。

四、履約價格（strike price 或exercise price）

履約價格即買賣雙方同意未來買賣外幣的匯率。以NASDAQ OMX PHLX為例，皆採間接報價法，除幣值較低的日圓以「10,000單

位JPY＝多少單位USD」表示外，其餘貨幣均以「100單位外幣＝多少單位USD」表示。因此，Dec. 2017 EUR125 call，表示2017年12月到期的EUR買入選擇權，其履約價格為EUR100＝USD125，亦即EUR1＝USD1.25。

　　各種外幣的即期匯率為選定履約價格的主要參考指標，交易所會依各種不同幣別及到期日列出各種履約價格供顧客交易，如表6-6所示，同樣是2017年12月到期的EUR選擇權，不同的履約價格，即為不同商品，此外，到期日和履約價格都相同，但區分成買入選擇權（call option）和賣出選擇權（put option），這兩種選擇權也是不同的商品。

表6-6　**NASDAQ OMX PHLX** 的EUR選擇權行情表

到期日	履約價	call權利金	put權利金
Dec. 20, 2017	110.00	2.68	2.18
	111.00	2.33	2.23
	112.00	1.96	2.60
	113.00	1.61	2.95
	114.00	1.31	3.31
	115.00	0.97	3.62

　　履約價格與即期價格相比較，可分為以下三種（均以間接報價法表示）：

(一)In the Money（ITM溢值；較現值有利）

　　就call options而言：即履約價格低於即期價格。
　　就put options而言：即履約價格高於即期價格。
　　所謂有利，指的是對選擇權的買方有利，買方買入這種選擇權時，若立即要求履約，即可獲利（不考慮權利金成本）。投資人買

入In the Money Call，通常是他強烈預測該外幣可能升值，若選擇履約，將可獲利；買入In the Money Put，則通常是他強烈預測該外幣即期價格可能下跌，若選擇履約，將可獲利。由於In the Money選擇權的賣方履約可能性較高，風險較大，因此In the Money選擇權的權利金較高，而且履約價格與即期價格的差距愈大，權利金愈高。

例一　Example

目前CHF即期匯率為CHF1 = USD1.10，某投資人預期CHF未來可能升值，故支付USD200的權利金買入一□In the Money CHF 108 call契約（標準交易單位CHF10,000）。

CHF即期匯率為CHF1 = USD1.10，CHF call option履約價格108，表示CHF100 = USD108，也就是CHF1 = USD1.08，因此是In the Money。

若到期時CHF即期匯率為1.12，則該投資人將要求履約，獲利USD【（112 － 108）÷100】×10,000 － 200 = USD200，權利金成本為USD200，故獲利率為100%$\left(\dfrac{200}{200}\right)$。

(二)At the Money （ATM，平值，等現值）

就call options與put options而言，履約價格與即期價格相同或相近。

買方買入這種選擇權時，若立即要求履約，則無利也無損（不考慮權利金成本）。投資人買入At the Money Call，大致上可解釋為雖然不預期匯率會在短期內上漲，但對該外幣未來的變動抱持升值的看法，因而是否立即履約無關緊要；投資人若買入At the Money Put，則可解釋為對該外幣未來的變動，抱持貶值的期待。

例二 ● *Example*

目前CHF即期匯率為CHF1 = USD1.10，某投資人預期CHF未來可能升值，故支付USD120的權利金買入一口At the Money CHF 110 call契約（標準交易單位CHF10,000）。

CHF即期匯率為CHF1 = USD1.10，CHF call option履約價格110，表示CHF100 = USD110，也就是CHF1 = USD1.10，因此是At the Money。

若到期時CHF即期匯率為1.12，則該投資人將要求履約，獲利USD【（112 – 110）÷100】×10,000 – 120 = USD80，權利金成本為USD120，故獲利率為67%（$\frac{80}{120}$）。

(三)Out of the Money（OTM，折值，較現值不利）

就call options而言：即履約價格高於即期價格。

就put options而言：即履約價格低於即期價格。

買方買入這種選擇權時，若立即要求履約，會有損失（未加計權利金成本）。投資人買入Out of the Money Call，係對該外幣看漲的避險策略，雖然預期該外幣未來即期價格不會漲超過履約價格，但仍買入call以防萬一（買入put的情形則恰好相反，為看跌的避險策略），通常履約的可能性較低。由於賣方未來履約的概率不高，風險較小，故權利金也較低，而且履約價格與即期價格差距愈大時，權利金愈低。

例三 ● *Example*

目前CHF即期匯率為CHF1=USD1.10，某投資人預期CHF未來可能升值，故支付USD80的權利金買入一口 Out of the Money CHF 112 call契約（標準交易單位CHF10,000）。

CHF即期匯率為CHF1=USD1.10，CHF call option履約價格112，表示

CHF100=USD112，也就是CHF1=USD1.12，因此是Out of the Money。
若到期時CHF即期匯率為1.12，則該投資人將放棄履約而損失權利金USD80，
在本例中，該投資人最大的可能損失僅為USD80。

茲將上述三例列表比較如下：

CHF即期匯率 (CHF/USD)	CHF Call Options	權利金	選擇權契約到期時即期匯率為1.12，買方的損益
1.10	In the Money 108	USD 200	+USD 200
	At the Money 110	USD 120	+USD 80
	Out of the Money 102	USD 80	-USD 80

五、權利金（premium）

權利金即「外幣選擇權契約」的價格，由選擇權的買方支付給選擇權的賣方，未來無論買方是否選擇履約，賣方都不必將權利金退還給買方，其性質與保證金不同。

在交易所交易的選擇權契約，其權利金的決定方式係由買賣雙方的經紀人在交易廳公開喊價。其價格表示方式與履約價格相同，也是以「100單位外幣 = 多少單位USD」（日圓則是10,000單位JPY = 多少單位USD）表示。以表6-6為例，2017年12月到期，履約價為125的EUR call，權利金為2.68，表示EUR100 = USD2.68，由於每口EUR call option的標準交易數量是EUR10,000，所以一口EUR call option的權利金為USD268（$\frac{10,000}{100} \times 2.68$）。

權利金的高低，主要取決於下列兩個因素：

(一)內在價值（intrinsic value）

即外匯選擇權立即履約時可獲得的利益，簡單的說，就是履約價格與即期價格的差距。當選擇權契約為：

In the Money options　　⇒ 內在價值 > 0

At the Money options　　⇒ 內在價值 = 0

Out of the Money options ⇒ 內在價值 < 0（小於0則視為等於0）

(二)時間價值

選擇權契約的買方對於「At the Money或Out of the Money選擇權轉變成In the Money選擇權」，或「已經是In the Money選擇權，但未來更加In the Money」的一種期望，買方對這種期望所願意支付的金額。這種期望會隨著時間的消逝而機會愈來愈少，時間價值也就逐漸降低，直至到期日時，時間價值為零，所以稱作時間價值。

權利金金額 − 內在價值 = 時間價值

因此，當選擇權契約為：

In the Money options　　　⇒ 權利金包含內在價值及時間價值。

At the Money options　　　⇒ 權利金均為時間價值（內在價值 = 0）。

Out of the Money options ⇒ 權利金均為時間價值（內在價值 = 0）。

例四 **Example**

今天是10月1日，CHF即期匯率為CHF1＝USD1.10，今年十二月到期的CHF
call options權利金2.12，履約價格108，則該選擇權契約為In the Money：

內在價值 ＝ USD（108－106）÷100×10.000 ＝ USD200

時間價值 ＝ 權利金 － 內在價值 ＝ USD（2.12×10,000÷100）－ USD200 ＝
USD12

　　時間價值其實就是在契約期間內，內在價值增加的可能性價值，
其價值將隨著時間的長短與即期價格的變化而有不同。距到期日時間
愈長以及即期價格愈可能朝有利方向變動時，則時間價值就愈高，
時間價值隨時間而消耗，期滿時，時間價值為0，此時，僅剩內在價
值，若內在價值＞0，表為In the Money，買方將要求履約；若內在價
值＝0，表為At the Money，買方可履約可不履約，結果都一樣；若
內在價值＜0，表為Out of the Money，買方將放棄履約。

　　由於權利金內在價值時間價值，因此影響這兩項價值的因素都會
影響權利金的高低，這些影響因素有：

　　1. 外幣的即期價格

　　　在固定的履約價格之下，當：

$$即期價格\uparrow \Rightarrow \begin{cases} \text{call options } 履約實益愈大 \Rightarrow 權利金\uparrow \\ \text{put options } 履約實益愈小 \Rightarrow 權利金\downarrow \end{cases}$$

$$即期價格\downarrow \Rightarrow \begin{cases} \text{call options } 履約實益愈小 \Rightarrow 權利金\downarrow \\ \text{put options } 履約實益愈大 \Rightarrow 權利金\uparrow \end{cases}$$

2. 距離到期日時間的長短

$$距離到期日時間愈長 \Rightarrow 權利金愈高$$
$$距離到期日時間愈短 \Rightarrow 權利金愈低$$

　　這是因為對買方而言，距離到期日時間長，則有較長的時間去實現其預期的利益。但是對賣方而言，距離到期日時間愈長，則匯率愈難掌握，風險愈大，所以權利金較高。

3. 履約價格

$$履約價格愈高 \Rightarrow \begin{cases} \text{call options } 履約實益愈小 \Rightarrow 權利金愈低 \\ \text{put options } 履約實益愈大 \Rightarrow 權利金愈高 \end{cases}$$

$$履約價格愈低 \Rightarrow \begin{cases} \text{call options } 履約實益愈大 \Rightarrow 權利金愈高 \\ \text{put options } 履約實益愈小 \Rightarrow 權利金愈低 \end{cases}$$

4. 即期價格的波動性

$$即期價格波動性愈大 \Rightarrow \begin{cases} 避險者避險需求愈高 \\ 投資者獲利機會愈大 \end{cases} \Rightarrow 權利金愈高$$

$$即期價格波動性愈小 \Rightarrow \begin{cases} 避險者避險需求愈低 \\ 投資者獲利機會愈小 \end{cases} \Rightarrow 權利金愈低$$

5. 利率

USD 利率
較外幣利 $\Rightarrow$
率相對提
高時

$\begin{cases} \text{call options 買方行使購入權利時所付出的履約價格} \\ \text{折合成現值會降低,其作用等於履約價格降低一樣} \\ \quad\Rightarrow \text{對其有利} \Rightarrow \text{call options 需求↑} \Rightarrow \text{權利金↑} \\ \text{put options 買方行使售出權利時所收到的履約價格} \\ \text{折合成現值會降低,其作用等於履約價格降低一樣} \\ \quad\Rightarrow \text{對其不利} \Rightarrow \text{put options 需求↓} \Rightarrow \text{權利金↓} \end{cases}$

當USD利率較外幣利率相對降低時,則恰好相反,call options的權利金下降,put options的權利金則上漲。

六、保證金

選擇權交易成立之後,買方付出權利金取得選擇履約與否的權利。由於買方本來就有選擇不履約的權利,因此不必繳存保證金。但是選擇權的賣方則不一樣,當賣方收取買方的權利金之後,就有義務在買方選擇履約的時候,依雙方事先約定的履約價格向買方買入或賣出外幣。為表示其履行契約的承諾,選擇權的賣方必須繳存保證金。

由於選擇權交易的買賣雙方權利義務不對等,因此只有賣方須繳存保證金。至於外匯期貨交易則係屬於雙務契約,亦即買賣雙方權利義務相等,因此買賣雙方皆須繳交保證金,這一點是選擇權交易與期貨交易相當不同之處。

七、外匯選擇權、外匯期貨與遠期外匯的比較

外匯選擇權交易、外匯期貨交易與遠期外匯交易,皆為外匯市場中普遍被使用的避險與投機(或投資)工具,茲將三者的異同列表比較如下:

	交易所的外匯選擇權	交易所的外匯期貨	遠期外匯
交易幣別	依交易所規定，標準化	依交易所規定，標準化	賣方自由議定
交易單位	依交易所規定，標準化	依交易所規定，標準化	賣方自由議定
到期日	依交易所規定，標準化	依交易所規定，標準化	賣方自由議定
價格變動最小幅度	依交易所規定，標準化	依交易所規定，標準化	無限制
報價方式	間接報價法	間接報價法	除少數貨幣外，大多以直接報價法
交易方式	公開競價	公開競價	私下議價
權利金	買方付予賣方	無	無
保證金	賣方須繳交	買賣雙方均須繳交	銀行視情形決定是否向顧客收取保證金，銀行間交易則依例不收保證金
履約與否	買方有權要求賣方履約或放棄此項權利	交易雙方均有履約義務，但可於到期前先行了結	交易雙方均有履約義務，但亦可於到期時或到期前沖銷了結
擔保人	外匯選擇權清算公司	外匯期貨清算所	無，雙方須彼此承擔對方的信用風險
買賣雙方權利義務	不對等	對等	對等
時間價值	有	無	無

八、外匯選擇權操作策略

選擇權交易有以下四種基本操作策略：

(一)買入call options

1. 適用場合

當避險者及投機（投資）者預測未來外幣將呈升值時，藉此操作策略規避應付帳款的匯率風險，或賺取投機（或投資）利益。

2. 操作方式

(1) 避險者

> **例五　Example**
>
> A公司預計6月分將支付一筆貨款GBP100,000，GBP目前的即期匯率為GBP = USD1.601，為免屆期GBP升值，於是買入6月分到期的GBP call options契約10口（每口契約標準單位GBP10,000），履約價格為160，權利金價格為2.12，A公司支付權利金USD2,120（2.12×0.01×10×10,000 = 2,120）。

若 6 月分到期時，

① GBP 即期匯率 > 1.6212，例如：GBP1 = USD1.63

$$\Rightarrow 若 \begin{cases} A \ 要求履約 \Rightarrow 以 \ GBP1 = USD1.6212 \ （1.60 + 0.0212）購入 \ GE \\ A \ 放棄履約 \Rightarrow 以 \ GBP1 = USD1.6512 \ （1.63 + 0.0212）購入 \ GE \end{cases}$$

故 A 將要求履約。

② GBP 即期匯率 = 1.6212

$$\Rightarrow 若 \begin{cases} A \ 要求履約 \Rightarrow 以 \ GBP1 = USD1.6212 \ 購入 \ GBP \\ A \ 放棄履約 \Rightarrow 以 \ GBP1 = USD1.6424 \ （1.6212 + 0.0212）購入 \end{cases}$$

故 A 將要求履約。

③ 1.60 < GBP 即期匯率 < 1.6212，例如：為 1.61

$$\Rightarrow 若 \begin{cases} A \ 要求履約 \Rightarrow 以 \ GBP1 = USD1.6212 \ 購入 \ GBP \\ A \ 放棄履約 \Rightarrow 以 \ GBP1 = USD1.6312 \ （1.61 + 0.0212）購入 \ GE \end{cases}$$

故 A 將要求履約。

④ GBP 即期匯率＝1.60

⇒若 $\begin{cases} \text{A 要求履約} \Rightarrow \text{以 GBP1} = \text{USD1.6212 購入 GBP} \\ \text{A 放棄履約} \Rightarrow \text{以 GBP1} = \text{USD1.6212（1.60＋0.0212）購入 GBP} \end{cases}$

故 A 可能履約，也可能選擇不履約，因為兩者結果都相同。

⑤ GBP 即期匯率＜1.60，例如：為 1.58

⇒若 $\begin{cases} \text{A 要求履約} \Rightarrow \text{以 GBP1} = \text{USD1.6212 購入 GBP} \\ \text{A 放棄履約} \Rightarrow \text{以 GBP1} = \text{USD1.6012（1.58＋0.0212）購入 GBP} \end{cases}$

故 A 將放棄履約，於即期市場以較低價格購入 GBP。

　　A公司藉由買入GBP的call options，可將購入GBP的成本固定於GBP1 = USD1.6212以下，亦即若未來GBP升值，則不論GBP升值多少，A公司最高不過是以1.6212的匯率購入GBP，若GBP未來貶值，A公司仍可於即期市場上以較低價格購入GBP。為了獲得這項保障，A公司付出了權利金，此權利金可以視為保險費。

　　(2) 投機（或投資）者

例六　*Example*

目前GBP即期匯率為GBP ＝ USD1.60，B公司預測GBP將升值，於是買入6月分到期的GBP call options契約10口，履約價格160，權利金2.12，B公司支付權利金USD2,120。

若 6 月到期時，

① GBP 即期匯率＞1.6212，例如：為 1.63

⇒若 $\begin{cases} \text{B 要求履約} \Rightarrow \text{以 GBP1} = \text{USD1.6212 購入 GBP，於即期市場} \\ \qquad\qquad\qquad \text{售出，每 GBP1 獲利 USD0.0088} \\ \text{B 放棄履約} \Rightarrow \text{每 GBP1 損失權利金 USD0.0212} \end{cases}$

故 B 將要求履約。

② GBP 即期匯率＝1.6212

⇒若 $\begin{cases} \text{B 要求履約} \Rightarrow \text{以 1.6212 購入 GBP，於即期市場售出，獲} \\ \qquad\qquad\qquad \text{利＝0} \\ \text{B 放棄履約} \Rightarrow \text{每 GBP1 損失權利金 USD0.0212} \end{cases}$

故 B 將要求履約。

③ 1.60＜GBP 即期匯率＜1.6212，例如：為 1.61

⇒若 $\begin{cases} \text{B 要求履約} \Rightarrow \text{以 1.6212 購入 GBP，於即期市場售出，} \\ \qquad\qquad\quad \text{每 GBP1 損失 USD0.0112} \\ \text{B 放棄履約} \Rightarrow \text{每 GBP1 損失權利金 USD0.0212} \end{cases}$

故 B 將要求履約。

④ GBP 即期匯率＝1.60

⇒若 $\begin{cases} \text{B 要求履約} \Rightarrow \text{以 1.6212 購入 GBP，於即期市場售出，} \\ \qquad\qquad\quad \text{每 GBP1 損失 USD0.0212} \\ \text{B 放棄履約} \Rightarrow \text{每 GBP1 損失權利金 USD0.0212} \end{cases}$

B 選擇履約與不履約的結果相同，故 B 將放棄履約。

⑤ GBP 即期匯率＜1.60，例如：為 1.58

⇒若 $\begin{cases} \text{B 要求履約} \Rightarrow \text{以 1.6212 購入 GBP，於即期市場售出，} \\ \qquad\qquad\quad \text{每 GBP1 損失 USD0.0412} \\ \text{B 放棄履約} \Rightarrow \text{每 GBP1 損失權利金 USD0.0212} \end{cases}$

故 B 將放棄履約。

茲以圖示B的損益情形：

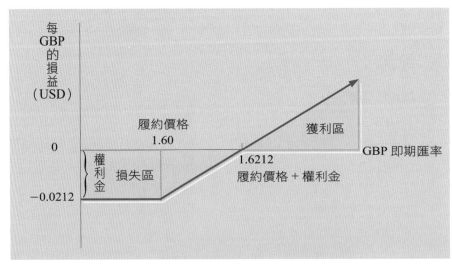

圖6-4　買入call options操作策略損益圖

由圖6-4可知，B以「買入call options」的方式進行投機（投資）交易時，其獲利可能無限，但損失有限，最多僅為權利金而已，故風險有限。

(二)買入put options

1. 適用場合

當避險者及投機（投資）者預測未來外幣將呈貶值時，藉此操作策略規避應收帳款的匯率風險，或賺取投機（或投資）利益。

2. 操作方式

(1) 避險者

例七 ● *Example*

A公司預計6月分將有一筆GBP100,000的貨款收入，GBP目前的即期匯率為GBP = 1USD1.60，為免屆期GBP貶值，於是買入6月分到期的GBP put options契約10口，履約價格為160，權利金價格為2.12，A公司支付權利金USD2,120（2.12×0.01×10×10,000 = 2,120）。

若 6 月到期時，

① GBP 即期匯率＞1.60，例如：為 1.62

$\Rightarrow$若 $\begin{cases} \text{A 要求履約} \Rightarrow \text{以 GBP1} = \text{USD1.5788（1.60−0.0212）售出 GBP} \\ \text{A 放棄履約} \Rightarrow \text{以 GBP1} = \text{USD1.5988（1.62−0.0212）售出 GBP} \end{cases}$

故 A 將放棄履約。

② GBP 即期匯率＝1.60

$\Rightarrow$若 $\begin{cases} \text{A 要求履約} \Rightarrow \text{以 1.5788 售出 GBP} \\ \text{A 放棄履約} \Rightarrow \text{以 1.5788 售出 GBP} \end{cases}$

A 可選擇履約，也可選擇不履約，結果相同。

③ 1.5788＜GBP 即期匯率＜1.60，例如：為 1.59

$\Rightarrow$若 $\begin{cases} \text{A 要求履約} \Rightarrow \text{以 1.5788 售出 GBP} \\ \text{A 放棄履約} \Rightarrow \text{以 1.5688（1.59−0.0212）售出 GBP} \end{cases}$

A 將要求履約。

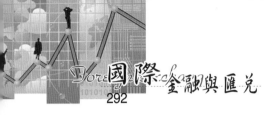
④ GBP 即期匯率＝1.5788

⇒若 $\begin{cases} A \text{ 要求履約} \Rightarrow \text{以 } 1.5788 \text{ 售出 GBP} \\ A \text{ 放棄履約} \Rightarrow \text{以 } 1.5576 \text{ （}1.5788-0.0212\text{）售出 GBP} \end{cases}$

故 A 將要求履約。

⑤ GBP 即期匯率＜1.5788，例如：為 1.57

⇒若 $\begin{cases} A \text{ 要求履約} \Rightarrow \text{以 } 1.5788 \text{ 售出 GBP} \\ A \text{ 放棄履約} \Rightarrow \text{以 } 1.5488 \text{ （}1.57-0.0212\text{）售出 GBP} \end{cases}$

故 A 將要求履約。

由以上說明可知，A公司藉由買入put options，可將售出GBP的價格固定於GBP1 ＝ USD1.5788以上，亦即若GBP未來貶值，則不論GBP貶值多少，A公司至少都可以1.5788的匯率售出GBP；若GBP未來升值，則A公司可放棄履約，於即期市場上以較高價格售出GBP，具有保障最低售出價格的效果。為了獲得這項保障，A公司支付權利金，這項支出可以視為保險費。

(2) 投機（投資）者

例八 Example

目前GBP即期匯率為GBP1 ＝ USD1.60，B公司預測GBP將貶值，於是買入6月分到期的GBP put options契約10口，履約價格160，權利金2.12，B公司支付權利金USD2,120。

若 6 月到期時，

① GBP 即期匯率＞1.60，例如：為 1.62

⇒若 $\begin{cases} B \text{ 要求履約} \Rightarrow \text{於即期市場購入以 GBP，以 } 1.5788 \text{ 售出，} \\ \qquad\qquad\qquad \text{每 GBP1 損失 USD0.0412} \\ B \text{ 放棄履約} \Rightarrow \text{每 GBP1 損失權利金 USD0.0212} \end{cases}$

故 B 將放棄履約。

② GBP 即期匯率＝1.60

⇒若 $\begin{cases} B \text{ 要求履約} \Rightarrow \text{於即期市場購入以 GBP，以 } 1.5788 \text{ 售出，} \\ \qquad\qquad\qquad \text{每 GBP1 損失 USD0.0212} \\ B \text{ 放棄履約} \Rightarrow \text{每 GBP1 損失權利金 USD0.0212} \end{cases}$

B 選擇履約與不履約的結果相同，故 B 將放棄履約。

③ 1.5788＜GBP 即期匯率＜1.60，例如：為 1.59

$$\Rightarrow 若 \begin{cases} \text{B 要求履約} \Rightarrow 於即期市場購入 GBP，以 1.5788 售出，\\ \qquad\qquad\qquad 每 GBP1 損失 USD0.0112 \\ \text{B 放棄履約} \Rightarrow 每 GBP1 損失權利金 USD0.0212 \end{cases}$$

　　B 將要求履約。

④ GBP 即期匯率＝1.5788

$$\Rightarrow 若 \begin{cases} \text{B 要求履約} \Rightarrow 於即期市場購入 GBP，以 1.5788 售出，\\ \qquad\qquad\qquad 獲利＝0 \\ \text{B 放棄履約} \Rightarrow 每 GBP1 損失權利金 USD0.0212 \end{cases}$$

　　故 B 將要求履約。

⑤ GBP 即期匯率＜1.5788，例如：為 1.57

$$\Rightarrow 若 \begin{cases} \text{B 要求履約} \Rightarrow 於即期市場購入 GBP，以 1.5788 售出，\\ \qquad\qquad\qquad 每 GBP1 損失 USD0.0088 \\ \text{B 放棄履約} \Rightarrow 每 GBP1 損失權利金 USD0.0212 \end{cases}$$

　　故 B 將要求履約。

茲以圖示B的損益情形：

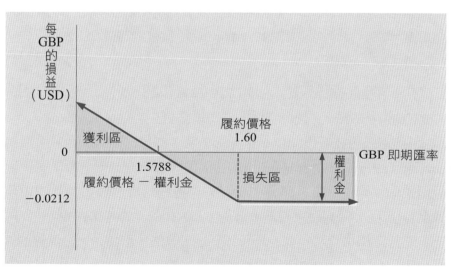

圖6-5　買入put options操作策略損益圖

由圖6-5可知，B以「買入put options」的方式進行投機（投資）交易時，其獲利可能很多，但損失有限，最多僅為權利金而已，故風險有限。

對投機者（投資者）而言，以買入call options或買入put options的交易策略進行投機（或投資），不僅可發揮以小博大的財務槓桿效果（因只須付出少量權利金），同時又可避免因預測錯誤而蒙受鉅大損失。

(三)賣出call options

1. 適用場合

當投資者擁有外幣長部位，可藉此方式增加外幣收益；當投機者預測外幣未來將貶值時，可藉此方式賺取投機利益。

2. 操作方式

(1) 投資者

例九 Example

目前GBP即期匯率為GBP1 = USD1.60，C公司擁有外幣存款GBP 100,000（亦即等值USD160,000），存款利率為6%。為增加收益，C公司於是賣出10口三個月期的At the Money的GBP call options，權利金收益為USD2,120。

C公司藉此操作策略，可增加年投資報酬率5.3%（$2,120 \times \dfrac{12}{3} \div 160,000 = 5.3\%$），使其存款收益率增為11.3%（6% + 5.3%）。

由於C公司在賣出GBP call options時，本身已擁有GBP，故稱為covered call writer（已軋平部位的買入選擇權賣方）。這類參與者可能面臨的風險為：當外幣升值時將失去獲利機會。例如：當GBP升值至1.63時，C公司將會被要求履約，以1.60的匯率售出GBP，C公司若未進行選擇權交易，此時即可以1.63的價格售出GBP。差價達0.03（1.63 – 1.60），即使因為擔任選擇權的賣方，有0.0212的權利金收

入，但仍不足以彌補損失（0.03 > 0.0212），而且GBP即期匯率升值愈多，C的損失會愈多。

(2) 投機者

例十　*Example*

> 目前GBP即期匯率為GBP1 = USD1.60，D公司預測GBP將貶值，於是賣出10口At the Money的GBP call options，權利金收益為USD2,120。

若到期時，

① GBP即期匯率 > 1.6212，例如：為1.63

　　⇒ 買方將要求履約

　　⇒ D公司於即期市場購入GBP，以1.6212售出，每GBP1損失USD0.0088

② GBP即期匯率 = 1.6212

　　⇒ 買方將要求履約

　　⇒ D公司於即期市場購入GBP，以1.6212售出，獲利0

③ 1.60 < GBP即期匯率 < 1.6212，例如：為1.62

　　⇒ 買方將要求履約

　　⇒ D公司於即期市場購入GBP，以1.6212售出，每GBP1獲利USD0.0012

④ GBP即期匯率 = 1.60

　　⇒ 買方將放棄履約

　　⇒ D公司獲利權利金USD0.0212

⑤ GBP即期匯率 < 1.60，例如：為1.58

　　⇒ 買方將放棄履約

　　⇒ D公司獲利權利金USD0.0212

茲以圖示B的損益情形：

由於D公司賣出GBP call options時，本身並未持有GBP部位，因

此稱為uncovered call writer（未軋平部位的買入選擇權的賣方）。這種uncovered call writer風險極高，如圖6-6所示，D公司的獲利有限（最多僅有權利金而已），但損失可能無限，亦即風險無限。

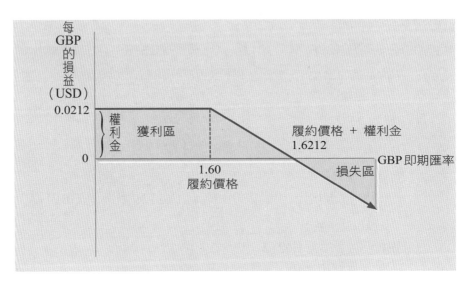

圖6-6　賣出call options操作策略損益圖

　　uncovered call writer的交易目的係為賺取權利金，雖有權利金收入，但必須向交易所繳交保證金。當市場情況對賣方不利時，須追加更多保證金。此外，賣方一旦被要求履約，有時必須以較高價格自即期市場購入外幣而以較低的履約價格出售，損失可能無限。由於風險甚高，因此uncovered call writer僅適合經驗豐富、了解風險，且有充分承擔風險的能力及意願，同時有足夠的流動資產以支應保證金的投資人。

(四)賣出put options

1. 適用場合

　　當投資者擁有外匯短部位，可藉此方式增加出售收益；當投機者預測外幣未來將升值時，可藉此方式賺取投機利益。

2. 操作方式

(1) 投資者

例二 *Example*

目前GBP即期匯率為GBP1 = USD1.60，C公司於外匯期貨市場賣出GBP期貨契約（每口契約標準單位62,500）16口。為增加收益，於是賣出100口At the Money GBP put options，權利金收益為USD21,200。

C公司藉此操作策略，可增加售出收益USD21,200。

由於C公司在賣出GBP put options時，已於外匯期貨市場售出GBP，若put options到期時GBP貶值，選擇權的買方選擇履約已將於外匯期貨市場售出GBP，當選擇權的買方選擇履約時，C即須履約買入GBP1,000,000（100口選擇權契約），由於GBP期貨與GBP選擇權兩筆交易的到期日相當，故C從put options交易履約買入的GBP，即可用以交割到期的期貨交易，故稱為 covered put writer（已軋平部位的賣出選擇權賣方）。這種參與者可能面臨的風險為：當外幣貶值時，將失去以較低價格購入GBP的機會。例如：當GBP貶值至1.56時，C公司將會被要求履約，以1.60的匯率購入GBP，喪失以1.56的較低價格購入GBP的機會。差價達0.04（1.60 − 1.56），即使因為擔任選擇權的賣方有0.0212的權利金收入，但仍不足以彌補損失（0.04 ＞0.0212），而且GBP即期匯率貶值愈多，C的損失就會愈多。

(2) 投機者

例三 *Example*

目前GBP即期匯率為GBP1 = USD1.60，D公司預測GBP將升值，於是賣出100口At the Money的GBP put options，權利金收益為USD21,200。

若到期時，

① GBP即期匯率 ＞ 1.60

⇒ 買方將放棄履約

　　⇒ D公司獲利權利金USD0.0212

② GBP即期匯率＝1.60

　　⇒ 買方將放棄履約

　　⇒ D公司獲利權利金USD0.0212

③ 1.5788＜GBP即期匯率＜1.60，例如：爲1.58

　　⇒ 買方將要求履約

　　⇒ D公司以1.5788購入GBP，於即期市場售出，獲利
　　　USD0.0012

④ GBP即期匯率＝1.5788

　　⇒ 買方將要求履約

　　⇒ D公司以1.5788購入GBP，於即期市場售出，獲利0

⑤ GBP即期匯率＜1.5788，例如：爲1.56

　　⇒ 買方將要求履約

　　⇒ D公司以1.5788購入GBP，於即期市場售出，損失
　　　USD0.0188

茲以圖示D公司的損益情形：

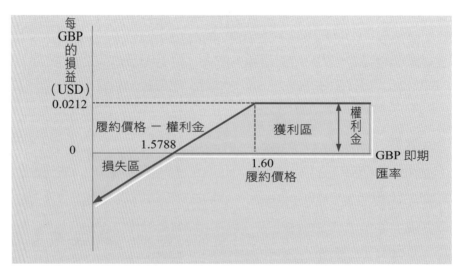

圖6-7　賣出put options操作策略損益圖

由於D公司賣出GBP put options時，並未以另一反向交易軋平部位，因此稱為uncovered put writer（未軋平部位的賣出選擇權賣方）。這種uncovered put writer將面臨極高的風險，如圖6-7所示，D公司的獲利有限（最多僅權利金而已），但損失可能很大。

　　從以上四種操作策略可以發現，選擇權交易提供了避險、投資及投機等各種功能。由於選擇權的買方面臨的風險較小，而選擇權的賣方風險較大，因此，擬利用選擇權交易避險或投資的參與者，通常都是擔任選擇權的買方，賣方則因風險較大，不適合用於投資或避險。這麼說來，究竟什麼人適合擔任選擇權的賣方呢？通常選擇權的賣方為市場上的投機者，這類投機者不但市場經驗豐富，而且有承擔風險的能力及意願，同時深信「愈高的風險，代表愈高的利潤」。

　　以上我們已陸續介紹了選擇權交易的基本部位，這是最簡單的策略。茲將其運用時機與對未來市場預測的關係，列表如下：

	call	put
買　入	預期外幣升值	預期外幣貶值
賣　出	預期外幣貶值	預期外幣升值

　　除上述四種基本策略之外，選擇權交易尚有更複雜的spread、straddles、strangles、ratio spreads、back spread、butterfly spread、box spread、diagonal spread等操作策略。若有興趣，請自行參閱相關書籍。

九、實例演練

實例演練(一)

> 目前JPY的即期匯率是101.23，請勾選下列各種履約價格的JPY選擇權契約，各是屬於In the Money（ITM）、At the Money（ATM）或是Out of the Money（OTM）。

JPY履約價格 10,000單位JPY＝多少單位USD	Call options	Put options
98.00	☐ ITM ☐ ATM ☐ OTM	☐ ITM ☐ ATM ☐ OTM
98.50	☐ ITM ☐ ATM ☐ OTM	☐ ITM ☐ ATM ☐ OTM
99.00	☐ ITM ☐ ATM ☐ OTM	☐ ITM ☐ ATM ☐ OTM

解

JPY即期匯率101.23改以10,000單位JPY＝多少單位USD表示，則

為JPY 10,000 ＝ USD98.78（$\frac{1}{101.23} \times 10,000 = 98.78$），與選擇

權的履約價格比較：

98.00＜98.78 ⇨ 履約價格為98.00的Call Option，屬ITM

履約價格為98.00的Call Option，屬OTM

98.50＜98.78 ⇨ 履約價格為98.00的Call Option，屬ITM

履約價格為98.00的Call Option，屬OTM

99.00 > 98.78 ⇨ 履約價格為98.00的Call Option，屬OTM

　　　　　　履約價格為98.00的Call Option，屬ITM

實例演練(二)

　　承上例，上述各種履約價格的選擇權契約權利金價格如下。假設某投資人購入下列各種選擇權契約各一口（契約標準單位JPY1,000,000），則當到期時，JPY即期匯率為102.00，該投資人是否將選擇履約？損益率各多少？

單位：JPY10,000＝USDXX

JPY 履約價格	Call options				Put options		
	權利金	是否履約	損益（USD）		權利金	是否履約	損益（USD）
98.00	2.52	□是 □否			2.05	□是 □否	
98.50	2.23	□是 □否			2.37	□是 □否	
99.00	1.84	□是 □否			2.71	□是 □否	

解

JPY即期匯率102.00改以10,000單位JPY＝多少單位USD表示，則為JPY 10,000 ＝ USD98.04（$\frac{1}{102.00} \times 10,000 = 98.04$）。

1. call option

　(1)履約價格98.00

➤ 履約 ⇨ 98.00買，98.04賣，扣除權利金2.52，

                $98.04 - 98.00 - 2.52 = -2.48$

➤ 不履約 ⇨ 損失權利金2.52

選擇履約。
$-2.48 \div 10,000 \times 1,000$
$= -248$

(2) 履約價格98.50

➤ 履約 ⇨ 98.50買，98.04賣，扣除權利金2.23，

                $98.04 - 98.50 - 2.23 = -2.69$

➤ 不履約 ⇨ 損失權利金2.23

放棄履約。
$-2.23 \div 10,000 \times 1,000$
$= -223$

(3) 履約價格99.50

➤ 履約 ⇨ 99.00買，98.04賣，扣除權利金1.84，

                $98.04 - 99.00 - 1.84 = -2.80$

➤ 不履約 ⇨ 損失權利金1.84

放棄履約。
$-1.84 \div 10,000 \times 1,000$
$= -184$

2. put option

(1) 履約價格98.00

➤ 履約 ⇨ 98.04買，98.00賣，扣除權利金2.05，

                $98.00 - 98.04 - 2.05 = -2.09$

➤ 不履約 ⇨ 損失權利金2.05

放棄履約。
$-2.05 \div 10,000 \times 1,000$
$= -205$

(2) 履約價格98.50

➤ 履約 ⇨ 98.04買，98.50賣，扣除權利金2.37，

                $98.50 - 98.04 - 2.37 = -1.91$

➤ 不履約 ⇨ 損失權利金2.37

選擇履約。
$-1.91 \div 10,000 \times 1,000$
$= -191$

(3) 履約價格99.50

➤ 履約 ⇨ 98.04買，99.00賣，扣除權利金2.71，

                $99.00 - 98.04 - 2.71 = -1.75$

➤ 不履約 ⇨ 損失權利金2.71

選擇履約。
$-1.75 \div 10,000 \times 1,000$
$= -175$

實例演練(三)

承上例，請說明在**JPY**即期匯率為**101.23**時，各種選擇權契約的「內在價值」及「時間價值」各為多少？

單位：JPY10,000 = USDXX

JPY 履約價格	Call options			Put options		
	權利金	內在價值（USD）	時間價值（USD）	權利金	內在價值（USD）	時間價值（USD）
98.00	2.52			2.05		
98.50	2.23			2.37		
99.00	1.84			2.71		

解

JPY即期匯率101.23改以10,000單位JPY = 多少單位USD表示，則為JPY 10,000 = USD98.78（$\frac{1}{101.23} \times 10,000 = 98.78$）

1. call option：內在價值＝即期價格－履約價格（若小於0，則為0）

時間價值＝權利金－內在價值

履約價格	權利金	內在價值		時間價值	
		點數	折合USD	點數	折合USD
98.00	2.52	98.78 − 98.00 = 0.78	0.78 ÷ 10,000 × 1,000,000 = 78	2.52 − 0.78 = 1.74	1.74 ÷ 10,000 × 1,000,000 = 174
98.50	2.23	98.78 − 98.50 = 0.28	0.28 ÷ 10,000 × 1,000,000 = 28	2.23 − 0.28 = 1.95	1.95 ÷ 10,000 × 1,000,000 = 195
99.00	1.84	98.78 − 99.00 < 0	0	1.84 − 0 = 1.84	1.84 ÷ 10,000 × 1,000,000 = 184

2. put option：內在價值＝履約價格－即期價格（若小於0，則為0）

時間價值＝權利金－內在價值

履約價格	權利金	內在價值		時間價值	
		點數	折合USD	點數	折合USD
98.00	2.05	$98.00 - 98.78$ < 0	0	$2.05 - 0$ $= 2.05$	$2.05 \div 10,000$ $\times 1,000,000 = 205$
98.50	2.37	$98.50 - 98.78$ < 0	0	$2.37 - 0$ $= 2.37$	$2.37 \div 10,000$ $\times 1,000,000 = 237$
99.00	2.71	$99.00 - 98.78$ $= 0.22$	$0.22 \div 10,000 \times$ $1,000,000 = 22$	$2.71 - 0.22$ $= 2.49$	$2.49 \div 10,000$ $\times 1,000,000 = 249$

實例演練(四)

> 某出口商預計6月分將有一筆出口收入EUR50,000，為免屆時因EUR貶值，造成出口收入的減少，擬藉外匯選擇權交易避險。目前選擇權市場上6月分到期的EUR call options及put options契約報價如下。請問出口商可使用哪一種選擇權基本交易策略規避匯率風險？若6月分到期時，EUR即期匯率為EUR1 ＝ USD1.15，則避險效果如何？
>
> | | 履約價格 | 權利金 |
> |---|---|---|
> | call | 114.50 | 0.85 |
> | put | 116.25 | 0.85 |

解

1. 買入6月分到期的EUR put options 5口。

2. 若6月分到期時EUR即期匯率為1.15，則該出口商將要求履約，以1.1540（1.1625－0.0085＝1.1540）的匯率出售EUR。

實例演練(五)

某進口商預計6月18日將有一筆GBP1,000,000的支出,為避免屆時GBP升值,造成GBP支出增加的損失,擬藉外匯交易避險。以下是幾種可供避險的交易工具報價,請分別說明其避險方法,並比較其避險效果。另外,如果該進口商並未預先採避險措施,結果又如何?假設6月18日GBP即期匯率為1.73-74

遠期外匯:6月18日到期的遠期GBP匯率1.68-72

外匯期貨:6月18日到期的GBP期貨契約(標準單位GBP 62,500)

今天報價1.73,6月18日報價1.74。

外匯選擇權:6月18日到期的GBP選擇權契約(標準單位

GBP10,000)報價如下:

	履約價格	權利金
call	171	0.81
put	173	0.56

解

1.避險方法

(1)預購6月18日到期的遠期GBP1,000,000,匯率1.72

(2)期貨買入對沖交易:

	到貨市場	期貨市場
今天		購入 6 月分 GBP 期貨契約 16 口,價格 1.73
6/18	購入即期 GBP1,000,000,匯率 1.74	售出 6 月分 GBP 期貨契約 16 口,價格 1.74

(3)購入6月18日到期的GBP call options 100口，履約價格1.71，

支付權利金USD8,100（0.81×0.01×100×10,000×8,100）

2. 避險效果

(1)遠期交易：購入匯率1.72

(2)期貨交易：現貨購入匯率1.74

期貨交易獲利0.01

⇒ 實際購入匯率1.73

(3)選擇權交易：6月18日即期匯率1.74

故選擇履約，實際購入匯率 = 1.71 + 0.0081

= 1.7181

比較上列三種避險方法，以買入GBP call options的避險效果最好，預購遠期GBP次之，GBP期貨買入對沖的避險效果最差。

3. 該進口商若未預作避險，將以1.74的匯率購入GBP。

實例演練(六)

市場報價如下

即期匯市：CAD即期匯率1.7802

外匯選擇權市場：9月分到期的CAD選擇權

	履約價格	權利金
call	56.5	0.86
put	56.5	1.12

某投機者預期9月分CAD即期價格將跌至1.77以下，擬以選擇權交易投機獲利，請問：

1. 有哪兩種基本的操作策略？

2. 請以圖示其可能的損益情形。

> **3.**若9月分到期時**CAD**即期匯率為**(1)1.78**，**(2)1.77**，**(3)1.74**，該投機者損益各為多少？

解

1. 買入call options與賣出put options。

2. (1) 買入call options

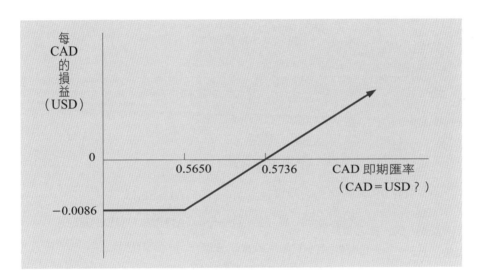

(2)賣出 put cptions

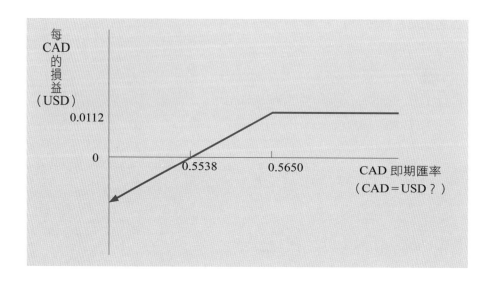

3. 若9月分到期時CAD即期匯率為

(1)1.78 ⇒ 轉換成選擇權報價為 $\frac{1}{1.78} \times 100 = 56.18$

   買入call options：將放棄履約，每CAD損失USD0.0086

   賣出put options：買方將要求履約，賣方每CAD獲利

   USD0.008（0.5618 − 0.565 + 0.0112)

(2)1.77 ⇒ 轉換成選擇權報價為 $\frac{1}{1.77} \times 100 = 56.50$

   買入call options：將放棄履約，每CAD損失USD0.0086。

   賣出put options：買方可能放棄履約

   ⇒ 賣方每CAD獲利USD0.0112

   買方可能要求履約

   ⇒ 賣方每CAD獲利USD0.0112（0.5650

   − 0.5650 + 0.0112）

(3)1.74 ⇒ 轉換成選擇權報價為 $\frac{1}{1.74} \times 100 = 57.47$

   買入call options：將要求履約，每CAD獲利USD0.0011

（0.5747 − 0.5650 − 0.0086）

賣出 put options：買方將放棄履約，賣方每CAD獲利USD

0.0112

實例演練(七)

> **JPY即期匯率100**
>
> **三個月期的JPY選擇權契約**
>
> **call　96（履約價格）　　0.94（權利金）**
>
> **put　94（履約價格）　　0.28（權利金）**
>
> 某投資人持有一筆三個月期的**JPY10,000,000**存款，存款利率
>
> **5%**，由於預期未來可能增值，但幅度不致太大，擬利用選擇權交易增
>
> 加**JPY**的收益率，請問：
>
> **1.** 應如何操作？
>
> **2.** 預期可增加報酬率到多少？
>
> **3.** 若到期時，**JPY**即期匯率為：**(1)90，(2)100**時，該投資人將獲利
>
> 或損失多少？

解

1. 賣出三個月期的 JPY call options 10 口（$\frac{10,000,000}{1,000,000} = 10$）

2. JPY10,000,000 目前折合 USD100,000（$\frac{10,000,000}{100} = 100,000$）

　　賣出 10 口 call options，收入權利金 USD940（0.94 × 0.0001

　　× 1,000,000 × 10），可增加報酬率 0.94%（$\frac{940}{100,000} = 0.94\%$），

　　使報酬率成為 5.94%。

3. 若到期時，JPY 匯率為：

(1) 90 ⇒ 轉換成選擇權報價為 $\dfrac{1}{90} \times 10,000 = 111.11$

買方將放棄履約，賣方獲利 USD940。

(2) 100 ⇒ 轉換成選擇權報價為 $\dfrac{1}{100} \times 10,000 = 100$

買方將要求履約，賣方損失 USD3,060〔（96－100 ＋0.94）× 0.0001 × 10,000,000〕。

第三節　通貨交換與換匯換利

本節將繼續介紹與外匯有關的另一種衍生性商品 —— 交換（swap）。交換契約係指交易的雙方在一定期間內，進行不同金融工具的交換。常見的金融交換（financial swap）有：

(一)通貨交換（currencey swap）：即兩種不同通貨的交換使用。

(二)利率交換（interest rate swap）：即計息方式不同的同種通貨的交換。

(三)換匯換利（cross currency interest rate swap）：通貨種類及計息方式皆不同的現金流量的交換。

以上三種交換型態乃交換市場（swap market）上最普遍的方式，其中，利率交換由於是同種通貨，因此不涉及兌換，並非本章的重點，故從略。以下即就另兩種交換型態，即通貨交換與換匯換利作介紹。

一、交換的方式

(一)通貨交換

通貨交換是交換的基本型態,交易雙方所交換的通貨種類不同,但計息方式相同,均為固定利率。例如:A公司與B公司約定自2015年1月1日至2019年1月1日的四年內互換USD與EUR,交換方式如下圖:

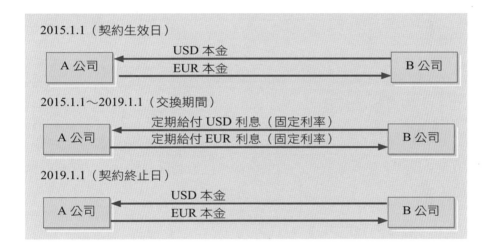

(二)換匯換利

換匯換利乃交換的變化型態,結合通貨交換與利率交換,交易雙方不僅所交換的通貨種類不同,計息方式也不同,可能為固定利率與變動利率的交換,也可能是兩種變動利率的交換。例如:A公司與B公司約定2015年1月1日至2019年1月1日期間內,以A公司的USD固定利率債券的現金流量,交換B公司EUR浮動利率本票的現金流量,交換方式如下圖:

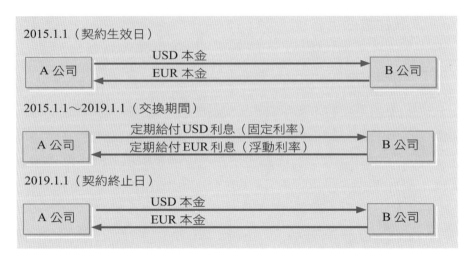

二、交換產生的原因

交換契約的成立，基本原因是交換的參與者都能因交換而獲利。所謂「獲利」，係指資產的收益較高、借貸的成本較低，或財務的風險較低等等。

(一)降低資金成本

1. 假設

美國的A公司需要借入三年期的EUR50,000,000，當時匯率為EUR1 = USD0.88，由於A公司已經在德國發行過大量的EUR債券，很難再以6.5%的利率發行新的EUR債券，但A公司很少發行歐洲美元債券，可以9.5%的固定利率發行三年期的歐洲美元債券。

另外，法國的B公司須借入USD到美國進行三年期的投資，由於B公司規模小，信用評等較低，只能以10.25%的利率發行三年期的歐洲美元債券，但B公司大多數貨物均銷往德國，且從未借過EUR，因此可以最低的利率6%發行三年期的歐洲EUR債券。

由以上說明，可知A公司與B公司的借貸條件如下：

	A	B	
歐洲美元債券	9.5%	10.25% ⇒	A（歐元需求者）在歐洲美元市場具優勢
歐洲歐元債券	6.5%	6% ⇒	B（美元需求者）在歐洲歐元市場具優勢

2. 交換方式

（為簡化內容，假設係由A、B直接進行交換；惟實際上多數的交換都是銀行居間仲介完成）

3. 交換利益

A公司：以6%的利率借入EUR，節省資金成本0.5%（6.5%-6%）。

B公司：以9.5%的利率借入USD，節省資金成本0.75%（10.25%-9.5%）。

(二)規避匯率風險

當市場上對匯率有不同的預期時，即有交換的機會。如上例，若A公司認為USD有上漲的趨勢，希望能以弱勢貨幣（如EUR）舉債；相反的，B公司已有太多的EUR債務，為分散風險，希望新增加的債務以USD計值，則可以上述的交換方式規避可能的匯率變動風險（因期初及期末的交換匯率均為EUR1＝USD0.88）。

(三)規避利率風險

換匯換利除可規避匯率風險外，還可藉由固定利率對浮動利率的交換，或浮動利率對浮動利率的交換，避免利率變動的風險。

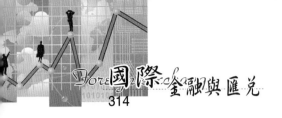
(四)增加資金取得的途徑，分散資金的來源

交換交易在不同的市場與不同的貨幣間搭起橋梁，使資金籌措的方式更爲廣泛及多樣化。

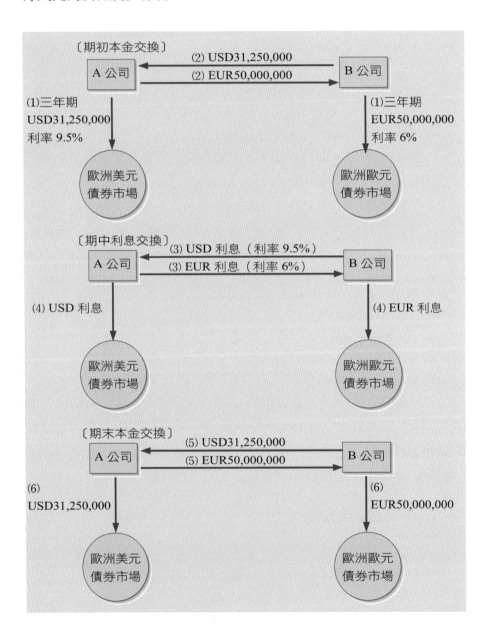

(五)增加收益

當以外幣計值的負債有匯兌利益時,可藉由交換方式轉換負債的幣別,實現該匯兌利益。例如:某臺灣廠商以USD舉債,在債務尚未到期時,USD貶值了,此時可以USD換TWD的交換方式取得TWD,如此,USD的貸款雖仍繼續存在,但實際上已被轉換成TWD的貸款,USD貶值的利得也已鎖住。

三、通貨交換與換匯的不同

第五章第四節當中曾經提到換匯交易(foreign exchange swap),即同時買入與賣出等額的同一種通貨,但交割日不同的外匯交易,亦即一段期間內兩種貨幣的交換。依此定義,換匯交易應就是通貨交換,但事實上,兩者仍有許多差異。茲分述如下:

(一)期間長短不同:通貨交換大多是長期債務的交換,交換期間以三至十年最為普遍;換匯交易期間則通常不超過一年,一星期以內的尤其普遍。

(二)所屬市場不同:在國際間金融證券化的趨勢下,新債券往往以同時安排貨幣交換為發行的前提。因此,通貨交換是資本市場上的衍生性金融商品;換匯交易則是外匯市場上的一種外匯交易方式。

(三)通貨交換因與資本籌集有密切關係,因此多經由證券公司或投資銀行仲介完成;換匯交易則是經由一般的外匯銀行做成,銀行間的換匯交易仲介者則是外匯經紀商。

(四)通貨交換為配合參與者的個別需要,經常特別加以設計,因此次級市場不發達;換匯交易則由於在顧客市場和銀行間市場都很普遍,銀行經常持有換匯部位並可隨時報價換匯匯率,因此換匯交易十分活絡。

(五)通貨交換與換匯交易均可作為資金調度、風險規避與財務處

理的工具，但通貨交換通常不帶投機色彩；換匯交易則因市場活絡，因此投機性操作亦常見。

　　由此看來，外匯市場上的換匯交易雖然也具有通貨交換的本質，但是在實際運用上，卻與資本市場上的通貨交換有顯著不同。

四、實例演練

　　Ｙ公司對外發行以瑞士法郎計價的30,000,000公司債，期限五年，票面利率2%。Ｙ公司經由某投資銀行居間安排與Ｘ公司的美元浮動利率本票進行交換，交換契約的主要內容如下：

契約生效日：**2015年6月1日**

契約終止日：**2020年6月1日**

交換匯率：**USD1 = CHF1.5000**

利率：**固定利率2%**

　　　　　浮動利率以6月期LIBOR為準

固定利率給付人：Ｘ公司（半年給付一次）

浮動利率給付人：Ｙ公司（半年給付一次）

投資銀行手續費：Ｘ公司與Ｙ公司另外給付給投資銀行

請說明其交換流程。

解

2015.6.1期初本金交換

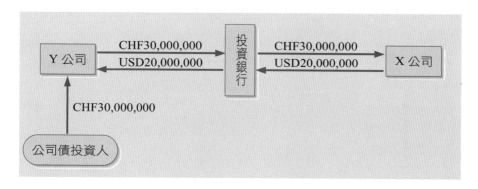

X公司與Y公司另行給付投資銀行交換手續費

2015.12.1　第一次利息交換（假設計息基準日當天LIBOR為1.5%）

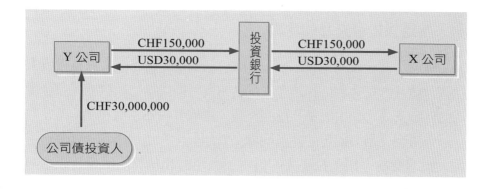

$$CHF利息 = 30,000,000 \times 2\% \times \frac{6}{12} = 30,000$$

$$USD利息 = 20,000,000 \times 1.5\% \times \frac{6}{12} = 150,000$$

第2次至第10次利息交換的方式同上，不同的地方為每期計息基準日的LIBOR會有變動。

2020.6.1期末本金交換

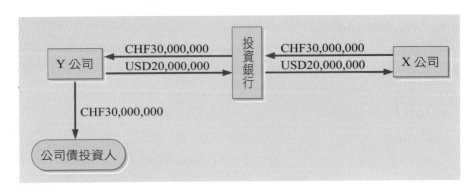

外匯保證金交易

一、外匯保證金交易的意義

外匯保證金交易（foreign exchange margin trading）係指投資人向銀行繳存一定金額的保證金（margin），即可進行數倍於保證金金額的外匯交易。利用匯率升貶的波動，賺取其中的差價利潤。

保證金交易與前述的外匯期貨交易類似，都是以小額的資金，進行大額的交易，擴張投資人的信用，利用財務槓桿的原理「以小搏大」，賺取利益。由於風險與利潤均相對提高，因此這種交易方式雖然也可以作為規避匯率變動風險的工具，但大多數都是買空賣空的投機性交易。

二、外匯保證金交易的特色

(一)交易簡便

外匯保證金交易沒有集中買賣的交易所，都是店頭市場的買賣，

投資人只須與銀行簽訂合約，開立外匯保證金帳戶並繳存該銀行規定的最低額度保證金，即可進行交易。交易金額通常為保證金金額的十倍至二十倍，只要保證金充足，投資人可在一天之內進行多次買入和賣出，既不必像一般外匯交易那樣須辦理實際交割，而且有些銀行還有提供夜間服務，甚至二十四小時的服務（轉至其國外分行繼續操作）。因此，也不必像期貨交易一樣只限於在交易所內以公開喊價的方式成交，以及受交易所時間的限制。

至於交易方式，一為線上敲價或電話詢價交易，在未告知銀行要買或賣的情況下，銀行會以雙向報價方式報價，即同時報出買價（Bid）和賣價（Offer/Ask），客戶亦可明確告知銀行要買或要賣，由銀行直接報價。

(二)財務槓桿效果大

由於外匯市場的每日匯率變動幅度不大，以投資立場來看，現金交易的獲利率較低，外匯保證金交易的交易金額通常為保證金的十倍至二十倍，利用財務槓桿原理，將資金以十倍至二十倍的方式操作。若單日匯率變動振幅0.5%，交易金額為保證金的十倍，則投資人即有5%的操作空間。

(三)有最低保證金金額與交易金額限制

一般銀行都會規定客戶辦理保證金交易的最低保證金金額（例如：USD10,000或等值外幣）。客戶應繳存規定的保證金後，始得辦理交易，可以存入客戶「外匯活期存款—外匯保證金專戶」，或以銀行外匯定期存單設定質權的方式辦理。至於交易倍數，一般是以繳存保證金的十倍範圍內為原則，但銀行得視客戶的信用狀況提高交易倍數至二十倍。

有些銀行也會規定一般客戶的每筆最低交易金額（例如：USD100,000或等值外幣），而且依據對客戶的信評，核定其最高交

易金額（例如：USD3,000,000或等值外幣）。

(四)保證金制度

外匯保證金交易的保證金制度與期貨交易的保證金制度相當類似，投資人繳存保證金，自交易日開始，銀行即逐日依國際外匯市場（如紐約市場）的收盤價，計算投資人的未實現損益（即帳面上的損益）。當投資人的未實現損失達保證金的某個比例（由銀行自行規定，有些銀行訂為25%，有些則訂為50%）時，投資人即須補足保證金（這與期貨交易的維持保證金制度類似）；若投資人未補足保證金且損失已達保證金的某個比例（有些銀行訂為50%，有些則訂為75%）時，銀行將自行結清投資人的交易合約（即俗稱「斷頭」或「砍倉」），強制停損。

倘投資人交易有利得（已實現利得），銀行會將利得存入投資人的保證金帳戶中；若有損失（已實現損失），則直接自保證金帳戶內扣抵。若投資人未提前結清，銀行會在簽約到期日了結交易，結算投資人的盈虧，將獲利直接存入保證金專戶，或將損失直接從保證金專戶中扣除。

當投資人的交易有獲利，保證金帳戶內的餘額高於現有部位所需的保證金額度，投資人可以提領高出的餘額。

(五)不限遠期外匯交易

保證金交易可操作即期外匯交易，也可操作遠期外匯交易。

(六)交易靈活有彈性

由銀行同時報出買價與賣價，投資人可自行依據對匯率走勢的研判，決定外匯買賣的方向，可以先買後賣，也可先賣後買、多空操作，還可以在任何時刻進入市場或退出，也可以隨時改變策略。每天二十四小時的交易時間，投資者只需考慮價格是否滿意，無須擔心買

不到或賣不掉，資金運用更加靈活。

(七)可提前結清或展期

投資人得隨時要求銀行結清交易合約（例如：已達預定獲利目標，或已達停損點時），即期交易必須在兩個營業日內以一個相反的交易沖銷了結（俗稱為平倉），遠期交易可在期滿前任一時間以一個相反的交易沖銷了結。

(八)可預設掛單，控制風險

外匯市場瞬息萬變，銀行會接受客戶預設掛單指示，請銀行代為執行，為了避免行情波動過大，影響獲利或導致虧損擴大，客戶可預設掛單，限定以某價位買入或賣出，或預留停損、獲利價位，鎖定風險或獲利，亦可指定掛單的有效時間。

(九)無手續費

外匯銀行操作外匯保證金交易，依例不收手續費，其利潤來源在於買賣的匯差，通常是以對外交易價格加5-10點（point）賣給客戶，以交易價格減5-10點向客戶買進，賺取其間差價。

三、外匯保證金交易的盈虧

外匯保證金交易的損益，分為以下兩方面：

(一)匯差

即投資人買賣外匯的匯率差。當投資人從事交易時，
買價＜賣價 ⇒ 匯差為正，有匯兌上的收益
買價＞賣價 ⇒ 匯差為負，有匯兌上的損失

(二)利差

客戶有未平倉部位時,銀行每日會根據在倉部位兩個幣別的利息差計算換匯損益。若客戶買入高利息貨幣,賣出低利息貨幣時,將有換匯利益收入,銀行會將換匯利益收入存入客戶之外匯保證金交易專戶;反之,若客戶賣出高利息貨幣,買入低利息貨幣時,客戶將有換匯損失負擔,銀行會從客戶外匯保證金交易專戶中扣款。例如:投資人以USD買入EUR,則在持有EUR期間有EUR的利息收入,但賣出的USD卻有利息的支出,將EUR存款利息收入與USD的貸款利息支出相抵,即為利差。

當投資人:

買入的外幣利率 > 賣出的外幣利率 ⇒ 利差為正,有利息上的收益
買入的外幣利率 < 賣出的外幣利率 ⇒ 利差為負,有利息上的損失
整筆交易的損益 = 匯差 + 利差

實例演練(一)

> 某投資人於3月1日至銀行開立外匯保證金交易帳戶,存入USD100,000的保證金,與銀行訂約購買等值USD1,000,000(保證金的10倍)的即期GBP,約定匯率為1.6832。當天稍後GBP大幅升值,該投資人乃要求銀行平倉其交易部位,平倉價為1.7280,請問該投資人的損益及損益率各是多少?

解

第一筆交易:賣 USD1,000,000,買 GBP594,106（匯率 1.6832,
$$\frac{1,000,000}{1.6832} = 594,106$$）

第二筆交易：買 USD1,026,615，賣 GBP594,106（匯率 1.7280，

594,106 × 1.7280 ＝ 1,026,615）

⇒獲利 USD（1,026,615－1,000,000）＝ USD26,615

⇒獲利率 ＝ $\frac{26,615}{100,000}$ ＝ 26.62%

實例演練(二)

> 某投資人在銀行存入**USD50,000**的保證金，並在**CHF**即期匯率為**0.9076**時買入**CHF**，賣出**USD500,000**，假設**CHF**利率為**1.5%-2.5% p.a.**，**USD**利率為**0.3%-1.8% p.a.**，過了**10**天，**CHF**匯率為**0.9000**，該投資人決定於此時平倉獲利，請問該投資人的損益及損益率各是多少？

解

1. 匯差部分

   （0.9076 － 0.9000）× 500,000 ÷ 0.9000 ＝ 4,222（USD）

   ⇨ 匯兌收益 USD4,222

2. 利差部分

   買入CHF的利息收入 ＝ CHF(500,000 × 0.9076 × 1.5% × 10 ÷ 360) ＝ CHF189.08

   CHF189.08 ＝ USD210.09（$\frac{189.08}{0.9}$）

   賣出USD的利息支出 ＝ USD(500,000 － 50,000) × 1.8% × 10 ÷ 360 ＝ USD225

   利息損失 ＝ USD(225 － 210.09) ＝ USD14.91

   ⇒ 整筆交易的獲利 ＝ 匯差收益 ＋ 利差損失 ＝ USD(4,222 － 14.91) ＝ USD4,207.09

   ⇒ 獲利率 ＝ $\frac{4,207.09}{50,000}$ ＝ 8.41%

習 題

一、是非題

1. （　）衍生性金融商品係指由傳統的金融現貨市場衍生出來的金融商品。

2. （　）每一家期貨交易所選定的交易商品種類都不盡相同。

3. （　）期貨交易的買賣雙方，必須彼此承擔對方的信用風險。

4. （　）歐式選擇權的買方可以在到期日之前，隨時要求賣方履約。

5. （　）選擇權交易可分為集中市場與店頭市場兩種交易方式。

6. （　）在put options的交易中，當選擇權的買方選擇履約時，他同時也是外匯的買方。

7. （　）當call options的履約價格低於即期價格時，稱為In the Money。

8. （　）在交易所交易的選擇權契約，買賣雙方均須繳交保證金。

9. （　）若選擇權的買方選擇不履行契約，則賣方應將權利金退還給買方。

10. （　）currency swap交易雙方所交換的通貨種類相同，但計息方式不同。

二、選擇題

1. （　）期貨契約的標準化，不包含以下哪一項？　(A)交易數量 (B)交易標的物　(C)交易風險　(D)到期日。

2. （　）從事期貨交易時，當客戶的保證金餘額已減少至：　(A)原始保證金　(B)變動保證金　(C)期初保證金　(D)維持保證金　的水準時，交易所會通知客戶補繳保證金。

3. (　) 下列敘述，何者正確？　(A)我國設有外匯期貨交易所　(B)當某種貨幣的期貨價格高於其現貨價格，稱為逆價差　(C)當外匯期貨交易係涉及USD與另一種貨幣時，期貨價格通常都是以「一單位USD = 多少單位外幣」表示　(D) CME所交易的E-Micro 期貨，其一口契約交易單位為標準期貨契約的1/10。

4. (　) 以下哪一種情況的選擇權權利金最高？　(A)In the Money (B)Out of the Money　(C)At the Money。

5. (　) 在選擇權交易當中，買方可能的最大損失為：　(A)權利金 (B)保證金　(C)內在價值　(D)無限。

6. (　) 在選擇權交易中，當：　(A)距離到期日的時間愈長　(B)本國利率相對提高　(C)履約價格愈高　(D)即期價格愈低時，put options的權利金愈低。

7. (　) 當投資人預測某種外幣未來將貶值，擬透過選擇權交易獲利，但又不希望承擔太多風險時，可選擇哪種交易方式？　(A)買入call options　(B)賣出call options　(C)買入put options (D)賣出put options。

8. (　) 當投資者擁有外匯長部位時，可利用以下哪一種選擇權交易方式增加其外匯收益？　(A)買入call options　(B)賣出call options　(C)買入put options　(D)賣出put options。

9. (　) 通貨交換係：　(A)貨幣市場　(B)資本市場　(C)外匯市場 (D)股票市場　上的衍生性金融商品。

10. (　) 以下哪一種交易方式無法以小搏大？　(A)外匯選擇權交易 (B)外匯期貨交易　(C)保證金交易　(D)通貨交換。

三、填充題

1. 衍生性金融商品基本上可以分為＿＿＿＿交易、＿＿＿＿交易、＿＿＿交易與＿＿＿＿交易四種。

2. 期貨交易的價差 ＝ _____ 價格 － _____ 價格，當價差為_____ （正或負）值時，稱為正向市場。

3. 制度化的外匯選擇權交易係肇始於_____年的_____交易所。

4. 權利金即_____的價格，由選擇權的_____交付給選擇權的_____，權利金 ＝ _____ 價值 ＋ _____ 價值。

5. 外匯保證金交易的保證金制度與_____交易的保證金制度相當類似。

四、解釋名詞

1. DFP
2. CME
3. ITM
4. intrinsic value
5. cross currency interest rate swap

五、問答題

1. 何謂衍生性金融商品？國內外因衍生性金融商品操作不當而導致鉅額虧損的案例有哪些？

2. 外匯期貨交易與遠期外匯交易有哪些異同？

3. 期貨價格與現貨價格之間的關係如何？

4. 通貨交換是否即是換匯交易？兩者有不同嗎？

5. 通貨交換的功能為何？

6. 請說明我國店頭市場（OTC）辦理涉及外幣的衍生性金融商品之發展與管理現況。

7. 臺灣期貨交易所已於民國八十七年起，正式有期貨交易；自九十年起，有選擇權交易，請說明我國集中式的期貨與選擇權交易發展的現況。

六、計算題

1. 某美國進口商1月10日自日本進口一批貨物，貨價為JPY12,500,000，付款日期為3月10日，為避免屆時JPY升值造成進口結匯支出增加，擬利用期貨對沖交易規避風險，請問：

   (1) 其對沖交易方法如何？

   (2) 避險效果如何？

   (3) 是完全對沖，還是不完全對沖？

   (4) 該進口商若未採避險措施，則其屆期適用的匯率為何？

   註：1月10日JPY即期匯率124.00

   　　3月10日JPY即期匯率110.00

   　　3月10日三月分JPY期貨契約價格0.008196

   　　3月18日三月分JPY期貨契約價格0.009259

   　　3月18日為三月分JPY期貨契約到期日

   　　JPY期貨契約標準單位12,500,000

2. 7月15日市場報價：9月分EUR期貨契約價格0.8870，某投資人預期該商品未來價格將呈下跌，擬進行期貨投機交易獲利，每口EUR期貨契約的原始保證金為USD2,000，該投資人買賣20口，若8月15日，該商品價格為：(1)0.9000、(2)0.8600。

   EUR期貨契約標準單位EUR125,000。

   該投資人擬獲利或認賠平倉，請問其操作過程如何？獲利率（或損失率）各是多少？

3. 某美國進口商預計於本年9月18日將有一筆CHF250,000的支出，為避免屆時因CHF升值，造成支出增加的損失，擬利用外匯交易固定匯率。以下是幾種可供避險的交易工具報價，請分別說明其避險方法，並比較其避險效果。另外，如果該進口商並未事先避險，結果又如何？（假設9月18日CHF即期匯率為1.3550-70）

   遠期外匯交易：9月18日到期的遠期CHF匯率為1.3540-55

外匯期貨交易：9月18日到期的ＣＨＦ期貨契約（標準單位CHF125,000）今天報價0.7000，9月18日報價0.7380。

外匯選擇權交易：9月18日到期的CHF選擇權契約（標準交易單位CHF125,000）報價如下：

	履約價格	權利金
call	72.9	0.25
put	74.5	0.68

4. 市場報價如下：

即期匯市：GBP即期匯率1.6464

外匯選擇權市場：12月分GBP選擇權

	履約價格	權利金
call	164.80	0.42
put	163.80	0.38

某投資人預測12月時GBP即期價格將跌至1.60以下，擬以選擇權交易投機獲利，請問：

(1) 有哪兩種基本的操作策略？

(2) 請以圖示其可能的損益情形。

(3) 若12月到期時GBP即期匯率為：①1.58、②1.64、③1.70時，該投資人的損益各為多少？

5. 某投資人在銀行存入USD100,000的保證金，並在GBP匯率為1.65時，賣出USD1,000,000等值的兩個月遠期GBP。假設GBP利率為5% p.a.，USD利率2.5% p.a.，過了20天，GBP匯率為1.50，該投資人決定於此時平倉獲利，請問該投資人的損益及損益率各是多少？

7

信用狀

國際匯兌中的

International Exchange

第一節　信用狀的定義

　　信用狀（Letter of Credit，簡稱L/C，又簡稱credit）係銀行（即開狀銀行）應顧客（即開狀申請人）的請求與指示，向第三人（即信用狀受益人）所簽發的一種文據。在該文據中，銀行向該第三人承諾，若該第三人能依該文據所定的條件履行義務，則銀行將對該第三人所簽發的匯票及（或）所提示的單據負有兌付的責任。

　　由以上定義可知，信用狀乃受益人憑以向銀行獲得款項的工具。其中應注意者有：

　　(一)雖然大部分的信用狀均要求受益人兌取信用狀款時必須簽發匯票，但也有規定只須提示收據或單據即可兌款的。

　　(二)信用狀交易在本質上係屬於「單據的交易」（documentary transaction），亦即銀行係憑受益人所提示的單據付款，因此無跟單信用狀（參見第五節）不適用以上定義。

　　(三)開狀銀行對受益人支付款項的方式，可分為由開狀銀行本身辦理及授權另一銀行辦理兩種。

第二節　信用狀交易流程及其當事人

一、信用狀交易流程

　　信用狀交易流程，隨著信用狀種類的不同而異。以下就常見的即期信用狀交易流程，以圖7-1加以說明：

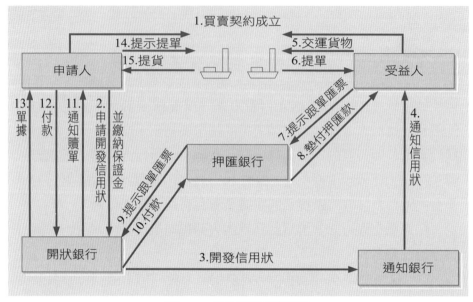

圖7-1　信用狀交易流程

1. 進口商（即申請人）與出口商（即受益人）簽立買賣契約。

2. 進口商依約向銀行申請開發信用狀，銀行於審查並接受其申請後，由進口商繳納規定的保證金。

3. 開狀銀行開出信用狀，請出口地的通知銀行代為通知信用狀。

4. 通知銀行將信用狀通知受益人。

5. 受益人於收到信用狀後，依契約及信用狀的規定將貨物交給運送人。

6. 運送人簽發提單給受益人。

7. 受益人取得提單後，備齊信用狀所規定的單據，簽發匯票（或免簽），併同信用狀向押匯銀行提示申請辦理押匯。

8. 銀行經審核無誤後，即將押匯金額扣除各項押匯費用後的餘額墊付給受益人。

9. 押匯銀行將跟單匯票寄交開狀銀行。

10. 開狀銀行於審核無誤後，即付款給押匯銀行。

11. 開狀銀行通知申請人前來贖單。

12. 申請人支付扣除保證金後的信用狀餘額及其利息。

13. 開狀銀行將單據交付申請人。

14.～15. 申請人於取得單據後，即可憑提單向運送人辦理提貨。

二、信用狀的當事人

凡是參與信用狀交易的人，即為信用狀的當事人。依上述信用狀的交易流程看來，信用狀交易的當事人似乎僅有申請人、開狀銀行、通知銀行、受益人及押匯銀行五者；但事實上，由於信用狀條件的不同，尚有各種可能的其他當事人。茲將可能參與信用狀交易的當事人分述如下：

(一)開狀申請人（applicant for the credit）

又稱為opener、accountee、accreditor或account party，即向銀行申請開發信用狀的人。就使用於貨物買賣的信用狀來說，開狀申請人通常就是買方或進口商。

(二)開狀銀行（opening bank）

又稱為issuing bank、issuer或grantor，即依循開狀申請人的要求而開發信用狀的銀行。若買賣契約中未指定開狀銀行，申請人通常向其所在地的往來銀行申請開發信用狀。

(三)受益人（beneficiary）

又稱為accreditee、addressee或favoree，即有權依信用狀條件開發匯票及（或）提示單據要求兌取信用狀款項的人，也就是有權利使用或享受信用狀利益的人。就使用於貨物買賣的信用狀來說，信用狀的

受益人通常就是賣方或出口商。

(四)通知銀行（advising bank）

又稱為notifying bank或transmitting bank，即受開狀銀行的委託，將信用狀通知受益人的銀行。開狀銀行通常委託其位於出口地的總分支行或往來銀行擔任通知銀行，但開狀銀行也可逕將信用狀寄給受益人，或將信用狀交由申請人轉交受益人，因此，通知銀行並非信用狀的必要當事人。

(五)押匯銀行（negotiating bank）

又稱為讓購銀行，即依循受益人的請求，讓購信用狀項下匯票（或單據）的銀行。若信用狀未指定押匯銀行，則受益人通常選擇其本身的往來銀行辦理押匯。但受益人也可逕向開狀銀行請求付款，而不透過押匯銀行。

(六)保兌銀行（confirming bank）

指開狀銀行以外的銀行接受開狀銀行的委託，對於開狀銀行所開發的信用狀加以擔保兌付的銀行。當開狀銀行的信用不明確或開狀銀行所在地國家經濟政治情況不穩定時，受益人常要求信用狀須經另一家信用卓著的銀行予以保兌。通常保兌銀行多由該信用狀的通知銀行擔任。

(七)付款銀行（paying bank）

即信用狀所規定擔任付款的銀行。付款銀行可能是開狀銀行，也可能是開狀銀行所委任的另一家銀行。

(八)償付銀行（reimbursing bank）

又稱為補償銀行或清償銀行，指經開狀銀行授權或指示，受理押

匯銀行的求償，代開狀銀行償付押匯銀行墊款的銀行。開狀銀行可能因資金調度或資金集中在國外某銀行，而在信用狀中指定由另一國外銀行代為償付押匯銀行墊款，償付銀行與付款銀行所負責任不同，前者無審核單據的義務，故償付銀行依指示或授權償付求償銀行後，開狀銀行對償付銀行即負有無條件補償的責任；而付款銀行則負有審核單據的責任，當付款銀行付款後，將單據送往開狀銀行，而開狀銀行發現單據有瑕疵，則開狀銀行得予拒絕，其後果由付款銀行自行承擔。

第三節　信用狀的功能

信用狀是目前國際貿易上使用頗為普遍的付款方式，現代國際貿易的順利進行，得力於信用狀的運用甚多。茲將信用狀在貿易中的功能，分別說明如下。

一、從出口商立場言

(一)信用擔保

信用狀為開狀銀行給予出口商的付款擔保，出口商只要將貨物交運，並提示信用狀所規定的單據，即可獲得開狀銀行的付款。所以，只要開狀銀行信用沒有問題，出口商即不必顧慮進口商失信不付款。

(二)資金融通

由於銀行從中擔保付款，出口商只要依信用狀條件提示規定的單據，即可獲得銀行的付款，不必等進口商付款後才收回貨款，所以有了信用狀，出口商即可獲得資金融通的便利。

(三)提高輸出交易的確定性

買賣契約成立後，必須先由進口商申請開發信用狀。若信用狀已開到且是不可撤銷的，則不僅表示進口商有了履行契約的誠意，並且由於進口商不得片面地修改或撤銷信用狀，因此一旦出口商收到信用狀，則作為信用狀交易基礎的買賣契約也就不能輕易地修改或撤銷。

(四)外匯保障

在外匯管制國家，原則上，進口商必須先獲得外匯當局核准動用所須外匯後，開狀銀行才開發信用狀。因此，有了信用狀，出口商即可免除貨款因進口國外匯管制而被凍結的風險。

(五)低廉資金的利用

出口商辦理出口貸款時，如有信用狀，則其所適用的利率比無信用狀者為低廉。

二、從進口商立場言

(一)資金融通

進口商因申請開發信用狀而由銀行授與信用，故進口商僅須先繳納信用狀金額一定成數的保證金，其餘由開狀銀行墊付，無須預付全部貨款。

(二)確定出口商履約時期

信用狀中均對貨物的裝運期限作規定，出口商必須在該期限內裝運交貨，才能獲得付款，因此，進口商可以大致確定出口商履行交貨的時期。

(三)低廉資金的便利

在遠期信用狀的場合，遠期匯票經銀行承兌後，便成爲銀行承兌匯票（banker's acceptance），在貼現市場上將可以較優惠的利率貼現。這種貼現息或由進口商負擔，或由出口商負擔而將其計入貨價中。不論如何，進口商均可享受到低利的資金融通，降低其進貨成本，並獲得較多的利潤。

(四)信用保障

出口商請求付款時，開狀銀行必須對出口商所提供的各種單據詳予審核，符合信用狀條件才予付款。因此只要信用狀條件規定得適當，便可預防出口商以劣貨、假貨、假單據詐騙的風險。

三、信用狀付款方式的風險

綜上所述，可知信用狀對進出口商的益處甚多，但信用狀不可能解決所有的風險，以信用狀作爲付款方式，對進、出口商而言，仍有以下的風險：

(一)對出口商而言

出口商收到的信用狀可能有不符契約或在條款中預設圈套的風險、開狀銀行倒閉破產的風險、進口商藉口挑剔單據的瑕疵而無理拒付或要求減價的風險、進口地發生政治危機或戰爭而無法收到貨款的風險等等。

(二)對進口商而言

由於銀行係依據信用狀來讓購、兌付匯票，著重的是單據上的記載是否與信用狀所規定者相符，至於所交付的貨物實際上是否與單據

記載相符,則不為所問。因此信用狀條款若規定得不適當,進口商可能遭到賣方以劣貨、假貨充數,或以假單據詐領貨款的風險,或出口商收到信用狀後,仍拒不交貨的風險。

第四節　信用狀交易的遊戲規則
——信用狀統一慣例

　　信用狀在目前的國際貿易中已成為主要的付款方式之一,其使用普遍,並且已有相當的歷史。然而迄至目前為止,除了美國之外,幾乎沒有信用狀的國內立法。由於各國各地對於信用狀交易的處理方法未必一致,參與信用狀交易的人,常因此而發生爭執。為謀求爭執糾紛減少到最低程度,以發揮信用狀制度的功能,國際商會乃制定了著名的信用狀遊戲規則——信用狀統一慣例(Uniform Customs and Practice for Documentary Credit,簡稱UCP),作為統一國際間對信用狀處理的方法、習慣、術語解釋,以及各當事人間義務與責任的準則。

　　信用狀統一慣例最早係於1933年制定,之後隨著國際貿易方式及運輸技術的改變,經多次修訂,現行通用者即為2007年的修訂版,該修訂版由國際商會以第六○○號出版物公布。信用狀統一慣例目前已廣為全世界所採用,我國亦為採行該慣例的國家之一。

　　由於信用狀統一慣例只是一種慣例,信用狀當事人如不欲適用統一慣例中的某些規定,可在信用狀內以加列條款的方式予以排除,加列條款的效力優於信用狀統一慣例的規定。

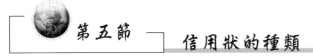

第五節　信用狀的種類

一、依信用狀是否要求應提供貨運性單據，可分爲

(一)跟單信用狀（documentary credit）

指規定向銀行請求付款、承兌或讓購時，必須同時提示貨運性單據的信用狀。所謂的貨運性單據，通常係指代表貨物所有權的單據（例如：提單、倉單等）或證明貨物已發送的單據（例如：郵政包裹收據）。由於此種信用狀是以貨運性單據作爲付款、承兌或讓購的擔保，故可減低銀行的風險。

(二)無跟單信用狀（documentary clean credit）

又稱爲clean credit，指規定向銀行請求讓購或兌付時，不要求提供貨運性單據，只憑一張光票（clean bill）即可提示讓購或兌付的信用狀。但有些信用狀在要求匯票之外，尚要求提示一些非貨運性單據（例如：發票等），此類信用狀亦屬於無跟單信用狀。由於此種信用狀缺乏貨運性單據的擔保（信用狀通常規定貨運性單據由出口商直接寄交進口商或其他指定對象），因此開狀銀行的風險甚大，除非進口商有相當的信用基礎，否則銀行不會輕易接受這種信用狀的申請。目前這類信用狀多非作爲貨物交易的付款工具，而是充作契約擔保之用，例如：擔保信用狀，就是常見的無跟單信用狀。

二、依匯票期限，可分爲

(一)即期信用狀（sight credit）

指規定受益人應開發即期匯票（sight bill; sight draft）或提示單據時即可取得款項的信用狀。在即期信用狀下，從受益人向押匯銀行押匯到開狀銀行付款，只要幾天的時間，因此押匯銀行也僅收取幾天的貼現息，對出口商而言，利息負擔並不重。

(二)遠期信用狀（usance credit）

指規定受益人應開發遠期匯票〔usance bill（draft）; time bill（draft）〕的信用狀。出口商根據這種信用狀簽發的遠期匯票，通常可持向押匯銀行請求貼現立即取得票款，押匯銀行再持向開狀銀行請求承兌匯票，押匯銀行於有資金周轉需求時，亦可將該承兌匯票在貼現市場貼現，而進口商在匯票到期之前，可出具本票或信託收據，先行向開狀銀行領取單據，辦理提貨，俟匯票到期再行付款，故對買賣雙方均甚方便。

三、依信用狀是否經另一家銀行保兌，可分爲

(一)保兌信用狀（confirmed credit）

指一家銀行開出的信用狀，經另一家銀行加以擔保兌付受益人所簽發的匯票或單據，從而由兩家銀行雙重擔保付款責任的信用狀。由於保兌銀行多由信用卓著的銀行擔任，因此出口商在信用狀經保兌後，可不必再擔心開狀銀行能否履行其兌付責任。

(二)無保兌信用狀 （unconfirmed credit）

即未經其他銀行加以保兌，但仍由開狀銀行對受益人擔保付款的信用狀。

四、依信用狀可否讓購，可分為

(一)讓購信用狀（negotiation credit）

即允許受益人將其匯票及單據持往讓購銀行請求讓購，而不必逕向付款銀行提示請求付款的信用狀。這種信用狀對受益人而言，較為方便，因此目前貿易上使用的信用狀，屬於此類者較多。

(二)直接信用狀（straight credit）

指規定受益人須將匯票及票據直接持往開狀銀行或其指定的付款銀行辦理兌付的信用狀。由於對受益人較不方便，故這種信用狀較少見。開狀銀行開發這種信用狀，多是由於開狀銀行在出口地頭寸充裕，或是由於信用狀條件較為特別或複雜，開狀銀行希望由自己或其指定的銀行審查單據。

五、依讓購信用狀是否指定讓購銀行，可分為

(一)自由讓購信用狀（general 或open 或freely negotiable credit）

指未特別指定讓購銀行的信用狀，又稱一般信用狀。這種信用狀較受出口商的歡迎，因為出口商可以選擇自己的往來銀行或匯率最佳的銀行請求讓購。

(二)限押信用狀（restricted或special credit）

指限定由某一銀行辦理讓購的信用狀，又稱為特別信用狀。開狀銀行開發這種信用狀，多是基於營業政策，指定由其在出口地的總分支行辦理讓購，或是開狀銀行對於出口地某些銀行辦理讓購的能力缺乏信心，因而指定其認為可靠的銀行為讓購銀行。

在我國，若信用狀指定的讓購銀行並非受益人的往來銀行，則受益人可以轉押匯（re-negotiation）的方式辦理，即由受益人逕向其往來銀行辦理押匯，然後再由該往來銀行向指定押匯銀行辦理轉押匯事宜。在此場合，該往來銀行稱為第一押匯銀行（first negotiating bank），而該指定的押匯銀行稱為第二押匯銀行（second negotiating bank），又稱為再押匯銀行（re-negotiating bank）。

六、依信用狀可否轉讓，可分為

(一)可轉讓信用狀（transferable credit）

指受益人得向轉讓銀行辦理，使該信用狀的全部或一部能由一個或多個第三人使用的信用狀。依UCP的規定，開狀銀行在信用狀上明確表示可以轉讓時，該信用狀才可轉讓，且「可轉讓」一詞均應使用「transferable」，不可使用其他字樣。

此外，除非另有規定，信用狀的轉讓次數以一次為限。所謂「僅限轉讓一次」，並不與信用狀的分割轉讓相牴觸。當信用狀未禁止分批裝運時，信用狀即可分割轉讓給多個受讓人（transferee），例如：分割轉讓給甲、乙、丙各若干，但受讓人甲、乙、丙則不得再將其受讓的部分轉讓給其他人。

開發可轉讓信用狀的原因，大多是由於位居國內供應商與國外進口商之間的出口商，為期信用狀的付款擔保功能延伸到供應商，要求

國外進口商申請開發可轉讓信用狀，出口商於收到信用狀後，即可將信用狀轉讓給供應商，由供應商負責交運貨物，準備信用狀規定的單據，並辦理押匯事宜，亦即由供應商就其受讓的部分取得受益人的地位。在此場合，該出口商稱為第一受益人（first beneficiary），而供應商則稱為第二受益人（second beneficiary）。

(二)不可轉讓信用狀（non-transferable credit）

即不可讓轉給他人使用的信用狀。凡信用狀上未明確表示該信用狀為「transferable」的，一律視為不可轉讓信用狀。

茲將信用狀轉讓的流程，以圖7-2表示。

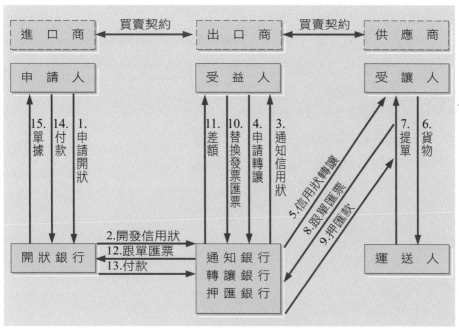

圖7-2　信用狀轉讓交易流程

第六節　信用狀實例

　　由於通訊科技的發達，因此目前銀行間以電傳方式開發信用狀的情形已相當普遍，尤其以SWIFT方式開狀的更是常見。所謂SWIFT，係「Society for Worldwide Interbank Finanical Telecommunication」的簡稱，中文稱為「環球銀行財務通訊系統」，其主要功能在傳送各參加國間的國際金融業務通訊，諸如外匯買賣、證券交易、跟單匯票託收、信用狀的開發、帳務的通知及確認、銀行間資金的調撥等。

　　以SWIFT通訊作業系統開發的信用狀，其電文均予以標準化。以下即舉一SWIFT信用狀的例示（表7-1）說明。

　　1. 開狀銀行：DAO HENG BANK LTD., HONG KONG。

　　2. 通知銀行：TAIWAN COMMERCIAL BANK, TAIPEI。

　　3. 信用狀種類：不可撤銷信用狀。

　　4. 信用狀號碼：16317699。

　　5. 開狀日期：2020年7月18日。

　　6. 信用狀有效期限：臺灣時間2020年8月9日。

　　7. 申請：ABC公司（香港）。

　　8. 受益人：XYZ公司（臺灣臺北）。

　　9. 信用狀金額：USD8,000.00。

　　10.適用規則：UCP最新版，本信用狀係2020年開發，故適用UCP600。

　　11.得於任何銀行辦理押匯。

　　12.匯票期限：即期匯票。

　　13.匯票付款人：DAO HENG BANK LTD., HONG KONG。

　　14.禁止分批裝運。

　　15.禁止轉運。

表7-1

MT 700　ISSUE OF A DOCUMENTARY CREDIT

(1)Sender DAO HENG BANK LTD., HONG KONG

(2)Receiver TAIWAN COMMERCIAL BANK, TAIPEI

Sequence of Total	*27		:	1/1
(3)From of Doc. Credit	*40	A	:	IRREVOCABLE
(4)Doc. Credit Number	*20		:	16317699
(5)Date of Issue	31	C	:	200718
(6)Expiry	*31	D	:	Date 200809 Place TAIWAN
(7)Applicant	*50		:	ABC CO., LTD.
				WORKSHOP NO 10 17/F KINOX CENTRE
				9 HUNG TO ROAD KOWLOON
				HONG KONG
(8)Beneficiary	*59		:	XYZ CO., LTD.
				18F NO.500 NANKING WEST ROAD
				TAIPEI
				TAIWAN
(9)Amout	*32	B	:	Currency USD Amount 8,000.00
(10)Applicable Rules	40	E	:	UCP LATEST VERSION
(11)Avaliable with/by	*41	D	:	ANY BANK BY NEGOTIATION
(12)Drafts at......	42	C	:	SIGHT
(13)Drawee	42	D	:	DAO HENG BANK LTD., HONG KONG
(14)Partial Shipment	43	P	:	NOT ALLOWED
(15)Transshipment	43	T	:	NOT ALLOWED
(16)Port of Loading	44	E	:	KEELUNG
(17)Place of Delivery	44	B	:	HONG KONG
(18)Latest Date of Ship	44	C	:	200730
(19)Descript. of Goods	45	B		400 SETS OF KITCHENWARE AS PER APPLICANT'S ORDER NO. 12345
				CIF HONG KONG
(20)Documents required	46	A	:	+SIGNED COMMERCIAL INVOICES IN QUADRUPLICATE.
				+FULL SET CLEAN ON BOARD OCEAN BILLS OF LADING MADE OUT TO ORDER OF SHIPPER, MARKED FREIGHT PREPAID NOTIFY APPLICANT
				+INSURANCE POLICY/CERTIFICATE IN DUPLICATE WITH CLAIMS PAYABLE AT DESTINATION IN THE CURRENCY OF THE CREDIT FOR THE CIF VALUE OF THE SHIPMENT PLUS 10 PERCENT COVERING INSTITUTE CARGO CLAUSES (A) WITH EX-TENDED COVER INCLUDING INSTITUTE WAR CLAUSES AND INSTITUTE STRIKES CLAUSES. PACKING LIST IN QUADRUPLICATE
(21)Additional Cond.	47	B		DOCUMENT TO BE DESPATCHED THROUGH PRESENTING BANK TO DAO HENG BANK LTD. HONG KONG IN ONE LOT BY REGISTERED AIRMAIL.
(22)ntation Period	48			DOCUMENTS MUST BE PRESENTED FOR NEGOTIATION WITHIN 10 DYAS AFTER THE DATE OF SHIPMENT BUT NOT LATER THAN THE VALIDITY OF THIS CREDIT.
(23)rmation	49			WITHOUT

16. 裝運港：基隆。

17. 卸貨港：香港。

18. 裝運期限：2020年7月30日。

19. 應提示單據：

(1) 簽名商業發票四份。

(2) 全套清潔裝船海運提單，受貨人由託運人指示，註明運費預付，以申請人為提單被通知人。

(3) 保險單或保險證明書兩份，索賠可於目的地以本信用狀幣別償付，保險金額為CIF價格加一成，投保協會貨物全險條款，並加保協會兵險與罷工暴動險條款。

(4) 包裝單四份。

20. 貨物：四百部廚房用具，品質規格以申請人的12345號訂單為準，CIF運至香港。

21. 其他條件：單據應以掛號航空郵遞方式一次寄給開狀銀行。

22. 提示期限：裝運日後10天內，但不得逾本信用狀的有效期限（即2020年8月9日）。

23. 保兌：無保兌。

習 題

一、是非題

1. （　）　開狀銀行通常委託其位於出口地的總分支行或往來銀行擔任通知銀行。

2. （　）　償付銀行負有審核單據的義務，付款銀行則無審核單據的責任。

3. （　）　以信用狀作為付款方式，對進口商而言，可免除交易上的一切風險。

4. （　）　押匯銀行通常位於受益人所在國。

5. （　）　若買賣契約中未指定開狀銀行，申請人通常向受益人的往來銀行申請開發信用狀。

6. （　）　直接信用狀係指規定受益人須將匯票及單據直接持向開狀申請人辦理兌付的信用狀。

7. （　）　限押信用狀係指有指定押匯期限的信用狀。

8. （　）　依UCP的規定，無論信用狀是否禁止分批裝運，均可分割轉讓給多個受讓人。

9. （　）　目前通行的UCP是1993年修訂的。

10. （　）　信用狀上未註明「transferable」時，視為不可轉讓信用狀。

二、選擇題

1. （　）　當開狀銀行的信用不明確，或開狀銀行所在地國家經濟政治情況不穩定時，受益人常要求信用狀須經：　(A)通知　(B)保兌　(C)轉讓　(D)修改。

2. （　）　對進口商而言，以信用狀為付款方式的最大風險為：　(A)信用狀偽造　(B)開狀銀行破產倒閉　(C)受益人偽造單據　(D)受

益人挑剔單據瑕疵。

3. （　） 有權依信用狀條件開發匯票及（或）單據要求兌取信用狀款項的人稱為：　(A)申請人　(B)受益人　(C)轉讓人　(D)開狀人。

4. （　） 跟單信用狀所指的單據是：　(A)商業發票　(B)保險單　(C)貨運性單據　(D)包裝單。

5. （　） 以下哪個銀行沒有審查單據的義務？　(A)開狀銀行　(B)通知銀行　(C)保兌銀行　(D)付款銀行。

6. （　） general credit係指未規定：　(A)開狀銀行　(B)通知銀行　(C)償付銀行　(D)押匯銀行　的信用狀。

7. （　） 依UCP的規定，除非另有明示，信用狀的轉讓次數以：　(A)一次　(B)二次　(C)三次　(D)四次　為限。

8. （　） 以下何者通常位於進口地？　(A)押匯銀行　(B)通知銀行　(C)受益人　(D)申請人。

9. （　） 信用狀是一種：　(A)貨物　(B)票據　(C)單據　(D)資金　的交易。

10. （　） 信用狀的讓購又稱為：　(A)押匯　(B)轉讓　(C)贖回　(D)轉開。

三、填充題

1. 當UCP的規定與信用狀內容不一致時，以_____的規定為優先適用。

2. 當開狀銀行的信用不明確或開狀銀行所在地國家經濟政治情況不穩定時，受益人常要求信用狀須經另一家信用卓著的銀行加以_____。

3. 遠期信用狀係指要求受益人簽發遠期_____的信用狀。

4. 在我國，若信用狀指定的讓購銀行並非受益人的往來銀行，受益人可以_____的方式辦理，由受益人逕向其_____辦理押匯，然後再轉向_____辦理押匯。

5. UCP規定，可轉讓信用狀的「可轉讓」一詞，應使用_____，不可使用其他字樣。

四、解釋名詞

1. UCP
2. reimbursing bank
3. clean credit
4. SWIFT
5. restricted credit

五、問答題

1. 信用狀上載有「Confirmation Instruction: Please Add Your Confirmation」條款，若通知銀行不願保兌，受益人押匯時，是否會遭拒付？是否需要修改信用狀？

2. 甲開狀銀行開出一張L/C，金額為USD10,000，該L/C經由乙通知銀行保兌後（循開狀銀行的要求保兌）通知受益人，嗣甲循進口商的要求修改信用狀，增加金額USD5,000，並經由乙通知受益人。
   討論：
   (1) 修改書並未要求保兌，則乙對該增加金額部分是否應負保兌責任？如乙將該修改書未加保兌而通知受益人時，受益人可否主張乙已負保兌責任？
   (2) 本案開狀銀行是否有疏忽之處？通知銀行呢？

3. 臺北某出口商接獲國外買主開來採購鋼製家具的可轉讓信用狀，該出口商即直接將信用狀轉讓給供貨工廠，雙方約定，如期交貨。但是後來工廠卻以「備貨不及」為理由一再拖延，出口商不得已乃要求進口商修改信用狀期限，延長多次，之後才勉強出貨，但進口商提貨後發現部分貨物生鏽、零件損壞，進口商於是向出口商提出索賠。
   但出口商卻以貨物係由工廠交運，並由工廠辦理押匯，出口文件也均以工廠名義簽發，要求進口商直接向工廠索賠。請問：
   (1) 出口商的主張有理嗎？
   (2) 如何解決這項糾紛？

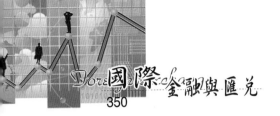

4. 請依表7-2的信用狀，回答以下問題。

表7-2　Issue of a Documentary Credit

Sender		TRADEBANK, HONG KONG
Receiver		TAIWAN COMMERCIAL BANK, TAIPEI
Sequence of Total	*27	: 1/1
Form of Doc. Credit	*40 A	: IRREVOCABLE
Doc. Credit Number	*20	: ABC123
Date of Issue	31 C	: 170929
Expiry	*31D	: DATE 171030 PLACE IN TAIWAN
Applicant	*50	: ORANGE CO., LTD. 88 LIN PAI ROAD, KWAI CHUNG N.T. HONG KONG
Beneficiary	*59	: GREEN TRADING CO., LTD. NO. 22, NEI HU RO., TAIPEI, TAIWAN
Amount	*32B	: CURRENCY USD AMOUNT #15,380.00#
Applicable Rules	40E	: UCP LATEST VERSION
Available with/by	*41D	: ANY BANK BY NEGOTIATION
Drafts at	42C	: SIGHT FOR 100 PCT INVOICE VALUE
Drawee	42A	: TRADEBANK, HONG KONG
Partial Shipments	43P	: PROHIBITED
Transshipment	43T	: PROHIBITED
Port of Loading	44E	: KEELUNG
Port of Discharge	44F	: MANILA
Latest Date of Shipment	44C	: 171020
Shipment of Goods	45A	: 5,200 M OF FABRIC AS PER PROFORMA INVOICE NO. DEF456 C.I.F. MANILA
Documents Required	46A	: • COMMERCIAL INVOICE IN DUPLICATE, DULY SIGNED • FULL SET CLEAN ON BOARD OCEAN B/L MADE OUT TO ORDER OF ISSUING BANK MARKED FREIGHT PREPAID NOTIFY APPLICANT • PACKING LIST IN TRIPLICATE • MARINE INSURANCE POLICY/CERTIFICATE IN TRIPLICATE FOR 110% INVOICE VALUE, COVERING INSTITUTE CARGO CLAUSES (A) AND INSTITUTE WAR CLAUSE
Additional Conditions	47A	: CONTAINER SHIPMENT REQUIRE
Details of Charges	71B	: ALL BANKING CHARGES OUTSIDE HONG KONG ARE FOR ACCOUNT OF BENEFICIARY
Presentation Period	48	: WITHIN 10 DAYS AFTER THE DATE OF SHIPMENT BUT WITHIN VALIDITY OF CREDIT
Confirmation >	*49	: WITHOUT

(1)開狀銀行：＿＿＿＿＿＿＿＿＿＿＿＿＿＿＿＿＿＿＿＿＿＿

(2)開狀日期：＿＿＿＿年＿＿＿＿月＿＿＿＿日

(3)信用狀號碼：＿＿＿＿＿＿＿＿＿＿＿＿＿＿＿＿＿＿＿

(4)通知銀行：＿＿＿＿＿＿＿＿＿＿＿＿＿＿＿＿＿＿＿＿＿

(5)受益人：＿＿＿＿＿＿＿＿＿＿＿＿＿＿＿＿＿＿＿＿＿＿

(6)申請人：＿＿＿＿＿＿＿＿＿＿＿＿＿＿＿＿＿＿＿＿＿＿

(7)金額：＿＿＿＿＿＿＿＿＿＿＿＿＿＿＿＿＿＿＿＿＿＿＿

（接下頁）

（承上頁）

(8)有效期限：＿＿＿＿年＿＿＿＿月＿＿＿＿日

(9)匯票付款人：＿＿＿＿＿＿＿＿＿＿＿＿＿＿＿＿＿＿＿＿＿

(10)匯票發票人：＿＿＿＿＿＿＿＿＿＿＿＿＿＿＿＿＿＿＿＿＿

(11)匯票金額：＿＿＿＿＿＿＿＿＿＿＿＿＿＿＿＿＿＿＿＿＿＿

(12)貨物名稱：＿＿＿＿＿＿＿＿＿＿＿＿＿＿＿＿＿＿＿＿＿＿

(13)數量：＿＿＿＿＿＿

(14)貿易條件：＿＿＿＿＿＿＿＿＿＿＿＿＿＿＿＿＿＿＿＿＿＿

(15)裝貨港：＿＿＿＿＿＿＿＿＿＿＿＿＿＿＿＿＿＿＿＿＿＿＿

(16)卸貨港：＿＿＿＿＿＿＿＿＿＿＿＿＿＿＿＿＿＿＿＿＿＿＿

(17)裝運期限：＿＿＿＿＿年＿＿＿＿月＿＿＿＿日

(18)可否分批裝運：＿＿＿＿＿＿＿＿＿＿＿＿＿＿＿＿＿＿＿＿

(19)可否轉運：＿＿＿＿＿＿＿＿＿＿＿＿＿＿＿＿＿＿＿＿＿＿

(20)押匯期限：＿＿＿＿＿＿＿＿＿＿＿＿＿＿＿＿＿＿＿＿＿＿

(21)□ 可撤銷　　□ 不可撤銷　　　　信用狀

(22)□ 即期　　　□ 遠期　　　　　　信用狀

(23)□ 讓購　　　□ 直接　　　　　　信用狀

(24)□ 跟單　　　□ 無跟單　　　　　信用狀

(25)□ 一般　　　□ 特別（限押）　　信用狀，限押者，限於＿＿＿＿＿＿押匯

(26)費用負擔：開狀費用＿＿＿＿＿＿；押匯費用＿＿＿＿＿＿；通知費用＿＿＿＿＿＿

(27)應提示單據：

名　　　稱	份　　　數	內容		
海運提單		請勾選	□清潔提單　　□不清潔提單 □裝船提單　　□備運提單 □運費預付　　□運費待付	
海運保險單 / 證明書		請勾選	投保金額為發票金額的　□10% □100%　□110%　□210% 應投保ICC（A）並加保 □戰爭險　　□罷工險	

8

概況

我國外匯市場

International Exchange

我國外匯管理與匯率制度的演進

一、第一階段——民國三十八年至六十八年

　　我國外匯市場係於民國六十八年成立，在這之前，並非完全沒有（或禁止）外匯的買賣，只不過在嚴格的外匯管制以及毫無彈性的固定匯率制度之下，無所謂「市場的機能」。直到民國六十八年修改匯率制度，實施機動匯率之後，市場的價格（即匯率）可依供需調整，才開始有了初步的市場機能，也自此建立了外匯市場。以下即就我國外匯市場成立之前的匯率制度及外匯管理作一概要說明。

　　自民國三十八年政府遷臺實施幣制改革，發行新臺幣，直至民國六十八年外匯市場建立的三十年間，我國的外匯無論在交易的價格或數量上都由政府嚴格管理。期間雖然隨著經濟發展及環境的變遷，對外匯貿易的管制漸有放寬，但是由於外匯頭寸都是由中央銀行統籌調度，匯率也是由政府決定，因此實際上並沒有市場的機能。這段期間外匯管理的特色有下列幾項：

(一)是外匯短缺下的管理方式

　　由於當時我國外匯嚴重不足，因此外匯管理制度的重點在於增加外匯。而增加外匯最直接的手段就是鼓勵出口並且限制進口，例如：結匯證制度與複式匯率制度就是當時鼓勵出口、限制進口的重要外匯管理措施。

(二)實施固定匯率制度

　　民國六十八年以前，我國的匯率制度係採釘住美元的固定匯率制

度，新臺幣對美元的匯率稱為基本匯率，基本匯率的訂定及調整均須經財政部會同中央銀行擬訂，報經行政院核定後公布，因此這項匯率制度又稱為官定匯率制度。在這種制度下，匯率不隨市場供需的變動調整，一個匯率經常維持數年不變，遇有非常狀況才進行調整，一旦調整，則往往幅度甚大。例如：新臺幣對美元匯率從民國五十年至六十二年一直維持在USD1 = TWD40，民國六十二年因國際市場上美元大幅貶值，才將基本匯率調整為USD1 = TWD38，這個匯率一直維持到民國六十七年，才因為國際石油危機而調整為USD1 = TWD36。

(三)表面上單一官價，實際上為複雜多元的匯率

例如：民國五十二年以前為鼓勵出口並限制進口，實施結匯證制度（結匯證具有進口結匯權，而出口所得才能換得結匯證），當時的結匯證價格，除有牌價及市價之分外，甚至牌價又有分臺灣銀行牌價與商業銀行牌價兩種。在那段期間，雖然表面上有官定匯率，但實際上進出口貿易或匯出匯入款均有其實際適用的各種匯率，形成極為複雜的複式匯率。

(四)外匯集中清算

在當時的管理制度之下，指定銀行依中央銀行公告的匯率買賣外匯後，必須依規定向中央銀行辦理外匯清算，稱為「全部集中制度」。因此，指定銀行的外匯買賣僅為代理中央銀行的性質，其與中央銀行之間乃「外匯清算」的關係，而非「外匯買賣」的關係。

(五)行政力量取代市場機能

在嚴格的外匯管理制度下，無論是外匯買賣的數量或是外匯的價格，都受到政府的管制，政府以法律或各種行政命令來管理外匯。雖然對國內經濟及金融的安定具有正面的貢獻，但同時也產生了許多弊端，例如：否定了市場機能、外匯黑市的猖獗等。

客觀而言，外匯管理是任何國家在經濟發展過程中必經的階段，當一個國家通貨膨脹情況嚴重、國際收支逆差金額龐大，或經濟發展十分落後時，外匯管理是必然也是必要的。但是當這些情況獲得改善之後，外匯管理（或管制）就必須適度地、逐步地開放，我國也不例外。

二、第二階段──民國六十八年至七十六年

民國六十八年，我國外匯管理制度有了重大變革，外匯市場從此建立。以下即就外匯市場成立的背景及重要措施作簡要的說明。

(一)外匯市場成立的背景

民國六十八年以前，我國實施的是釘住美元的固定匯率制度，由於在1950至1970年代（民國四十年至六十年代）的二十餘年間，自由世界係以經濟發達且政治穩定的美國為中心，舉凡國際收支的清算、各國外匯的儲備，以及國際貨幣制度的支持等，都是以美元作為工具，因而促成了國際匯兌的穩定。我國在這段期間經濟的快速發展，事實上得助於此期間國際匯率制度的穩定甚多。

但是到了1960年代（民國五十年代）後期，由於美國對外經濟及軍事援助金額龐大，加上國際收支逐漸轉為逆差，使美元大量外流，尤其馬克和日圓因德國、日本大量貿易順差漸成強勢貨幣，美元的地位開始受到威脅。1971年美元第一次貶值（TWD對USD匯率仍維持40不變），1973年美元第二次貶值（我國隨後宣布TWD對USD升值，成為USD1 = TWD38），但仍未能挽回頹勢，因此1973年之後，世界主要國家紛紛放棄以美元為中心的匯率制度，改採浮動匯率制度。我國在當時經濟蓬勃發展，輸出貿易大幅擴張，外匯存底不斷增加，而新臺幣又一直釘住美元，美元貶值，新臺幣對外亦形同貶值，造成更大量的貿易順差，使外匯存底累積更多更快。再加上中央銀行對匯

率採取集中清算制度，導致國內貨幣供給急遽增加，形成通貨膨脹的巨大壓力，使得當時「在穩定中求發展」的經濟政策目標受到阻礙。為因應上述情勢，減少外來因素的衝擊，謀求國內經濟的穩定，政府乃於民國六十七年宣布新臺幣不再釘住美元，改採機動匯率制度，並將新臺幣對美元匯率自USD1 = TWD38，調整為USD1 = TWD36。

為了實施機動匯率制度，必須建立外匯市場，使匯率能順應外匯供需的情勢，隨時作溫和的調整，於是經過一段時間的籌備，我國的外匯市場遂於民國六十八年二月正式宣告成立。

(二)成立外匯市場的重要措施

1. 修改「管理外匯條例」；
2. 修訂「中央銀行管理指定銀行辦理外匯業務辦法」；
3. 開辦遠期美元業務；
4. 成立「外匯交易中心」。

基於穩定國內經濟及金融發展的考量，我國雖於民國六十八年正式成立外匯市場，但是外匯管制並未完全開放，匯率制度理論上改採由市場供需決定的機動匯率，但實際上並未完全浮動，政府仍訂有匯率波動的上下限範圍，因此這種機動匯率制度又稱為管理的浮動（managed floating）或汙濁的浮動（dirty floating）匯率制度。

除此之外，因商品或勞務進出口所產生的外匯收付，仍須經中央銀行或指定銀行的審核，公民營企業向國外借款，仍須事先經財政部或中央銀行核准，並且禁止從事買低賣高賺取差價的投機性或金融性交易等諸如此類的規定，都使得當時的市場仍不脫管理的性質，中央銀行對市場的干預頻繁，市場的供需未能充分表現。

三、第三階段──民國七十六年至七十八年

民國七十六年是我國外匯市場演進過程中非常重要的一年，因為

我國在七十六年解除大部分的外匯管制，一般稱爲「外匯開放」或
「外匯解嚴」。以下即就外匯開放的背景及開放的內容分別說明。

(一)外匯開放的背景

我國外匯市場自民國六十八年成立之後，基本上仍屬於管理的外
匯市場。期間中央銀行對外匯市場的管理隨著市場的發展逐漸放鬆
（例如：放寬匯率波動幅度、退出匯率議定小組、取消指定銀行可持
有的買超外匯額度等），市場的交易逐漸自由。另一方面，由於我國
長期的貿易順差，累積了豐厚的外匯存底（參見表8-1），在中央銀
行集中收付的制度下，國內貨幣供給額攀高到隨時可能爆發嚴重通貨
膨脹的地步，也使我國主要貿易對手國——美國，對我國不斷施壓，
促使我國修正管理外匯條例，將出進口結匯由許可制改爲申報制，有
形貿易的結匯已不需憑證核准，只要依實際交易付款條件及金額自行
申報即可。由於長期以來我國的外匯資產在極爲嚴格的管理之下，每
一筆外匯的使用都須經過核准，因此這項修正乃我國外匯管理制度上
的重大變革。

民國七十五年間，除上述外匯申報制的實施外，主管當局還採行
了多項開放措施，例如：開放外匯投資受益憑證和外幣定期存單業
務，放寬指定銀行外匯資金運用範圍等；惟基本的外匯管理精神和架
構並未改變。同時，臺幣雖已持續升值，但貿易順差仍繼續擴大（參
見表8-1），使國內外壓力在民國七十六年不但未曾稍減，反而達到
空前的地步，面對如此強大的壓力，政府不得不解除外匯管制，開放
外匯。

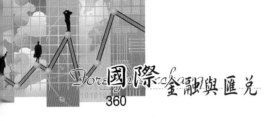

表8-1　民國六十九年～七十六年我國國際收支與外匯存底

單位：億美元

年　別	經常帳餘額	國際收支	外匯存底
69	−9.13	−1.27	22
70	5.19	12.99	72
71	22.48	25.89	85
72	44.12	48.62	118
73	69.76	58.59	156
74	91.98	93.52	225
75	162.77	166.21	463
76	179.99	203.13	767

註：國際收支係以IMF舊版統計。

資料來源：中央銀行《金融統計月報》

(二)外匯開放的內容

1. 法規的增修

為配合外匯的開放，中央銀行同時新訂或修訂了八項相關辦法。

2. 改革的項目

此次外匯改制意義重大，影響深遠，主要改革項目有：

(1) 經常帳完全自由。

(2) 資本帳匯出管制大幅放寬。

(3) 匯率管理制度仍維持，但擴大銀行對顧客即期交易的議價範圍。

　　由以上所述可以發現，此次外匯開放的重點在於允許全體國民自由持有及使用外匯，但匯率制度並無重大改變。所以實際上仍是一套外匯管理制度，再加上我國外匯市場規模不大，因此中央銀行仍是市場上最具影響力的參與者，中央銀行的干預對匯率有決定性的影響。

　　開放外匯後，雖然表面上（法制上）外匯市場已自由化，但實際

上即期市場仍維持管理的局面，遠期市場則受限更大，因此與眞正的自由化仍有一段距離。惟無論如何，這次的改制確使我國的金融自由化與國際化向前邁出了重要的一步。

四、第四階段──民國七十八年至八十四年

在外匯市場剛成立之時，新臺幣對美元的匯率係由中央銀行與五家指定銀行共同議定，但仍不脫中央銀行管理的範圍。民國六十九年之後，中央銀行退出，改由五家銀行議定，在此方式之下，中央銀行對匯率的管理能力大減，匯率的走勢往往無法配合政策，且市場預期心理強烈，扭曲正常的供需。有鑑於此，央行於民國七十一年實施了新的中心匯率制度，恢復其對匯率的強勢影響地位，這套中心匯率制度一直到民國七十八年才有了重大的改變。以下即就民國七十八年匯率改制，及外匯交易制度改革的背景與改革內容，說明如下：

(一)外匯交易制度改革的背景

自民國六十八年採行機動匯率制度至七十八年的十年間，我國外匯市場雖曾有多次的演變，但匯率制度始終維持管理的局面，中央銀行對匯率的強烈干預招致美國指責我國操縱匯率，進而展開與我國的匯率談判，要求我國修改中心匯率制度，並取消匯入款五萬美元的限制。

同時，在國內方面，由於我國長期的貿易順差，使得我國外匯市場始終存在外匯供給大於需求的基本面問題，中央銀行爲穩定匯率，長期在市場上買入外匯，導致我國外匯存底快速累積。同時貨幣供給額日益增加，這種情形又因爲中央銀行「新臺幣緩步升值」的匯率政策太過明顯，引起國外熱錢流入而更加嚴重。通貨膨脹的問題終於在民國七十八年明朗化，各方一致認爲匯率政策乃這次通貨膨脹的主因，匯率制度應全面加以檢討。

有鑑於此,中央銀行在民國七十八年三月宣布匯率改制,改制後我國外匯市場的結構更形完整,操作方式也更為自由化。這次的改革,一般稱為「外匯交易自由化」。外匯交易自由化後,將使我國的外匯市場發展邁入一個新紀元。

(二)外匯交易制度改革的內容

改制後,無論顧客市場交易、銀行間市場交易、外匯交易中心地位與中央銀行的角色等,均有相當大的改變與調整,茲分述如下:

1. 銀行與顧客間市場

取消中心匯率與議價規定,使銀行與顧客外匯交易的匯率完全自由化。

2. 銀行與銀行間市場

取消中心匯率及上下限規定,使銀行與銀行間外匯交易的匯率完全自由。至於銀行間外匯買賣可以自行交易,也可經由經紀商仲介成交。

3. 外匯交易中心

由五家指定銀行(臺灣銀行、中國國際商業銀行、第一銀行、華南銀行、彰化銀行)以原有的外匯交易中心為基礎,改組為公司組織的外匯經紀商,在外匯經紀商未合法成立之前,改為「外匯經紀商籌備小組」,繼續擔負外匯交易仲介的工作,但允許外匯銀行間直接交易。

4. 中央銀行

在舊制下,中央銀行的干預是銀行間外匯交易的一部分,在中心匯率制度下,中央銀行干預的金額與價格須計入加權平均,因此中央銀行對匯率有確定的影響力;新制實施後,取消中心匯率,中央銀行的干預效果較不確定。

另一方面,在舊制下,中央銀行的干預係透過兩家代理銀行(臺銀與中國商銀),央行的干預行為因市場資訊公開的緣故,易被外界

察覺；在新制下，央行干預的管道較為多樣與專業，其干預行為也較為隱密。

五、第五階段——民國八十四年迄今

民國七十六年我國「管理外匯條例」修正通過，將外匯管理大幅放寬，奠定了我國外匯自由化的基礎。該條例在民國八十四年又重新修訂，開啟了我國外匯市場演進過程的第五階段。茲將其修訂背景及主要修內容說明如下：

(一)管理外匯條例修訂的背景

在經過前四個階段的演進之後，我國外匯自由化與國際化的方向已具體確定，基礎也已大致建立，外匯市場的運作漸趨成熟與穩定；同時為配合政府建立臺北成為亞太金融中心的計畫，我國外匯市場必須更進一步自由化，並且賦予政府在特殊狀況發生時，能有採取緊急措施權利的法律依據，管理外匯條例再度修訂，於民國八十四年公布施行。

(二)管理外匯條例修訂的主要內容

1. 擴大外匯申報的範圍

規定新臺幣五十萬以上等值外匯收支或交易，應依規定申報。

2. 賦予行政院緊急處分權

規定在國內或國外經濟失調，有危及本國經濟穩定之虞，或本國國際收支發生嚴重逆差時，行政院得決定並公告於一定期間內，採取關閉外匯市場、停止或限制全部或部分外匯的支付，命令將全部或部分外匯結售或存入指定銀行，或作其他必要的處置。

在經過前四個階段的演進之後，我國外匯自由化與國際化的方向已具體確定，基礎也已大致建立，外匯市場的運作漸趨成熟與穩定，

我國外匯市場也更進一步自由化，除經常帳的外匯資金進出完全自由外，資本帳亦已開放，直接投資及證券投資的資金進出相當自由。此外，全面開放遠期外匯業務、開放銀行承作匯率選擇權等衍生性外匯交易，第二家外匯經紀商「元太外匯經紀股份有限公司」成立。

第二節　我國外匯市場的現況

一、我國外匯市場的參與者

(一)指定銀行

指定銀行（appointed bank）又稱爲外匯指定銀行，係指經中央銀行指定辦理外匯業務的銀行。指定銀行乃外匯市場的主角，依規定，指定銀行得辦理下列外匯業務的全部或一部分：

1. 出口外匯業務。
2. 進口外匯業務。
3. 一般匯出及匯入匯款。
4. 外匯存款。
5. 外幣貸款。
6. 外幣擔保付款的保證業務。
7. 衍生性外匯商品業務。
8. 其他外匯業務。

在我國，除銀行外，信用合作社、農會信用部、漁會信用部及中華郵政股份有限公司也可辦理外匯業務。不過，信用合作社、農會信用部及漁會信用部，僅得辦理買賣外幣現鈔及旅行支票業務。中華郵

政股份有限公司僅得辦理一般匯出及匯入匯款，或買賣外幣現鈔及旅行支票業務。

　　爲加速我國金融自由化與國際化的進程，近年來不但大幅開放各銀行申請外匯業務執照，並持續放寬外商銀行來我國設立分行和代表人辦事處的審查標準及營運限制。同時也陸續開放指定銀行辦理各種新金融商品業務，藉以提升指定銀行外匯操作水準，加強我國外匯市場的深度和效率。

　　表8-2爲近年來，我國銀行間市場外匯交易概況。

表8-2　銀行間市場日平均外匯交易量

單位：百萬美元

年	即期 Spot	遠　期 Forwards	換　匯 Swaps	選擇權 Options	換匯換利 CCS	合　計 Subtotal	占全部外匯 交易量比重	外匯交 易量
95	4,995	721	3,504	1,072	91	10,383	66.42%	15,632
96	6,227	847	4,691	878	79	12,722	68.31%	18,623
97	6,108	813	5,407	911	98	13,337	68.86%	19,367
98	4,932	627	5,492	911	61	12,025	74.12%	16,222
99	5,938	616	7,365	1,324	36	15,279	75.52%	20,232
100	7,058	1,063	8,051	1,731	47	17,950	74.27%	24,169
101	5,766	1,064	8,190	2,014	79	17,113	73.11%	23,408
102	7,265	835	9,900	3,662	92	21,754	75.20%	28,929
103	7,571	877	10,904	3,841	76	23,269	74.37%	31,290
104	9,836	1,106	10,635	3,341	73	24,991	74.93%	33,352
105	7,326	1,260	10,699	1,208	102	20,595	71.22%	28,918
106	6,955	1,016	10,604	834	44	19,453	67.96%	28,624
107	7,445	1,414	12,032	857	89	21,837	68.07%	32,079
108	6,942	1,648	12,412	760	85	21,848	67.34%	32,445

資料來源：中央銀行《中華民國臺灣地區金融統計月報》
包括國內銀行間及與國外銀行的外匯交易。
全部外匯交易量包括指定銀行與國際金融業務分行所承作的外匯交易，已剔除銀行間交易重複計算部分。

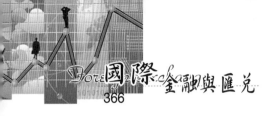

(二)顧客

在外匯市場上，顧客買賣外匯絕大多數都是與銀行進行，形成銀行與顧客交易的市場，簡稱爲顧客市場。在民國七十六年以前，由於我國實施外匯管理，因此顧客市場最大的特色是沒有純粹金融性或投機性的外匯交易，指定銀行承作顧客匯出和匯入款業務方面，主要爲貿易進出口結匯和投資資金的匯出入。民國七十六年外匯開放後，金融性交易被允許，顧客市場上金融性交易開始增加。民國八十年起，有鑑於國人對外投資項目日益增加，同時外資不斷流入國內市場，爲提供顧客更多樣的避險及投資工具，陸續開放指定銀行對顧客承作各種衍生性金融商品，使顧客市場的交易型態更趨多樣化與自由化。

表8-3爲近年來，我國外匯市場銀行對顧客交易概況。

表8-3　顧客市場日平均外匯交易量

單位：百萬美元

年	即期 Spot	遠 期 Forwards	換 匯 Swaps	保證金交易 Margin trading	選擇權 Options	換匯換利 CCS	小計 Subtotal	占全部外匯交易量比重	外匯交易量
95	2,654	928	916	152	499	100	5,249	33.58%	15,632
96	3,481	1,093	774	172	343	39	5,901	31.69%	18,623
97	3,698	1,029	774	139	328	62	6,030	31.14%	19,367
98	2,347	498	911	83	313	46	4,198	25.88%	16,222
99	2,734	533	1,198	73	357	58	4,952	24.48%	20,232
100	3,286	602	1,814	77	389	51	6,219	25.73%	24,169
101	3,168	557	1,973	78	476	44	6,295	26.89%	23,408
102	3,548	669	2,165	88	664	41	7,175	24.80%	28,929
103	3,906	758	2,506	82	695	74	8,021	25.63%	31,290
104	4,006	827	2,750	102	614	62	8,361	25.07%	33,352
105	3,975	679	3,246	71	250	102	8,323	28.78%	28,918
106	4,441	690	3,712	50	144	134	9,171	32.04%	28,624
107	5,049	867	4,004	32	144	146	10,242	31.93%	32,079
108	5,525	1,032	3,811	26	105	98	10,598	32.66%	32,445

資料來源：中央銀行《中華民國臺灣地區金融統計月報》

一般而言，外匯市場愈有效率，銀行間市場交易量的比重就愈高。近年來，我國外匯市場的銀行間市場比重均超過顧客市場。目前銀行間市場比重約四分之三，而顧客市場則約爲四分之一。

(三)外匯經紀商

　　我國目前有兩家外匯經紀商，分別是臺北外匯經紀公司與元太外匯經紀公司，其主要業務內容爲仲介銀行間的外匯交易，包括：

1. 外匯交易的仲介。
2. 換匯交易的仲介。
3. 拆款交易的仲介。
4. 其他經許可的外匯業務，例如：遠期利率協議及利率交換交易的仲介等。

　　外匯經紀公司除透過路透社、美聯社的電訊設備，以及各銀行的專線電話，隨時提供各銀行國內及國際外匯市場行情與相關資訊外，並經由傳播工具，提供一般大眾每日匯率及外匯市場交易情況。

　　由於是銀行間市場的交易仲介者，因此報價係以100萬美元爲單位。目前銀行間外匯交易經由經紀商仲介的比率約爲20%-30%，顯示銀行間交易仍以直接交易爲主。

(四)中央銀行

1. 中央銀行在外匯方面的職權

　　我國中央銀行設有外匯局，負責外匯的管理與調度事宜。中央銀行在外匯方面主要的職權有：

(1) 外匯調度及收支計畫之擬訂。
(2) 指定銀行及其他事業辦理外匯業務，並督導之。

(3) 外匯之結購與結售。

(4) 民間對外匯出、匯入款項之審核。

(5) 民營事業國外借款經指定銀行之保證、管理及其清償、稽催之監督。

(6) 外國貨幣、票據及有價證券之買賣。

(7) 其他有關外匯業務事項。

2. 中央銀行對外匯市場的干預

在外匯市場中，中央銀行擔任的是監督者的角色，其最主要的功能在於維持市場交易的秩序及匯率的穩定，因此中央銀行在外匯市場上進行干預，乃所有國家共有的現象，我國也不例外。其干預市場的方式有以下幾種：

(1) 直接在即期外匯市場上買賣，以影響即期匯率。

(2) 在遠期或換匯市場上進行買賣，間接影響即期匯率。

(3) 藉由貨幣政策或財政政策影響貨幣供給額，進而影響利率和匯率。

在我國外匯市場發展的過程中，中央銀行為穩定匯率、維持市場交易秩序，以及為達成總體經濟目標，必須在外匯市場上調節供需，進行干預。為配合我國金融自由化的推動，中央銀行已逐漸放寬對市場的管理，減少對市場的干預。

二、我國外匯市場的結構

我國外匯市場主要係由上述各參與者，即指定銀行、顧客、外匯經紀商與中央銀行所組成，這些參與者分別構成了銀行與銀行間市場以及銀行與顧客間市場。此外，在各指定銀行成立國際金融業務單

位，以及臺北外幣拆放市場成立之後，國外的銀行也參與交易，使我國外匯市場逐漸國際化。茲以圖8-1表示我國外匯市場的結構。

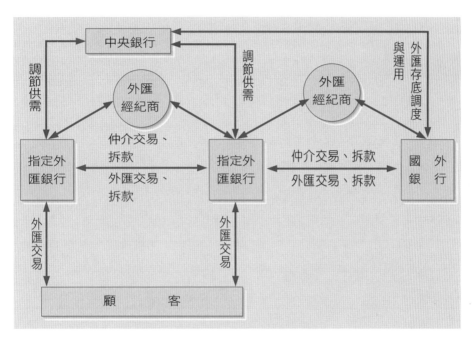

圖8-1　我國外匯市場結構圖

三、我國的即期外匯市場

我國外匯市場的交易以即期交易占最大比例。有關我國即期外匯市場的演進已於上一節說明，以下僅就我國近年來即期外匯市場日平均交易量，以及影響即期匯率變動的因素加以說明。

(一)我國即期外匯交易規模

我國外匯市場的交易中，即期交易約占40%，日平均交易金額約在100億美元上下。在即期市場中，銀行間交易的比重又高於銀行與顧客間的交易。

表8-4 即期外匯交易的日平均交易量

單位：百萬美元

年	銀行對顧客市場	銀行間市場	合 計	占全部外匯 交易量比重	外匯交易量
95	2,654	4,995	7,649	48.93%	15,632
96	3,481	6,227	9,708	52.13%	18,623
97	3,698	6,108	9,806	50.63%	19,367
98	2,347	4,932	7,279	44.87%	16,222
99	2,734	5,938	8,672	42.86%	20,232
100	3,286	7,058	10,344	42.80%	24,169
101	3,168	5,766	8,934	38.17%	23,408
102	3,548	7,265	10,813	37.38%	28,929
103	3,906	7,571	11,477	36.68%	31,290
104	4,006	9,836	13,842	41.50%	33,352
105	3,975	7,326	11,301	39.08%	28,918
106	4,441	6,955	11,396	39.81%	28,624
107	5,049	7,445	12,494	38.95%	32,079
108	5,525	6,942	12,467	38.43%	32,445

資料來源：中央銀行《中華民國臺灣地區金融統計月報》

(二)影響我國即期匯率變動的主要因素

影響匯率變動的因素有很多（詳細說明請參閱本書第四章），但這些因素的影響力不僅有時間性而且有空間性，某些因素在某段時期內對匯率變動具有決定性的影響，但在其他時期則影響力很小，甚至完全不具影響力。再者，某些因素在某些國家或某種匯率制度下對匯率變動影響非常大，但在其他國家或其他匯率制度下則否。此外，在一個正常的市場，很少有一種單一因素就能完全左右匯率的，通常是多種因素彼此相互或共同影響。

以下所要討論的是從新臺幣匯率過去的變動情形來分析影響我國即期匯率（新臺幣對美元）變動的主要因素，這些因素有些是基本因

素，影響匯率的長期走勢，有些是技術、心理或突發的原因，影響短期的匯率走向。

1. 新臺幣資金情形

由於貨幣市場與外匯市場有十分密切的關係，因此銀行體系新臺幣的資金狀況影響指定銀行持有外匯的能力甚大。例如：農曆年關之前，民間資金需求較多，銀行體系新臺幣資金較緊，則新臺幣相對美元就會呈現升值的現象。又例如：當國際熱錢大量流入國內時，由於外資通常會換成新臺幣，就會推動新臺幣走升，近幾年來，由於國際資金的流動量大，因此，外資的進出經常引發我國外匯市場的匯率有所波動。

2. 中央銀行的匯率政策

在先進國家，匯率通常是由市場機能決定，中央銀行只有在市場失去秩序的時候才會進場干預；但即使在這種自由的外匯市場上，政府的外匯政策仍然對匯率走勢有相當重要的影響。更何況我國的外匯市場規模小，中央銀行的匯率政策對匯率的影響更大。

雖然近年來政府爲推動金融自由化，已逐漸減少對外匯市場的干預，不過事實上，我國目前仍採行「管理式浮動匯率制」（managed float regime），新臺幣匯率原則上由外匯市場供需決定，不過遇到季節性或偶發因素，導致匯率過度波動與失序變動，不利經濟與金融穩定時，爲了維持匯率的穩定，中央銀行會進場調節干預，甚至可以說，中央銀行對匯率的升貶具有主導性的影響力。

3. 國際美元走勢

美國以及其他國家的經濟表現，會影響國際美元的走勢，美元是全球最重要的貨幣，也是我國外匯市場上交易量最大的貨幣，因此，若美元轉強；相對的，新臺幣兌美元就呈貶值。

4. 其他技術和心理（預期）因素

外匯市場的參與者對市場經常有某些觀察和判斷，這種觀察力和判斷力，事實上是經由專業的訓練、熟練的操作技巧和豐富的經驗所

培養出的一種對各種政治、經濟現象非常靈敏的反應，這些反應往往就是匯率在短期間內變動的原因，而市場上的參與者對同一現象有不同的反應，也正是市場交易能活潑的條件。這些短暫的技術或心理因素，有時會使短期匯率的走勢或與基本面所反映的長期趨勢完全相反，或擴大長期趨勢變動的幅度。

四、我國的遠期外匯市場

我國目前的遠期外匯交易分為兩種，一種是「有本金交割遠期外匯交易」（Delivery Forward, DF），買賣雙方在遠期外匯契約到期時須依據簽約時約定的匯率、幣別與金額進行交割，凡有實際外匯收支需要者，得憑交易文件或主管機關核准函向指定銀行洽辦遠期外匯交易，以規避匯率風險。一種是「無本金交割遠期外匯交易」（Non-Delivery Forward, NDF），買賣雙方在遠期外匯契約到期時不交割本金，而僅就契約所議定的匯率與到期時之即期匯率間的差額予以清算收付，適用於投資理財活動。

我國遠期外匯交易的規模很小，僅占全體外匯交易量的5%-7%，就市場交易的層次來看，銀行間市場的比重略高於顧客市場。至於遠期外匯匯率則已經完全市場化與自由化。

表8-5　遠期外匯交易的日平均交易量

單位：百萬美元

年	銀行對顧客市場	銀行間市場	合　計	占全部外匯交易量比重	外匯交易量
95	928	721	1,649	10.55%	15,632
96	1,093	847	1,940	10.42%	18,623
97	1,029	813	1,842	9.51%	19,367
98	498	627	1,125	6.94%	16,222

（接下頁）

（承上頁）

99	533	616	1,149	5.68%	20,232
100	602	1,063	1,665	6.89%	24,169
101	557	1,064	1,621	6.92%	23,408
102	669	835	1,504	5.20%	28.929
103	758	877	1,635	5.23%	31,290
104	827	1,106	1,933	5.80%	33,352
105	679	1,260	1,939	6.71%	28,918
106	690	1,016	1,706	5.96%	28,624
107	867	1,414	2,281	7.11%	32,079
108	1,032	1,648	2,680	8.26%	32,445

資料來源：中央銀行《中華民國臺灣地區金融統計月報》

五、我國的換匯市場

(一)我國換匯市場的成立與發展

　　我國外匯市場自民國六十八年成立之後，到民國七十二年以前，只有單純的買斷或賣斷交易，一直到民國七十二年才允許指定銀行進行換匯交易，民國八十四年起，開放指定銀行辦理經主管機關核准的資本交易（股本投資及證券投資）匯出、匯入資金的換匯交易，民國八十六年將換匯交易業務更進一步開放，國內法人及自然人凡有需要者，無須憑交易文件均得與指定銀行辦理換匯交易。中央銀行這項開放措施，主要係在提供顧客規避匯率變動風險的另一管道；但是開放之後，有部分外匯銀行推出「換匯交易結合日圓定期存款」的產品，為高所得的客戶節稅（新臺幣利率較日圓利率高，客戶存入新臺幣後，銀行以日圓存款的方式入帳，屆期銀行以新臺幣利率支付利息，但卻按日圓利率計算客戶的利息收入），同時規避新臺幣存款準備金的提存，影響央行貨幣政策的有效性。為維護賦稅公平性及確實落實

存款準備金提存制度，自民國八十七年五月起，禁止國內自然人從事
換匯交易。

由於客戶市場換匯交易開放時間尚短，中央銀行又禁止國內自然
人從事換匯交易，因此到目前為止，換匯交易仍以銀行間市場為主，
顧客市場的交易規模很小。

以交易量來看，我國外匯市場上，換匯交易占全部外匯交易量的
比重逐年增加，近年來已接近50%（見表8-6）。在國際外匯市場，
換匯交易的比重也大約是50%。

表8-6　換匯交易日平均交易量

單位：百萬美元

年	銀行對顧客市場	銀行間市場	合　計	占全部外匯交易量比重	外匯交易量
95	916	3,504	4,420	28.28%	15,632
96	774	4,691	5,465	29.35%	18,623
97	774	5,407	6,181	31.92%	19,367
98	911	5,492	6,403	39.47%	16,222
99	1,198	7,365	8,563	42.32%	20,232
100	1,814	8,051	9,865	40.82%	24,169
101	1,793	8,190	9,983	42.65%	23,408
102	2,165	9,900	12,065	41.71%	28,929
103	2,506	0,904	13,410	42.86%	31,290
104	2,750	10,635	13,385	40.13%	33,352
105	3,246	10,699	13,945	48.22%	28,918
106	3,712	10,604	14,316	50.01%	28,624
107	4,004	12,032	16,036	49.99%	32,079
108	3,811	12,412	16,223	50.00%	32,445

資料來源：中央銀行《中華民國臺灣地區金融統計月報》

(二)我國換匯市場的特性

1.成立原因

我國換匯市場乃基於客觀環境的需要而自然成立發展的，與即
期、遠期市場的成立發展原因大為不同。

2. 參與者

絕大多數為指定銀行，顧客市場的換匯交易並不活絡。

3. 交易方式

多為銀行間直接交易，較少透過經紀商仲介完成。

4. 中央銀行的干預

中央銀行對換匯交易的管理與限制很少，其他因素對市場的干擾也極少，故市場機能相當健全。

5. 幣別

多為美元對新臺幣。

6. 期間

以換匯期間來看，多為一個月、三個月及六個月期，鮮少有六個月以上的長天期，也少有一週以內的換匯交易。最主要的原因是本國銀行一般對於較長期的新臺幣資金較少預先計畫，因此實務上對六個月以上的新臺幣資金成本也較難估計。另外，我國的換匯交易主要是銀行間的一種資金借貸行為，而非藉以避險（軋平隔夜頭寸等），因此少有極短期的換匯交易。

7. 換匯匯率

由於換匯市場不受中央銀行的干預，也極少有其他因素的擾亂，因此換匯匯率得以真實反映兩種資金的成本，充分發揮市場機能。

8. 交易規模

交易金額穩定成長，目前占全部外匯交易的40%左右。

9. 功能

在我國，換匯交易最主要的功能在於本國銀行與外商銀行的資金調度，原因是本國銀行新臺幣資金較為寬鬆，外幣資金較不足，而外商銀行則是新臺幣資金較為不足，外幣資金較為寬鬆，本國銀行乃藉由換匯交易，將其多餘的新臺幣資金與外商銀行交換外幣資金使用。因此，在我國換匯市場上，買入即期外匯、賣出遠期外匯的幾乎全是本國銀行，而賣出即期外匯、買入遠期外匯的則絕大部分是外商銀

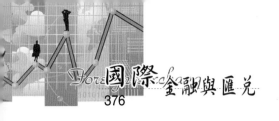

行，形成本國銀行與外商銀行對作的一般現象。以雙方承作換匯交易的資金運用方式觀察，本國銀行換得外幣後多用以存放國外，而外商銀行則多用以增加新臺幣放款，可見本國銀行較注重資金運用的安全性，而外商銀行對資金的運用較爲積極，注重收益性。至於利用換匯交易從事匯率和利率投機，則因風險較大，所以本國銀行及外商銀行均很少從事。

我國換匯市場自成立以來，規模已逐年成長，而且機能很健全，因此對全體銀行資金的有效利用有積極的助益。換匯交易對本國銀行與外商銀行而言，都是資金運用上的重要工具，經由換匯交易促使銀行之間資金轉移與風險重分配，進而使廠商經由銀行可取得的資金大爲增加，對廠商而言也具有正面積極的意義。

六、我國的外幣拆放市場

(一)外幣拆放市場的意義

所謂外幣拆放市場（foreign currency call loan market），係指銀行間短期外幣資金互通有無的市場，其目的在於方便外幣資金需求者可經由此市場順利取得資金，外幣資金供給者也可透過此市場將短期多餘資金順利拆放出去，以增進外幣資金的運用效率。

(二)我國外幣拆放市場的成立

隨著我國經貿實力的增強，外匯存底迅速累積，外匯市場的發展也日益成熟，爲增加國內銀行外幣資金的調度管道，進而協助廠商籌措資金，並增加外匯存底的運用效率，於民國七十八年成立臺北外幣拆放市場（Taipei Foreign Currency Call Loan Market）。

表8-7　臺北外幣拆放市場統計

單位：美元、歐元百萬元、日圓億元

	合計				隔夜				1～3週				1～12個月			
	美元	歐元	日圓	其他	美元	歐元	日圓	其他	美元	歐元	日圓	其他	美元	歐元	日圓	其他
99	1,654,307	917	9,540	2,842	1,587,523	8	1	--	13,327	90	158	--	53,457	819	9,381	2,842
100	1,834,419	4,350	9,503	3,824	1,727,530	3	93	--	25,840	55	67	--	81,049	972	9,343	3,824
101	1,792,945	310	8,716	3,017	1,647,397	88	4	--	36,935	--	10	--	108,613	222	8,702	3,017
102	1,334,066	319	13,116	15,303	1,189,401	4	1,638	--	25,767	--	822	--	118,838	615	10,655	15,303
103	1,426,135	1,218	11,855	35,464	1,240,544	94	2,084	--	68,158	85	515	--	117,424	1,039	9,255	35,464
104	1,325,442	530	8,721	73,854	1,139,172	18	1,202	--	91,087	237	686	--	95,186	275	6,833	73,854
105	1,507,241	519	3,983	82,005	1,292,091	22	212	--	97,430	91	747	--	117,723	406	3,025	82,005
106	1,375,298	418	15,215	105,269	1,186,480	129	1,041	--	62,211	32	1,770	--	126,609	257	12,404	105,269
107	1,638,064	608	11,973	105,579	1,384,564	115	981	--	80,137	44	6,661	--	173,366	449	4,331	105,579
108	1,815,764	712	7,548	115,043	1,444,433	82	567	--	165,198	147	1,699	--	206,138	483	5,282	115,043

資料來源：中央銀行《中華民國臺灣地區金融統計月報》

(三)我國外幣拆放市場的特色

1. 依賴種子基金：由於市場上缺乏資金的供給者，另一方面為有效運用我國的外匯存底，因此由中央銀行提供種子基金，而市場的運作主要就是依賴中央銀行所提供的種子基金。

2. 幣別：凡國內外匯銀行掛牌的各種外幣，均可拆放。不過，就成交量來看，臺北外幣拆放市場自成立至今，都是以美元的拆放為主，約占98%，顯見幣別過於集中。

3. 單位：100萬美元、100萬歐元、1億日圓，其他貨幣則依國際交易習慣辦理。

4. 期限：最長以一年為限。

5. 參與成員：包括國內指定外匯銀行（含本國銀行與外商銀行）、本國銀行海外分行及外商銀行海外總行及聯行。

6. 國際化程度仍低：目前主要以國內銀行間的拆放為主，占80%以上，與國外銀行的往來仍不多。

七、我國的境外金融中心

境外金融中心（offshore banking center）已於本書第三章詳細介紹過，有關境外金融中心的意義、成立條件、效益，以及目前國際上主要的境外金融中心等，請自行參閱第三章；以下主要介紹我國的境外金融業務。

(一)我國境外金融中心的設立

為提高我國在國際金融界的地位，加強我國參與國際金融活動的能力，民國七十二年通過「國際金融業務條例」，民國七十三年臺北境外金融中心〔國際金融業務分行（Offshore Banking Unit, OBU）〕正式建立。

根據民國九十九年修正的國際金融業務條例，以及施行細則的規定：

1. 經營主體

　　下列銀行得由其總行申請主管機關特許，在中華民國境內，設立會計獨立之國際金融業務分行，經營國際金融業務：

(1) 經中央銀行指定，在中華民國境內辦理外匯業務之外國銀行。
(2) 經政府核准，設立代表人辦事處之外國銀行。
(3) 經主管機關審查合格之著名外國銀行。
(4) 經中央銀行指定，辦理外匯業務之本國銀行。

2. 業務範圍

(1) 收受中華民國境外之個人、法人、政府機關或境內外金融機構之外匯存款。
(2) 辦理中華民國境內外之個人、法人、政府機關或金融機構之外幣授信業務。
(3) 對於中華民國境內外之個人、法人、政府機關或金融機構銷售本行發行之外幣金融債券及其他債務憑證。
(4) 辦理中華民國境內外之個人、法人、政府機關或金融機構之外幣有價證券買賣之行紀、居間及代理業務。
(5) 辦理中華民國境外之個人、法人、政府機關或金融機構之外幣信用狀簽發、通知、押匯及進出口託收。
(6) 辦理該分行與其他金融機構及中華民國境外之個人、法人、政府機關或金融機構之外幣匯兌、外匯交易、資金借貸及外幣有價證券或其他經主管機關核准外幣金融商品之買賣。
(7) 辦理中華民國境外之有價證券承銷業務。

(8) 境外外幣放款之債務管理及記帳業務。

(9) 對中華民國境內外之個人、法人、政府機關或金融機構辦理與前列各款業務有關之保管、代理及顧問業務。

(10) 辦理中華民國境內外之個人、法人、政府機關或金融機構委託之資產配置或財務規劃之顧問諮詢、外幣有價證券或其他經主管機關核准外幣金融商品之銷售服務。

(11) 經主管機關核准辦理之其他外匯業務。

3. 禁止辦理事項

(1) 辦理外匯存款時，收受外幣現金。

(2) 辦理外匯存款時，以外匯存款兌換為新臺幣提取。

(3) 辦理外幣與新臺幣間之交易及匯兌業務（經中央銀行核准者除外）。

(4) 直接投資及不動產投資業務。

4. 優惠措施

(1) 除國際金融業務條例另有規定者外，不受管理外匯條例、銀行法及中央銀行法等有關規定之限制。

(2) 免提存款準備金。

(3) 存款利率及放款利率與客戶自行約定。

(4) 國際金融業務分行之所得，免徵營利事業所得稅。但對中華民國境內之個人、法人、政府機關或金融機構授信之所得，其徵免應依照所得稅法規定辦理。

(5) 國際金融業務分行之銷售額，免徵營業稅。但銷售予中華民國境內個人、法人、政府機關或金融機構之銷售額，其徵免應依照加值型及非加值型營業稅法之規定辦理。

(6) 國際金融業務分行所使用之各種憑證，免徵印花稅。但與中華民國境內個人、法人、政府機關或金融機構間或非屬OBU業務所書立之憑證，其徵免應依照印花稅法之規定辦理。

(7) 國際金融業務分行支付金融機構、中華民國境外個人、法人或政府機關利息及結構型商品交易之所得時，免予扣繳所得稅。

(8) 免提呆帳準備。

(9) 國際金融業務分行與其總行及其他國際金融機構往來所需自用之通訊設備及資訊系統，得專案引進之。

(10)國際金融業務分行，除依法院裁判或法律規定者外，對第三人無提供資料之義務。

(11)資產負債表免予公告。

(二)我國境外金融中心的發展

自民國七十三年設立境外金融中心以來，其發展情況如下：

1. 境外金融中心規模

衡量境外金融中心的規模係以全體OBU的資產總額為準，我國OBU自民國七十三年建立至今，總資產由民國七十三年的42億美元，增加到民國一〇八年底的2,219億美元；OBU家數由民國七十三年的7家，增加到民國一〇八年的59家。OBU資產總額中，本國銀行OBU比重約89%，外商銀行OBU比重約11%。

表8-8　我國境外金融中心的規模

時　間	資產總額（單位：百萬美元）
73年底	4,262
76年底	11,690
79年底	20,881

（接下頁）

（承上頁）

82年底	26,792
85年底	36,590
88年底	41,268
91年底	50,318
94年底	70,158
97年底	98,632
98年底	95,051
99年底	121,643
100年底	145,101
101年底	170,906
102年底	169,572
103年底	183,973
104年底	181,924
105年底	186,025
106年底	202,946
107年底	200,968
108年底	221,855

資料來源：中央銀行《中華民國臺灣地區金融統計月報》

2. 資金來源

　　我國OBU資金來源以金融機構為主，資金來源地區以亞洲為首，均占60%。

3. 資金運用

　　我國OBU資金運用以貼現與放款為主，主要係對中國大陸的臺商放款，資金運用地區以亞洲為主，占50%以上。

　　OBU具有以境外客戶為主要往來對象的特性，而海外臺商為境外客戶，若引導海外臺商將其國際資金調度移轉至OBU，可協助解決資金調度問題，海外臺商也能享受OBU的各項優惠。

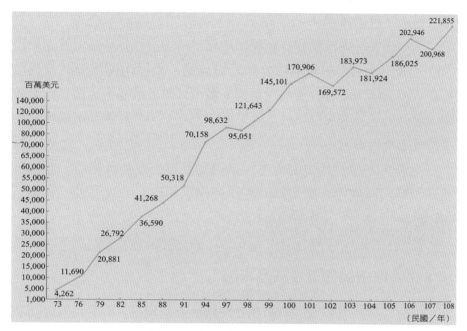

圖8-2　我國境外中心的規模

　　爲發展OBU成爲海外臺商的資金調度中心，並落實兩岸資金流動靈活機制，中央銀行及相關政府單位已大幅開放兩岸金融業務往來。其中開放OBU與大陸地區銀行通匯部分，是將OBU以境外客戶爲主的特性，與海外臺商利用海外子公司從事中國投資、貿易往來的實務作法，相互結合。開放範圍包括收受客戶存款、辦理匯兌、簽發信用狀及信用狀通知、進出口押匯的相關事宜、代理收付款項、授信、應收帳款收買，以及與上述業務有關的同業往來業務，使臺商的兩岸資金調度不須再經由第三地區，直接由國內母公司經手，財務調度更爲靈活，資金的安全性也大幅提高。此外，也開放銀行直接匯款及直接進出口外匯業務。

　　爲提供大陸臺商資金調度之便捷性，協助我國銀行擴展業務規模、提升服務品質及發展人民幣業務商品，以因應人民幣國際化之金融趨勢，我國OBU辦理人民幣業務，目前已有超過50家銀行OBU經

許可辦理人民幣業務。

　　另為發展金融機構的資產管理業務，增加投信基金在境外的銷售通路，並協助投信事業發展外幣計價商品，銀行OBU得受託或以自有資金投資國內證券投資信託事業，發行外幣計價基金，即以外幣計價、收付，其投資標的限於以外幣計價的產品，且該產品不得涉及新臺幣匯率及投資國內。

　　近來又大幅放寬OBU衍生性金融商品業務及外匯業務，而且新種外匯業務採備查方式，以鼓勵銀行推創新商品，吸引更多資金到OBU。

八、與外幣有關的新種商品市場

　　依據「銀行業辦理外匯業務管理辦法」的規定，衍生性外匯商品業務，係指經營涉及外匯，而其價值由資產、利率、匯率、商品、股價、指數等或其他相關產品所衍生的交易合約的交易、仲介、代理等業務行為。所謂交易合約，係指保證金的槓桿式契約、期貨、遠期契約、交換、選擇權或其他性質類似的契約。

　　為配合國際金融自由化的世界潮流，我國已完成多項相關措施。例如：修訂管理外匯條例、成立外幣拆款市場、修訂國際金融業務條例、放寬資金的進出、放寬銀行承作業務的範圍等。在放寬銀行承作的業務範圍方面，自民國八十五年，開放指定銀行得以報備方式開辦店頭市場純外幣（即外幣對外幣）衍生性金融商品業務。各指定銀行僅須檢附商品簡介、作業準則、風險控管及辦理人員資歷等向中央銀行報備即可開辦，迄今店頭市場之涉及外幣的衍生性商品大致齊備。

　　以下即就目前已開辦的新種金融商品中交易量較多者，作一簡要介紹（遠期外匯交易及換匯交易已於第五章說明，至於外幣信託資金投資國外有價證券業務，則於第九章最後有介紹，故除外）。

(一)保證金交易（margin trading）

指定銀行於客戶簽約及繳存保證金後，得隨時應客戶的要求，於保證金的某一倍數（約10～20倍）內，在外匯市場從事不同外幣間的即期或遠期買賣，客戶一般都在當日或到期前平倉而不進行交割。

(二)無本金交割的遠期外匯交易（Non-Delivery Forward, NDF）

指在遠期外匯契約到期時不交割本金，而僅就契約所議定的匯率與到期時的即期匯率間的差額予以清算收付的交易方式。指定銀行承作此項業務，乃以國內指定銀行及其海外分行或總行爲限。到期結清時，一律採現金差價交易。

(三)外幣間換匯換利（Cross Currency Swaps, CCS）

契約雙方約定未來一定期間，在起算日依約定匯率交換等值的兩種外幣，並在到期日依同一匯率換回原持有的外幣，且依約定利率（固定利率對固定利率、固定利率對變動利率，或變動利率對變動利率）定期相互支付利息。中央銀行目前開放的換匯換利，可以是期初期末皆交換本金，也可以是期初期末皆不交換本金的換匯換利方式。此外，依嚴格的定義，固定利率對固定利率的通貨交換，稱爲Currency Swaps（CS）；但我國中央銀行目前開放的Cross Currency Swaps亦包含 Currency Swaps在內。

(四)外幣選擇權（OTC currency options）

契約雙方約定，選擇權的買方於支付權利金給選擇權的賣方之後，得於未來某一特定日之前，隨時要求選擇權的賣方以事先約定的匯率買入或賣出定量的某種外幣。這種契約可能由於買方於到期時發現仍無要求履約的實益，以致放棄權利而自動失效。目前開放指定銀行辦理的店頭式外幣選擇權契約交易，可以是外幣對外幣，也可以是新臺幣對外幣的選擇權。

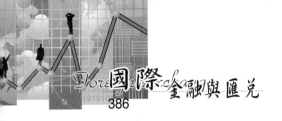
九、綜合情況

　　以民國一〇八年為例,該年外匯日平均交易量為325億美元,外匯交易綜合情況如下:

(一)以交易對象區分

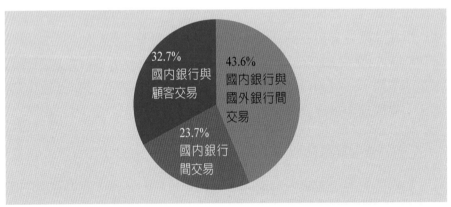

圖8-3

(二)依幣別區分

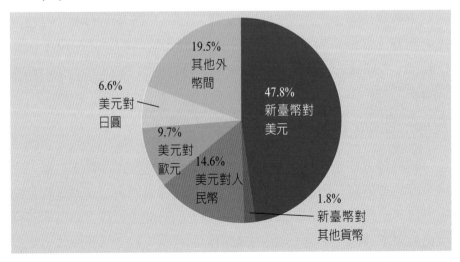

圖8-4

(三)依交易類別區分

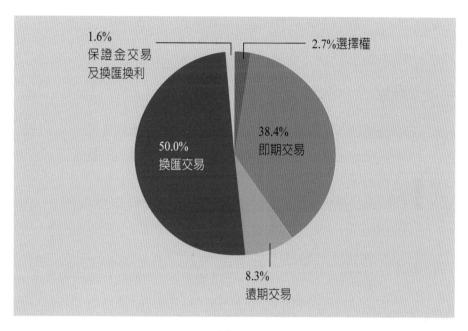

圖**8-5**

習 題

一、是非題

1. （　）我國在外匯市場成立之前，實施的是官定匯率制度。

2. （　）民國七十五年外匯開放的重點在於匯率制度的改變，匯率完全自由化。

3. （　）目前我國外匯部位的計算方式係採用權責制。

4. （　）民國八十四年，我國實施外匯交易制度改革，這次的改革，一般稱為「外匯交易自由化」。

5. （　）我國目前無論個人或公司行號匯出及匯入匯款均無限額規定。

6. （　）中央銀行目前對指定銀行外匯部位的管理，係由銀行自訂並洽商中央銀行同意後辦理。

7. （　）我國目前的換匯交易僅限銀行與銀行間承作，顧客無法參與交易。

8. （　）我國目前已開放指定銀行辦理店頭市場純外幣衍生性金融商品業務。

9. （　）我國銀行辦理境外金融業務之所得，免徵營利事業所得稅。

10. （　）外幣保證金交易是一種衍生性外匯商品業務。

二、選擇題

1. （　）我國外匯市場成立於民國：　(A)五十六年　(B)六十六年　(C)六十八年　(D)七十六年。

2. （　）我國在外匯市場成立之初係採取：　(A)固定　(B)官定　(C)浮動　(D)機動　匯率制度。

3. （　） 我國第一家營利性質的外匯經紀商是：　(A)外匯交易中心　(B)臺北外匯經紀股份有限公司　(C)臺北外匯市場發展基金會　(D)外匯經紀商籌備小組。

4. （　） 我國遠期外匯交易量約莫占全體外匯交易的：　(A)1%-10%　(B)10%-20%　(C)20%-30%　(D)30%-40%。

5. （　） 在我國，所謂指定銀行係指經：　(A)中央銀行　(B)財政部　(C)國貿局　(D)證期會　指定辦理外匯業務的銀行。

6. （　） 我國外匯市場的交易以：　(A)即期交易　(B)遠期交易　(C)換匯交易　(D)保證金交易　占最大比例。

7. （　） 在我國，換匯交易最主要的功能在於：　(A)套利賺取差價　(B)匯率或利率投機交易　(C)規避匯率或利率風險　(D)本國銀行與外商銀行間的資金調度。

8. （　） 臺北外幣拆放市場中，拆放的幣別，以哪一種所占比重最高？　(A)日圓　(B)美元　(C)馬克　(D)英鎊。

9. （　） 我國境外金融業務的優惠措施中，不包括以下哪一項？　(A)免提存款準備　(B)免徵營利事業所得稅　(C)免投存款保險　(D)免提呆帳準備。

10. （　） 我國OBU的資金來源以金融機構存款為主，其中來自：　(A)亞洲　(B)歐洲　(C)美洲　(D)大洋洲　的比重最高。

三、填充題

1. 依我國規定，凡是新臺幣_____以上等值的外匯收支或交易，應依規定申報。

2. 我國目前有_____與_____兩家外匯經紀商。

3. 在我國，所謂外匯指定銀行係指經_____指定辦理外匯業務的銀行。除了外匯銀行，信用合作社、農會信用部及漁會信用部，得辦理及_____業務。中華郵政股份有限公司得辦理_____與_____買賣外

幣現鈔及旅行支票業務。

4. 臺北外幣拆放市場成立於民國_____年，目前拆放的幣別以_____、_____、_____居多，拆放的期間則以_____占最大比重。

5. 我國的境外金融中心成立於民國_____年，主要的管理法令為_____，就業務結構上來看，資金來源以_____為主，資金運用則以_____為主。

四、解釋名詞

1. managed floating
2. NDF
3. foreign currency call loan market
4. OBU
5. CCS

五、問答題

1. 請分階段說明，我國外匯管理與匯率制度的演進過程。
2. 請說明我國近年來，在金融自由化及國際化方面，有哪些具體措施？
3. 請說明我國換匯市場的特性。
4. 何謂「店頭市場純外幣衍生性金融商品業務」？我國目前有關這方面的規定及交易現況是如何？
5. 請以最新的資料說明我國外匯市場交易現況，請分別就以下四方面加以說明：
   (1) 交易對象。
   (2) 交易幣別。
   (3) 交易類別。
   (4) 新種商品。

6. 何謂外匯保證金交易？何謂無本金交割遠期外匯交易？兩者的不同點
　　為何？

9

銀行外匯業務

International Exchange

本章主要在介紹目前我國外匯指定銀行所辦理的各項外匯業務。依據「銀行業辦理外匯業務管理辦法」的規定：「指定銀行經中央銀行之核准，得辦理下列外匯業務的全部或一部：

一、出口外匯業務。

二、進口外匯業務。

三、一般匯出及匯入匯款。

四、外匯存款。

五、外幣貸款。

六、外幣擔保付款之保證業務。

七、衍生性外匯商品業務。

八、其他外匯業務。」

　　以下即依序介紹上述各項外匯業務的辦理手續。

第一節　出口外匯業務

　　出口外匯業務包括信用狀通知、保兌、押匯、出口託收及應收帳款收買等項。關於信用狀與託收的流程，已於本書第一章說明，本章不再列述。

一、信用狀通知

信用狀通知包括信用狀開發的通知與信用狀修改的通知。

(一)信用狀開發的通知

當外匯銀行收到國外銀行開來的信用狀時，首先應核對信用狀上

的簽章（郵遞信用狀）或押碼（test key，電傳信用狀），經核對無誤後，附上「信用狀通知書」（advice of credit）迅速通知受益人。如接到的是非通匯銀行（non-correspondent）所開來的信用狀，無法鑑定信用狀上的簽章或押碼時，通知銀行通常會先與開狀銀行取得聯繫，等接獲必要的資訊（例如：開狀銀行以加押的電文證實其信用狀的開發）後，才通知受益人。若通知銀行不向開狀銀行取得證實，即直接通知受益人，則須在通知書中表明無法確認信用狀的眞實性，並聲明無法負責。

(二)信用狀修改的通知

當外匯銀行收到國外銀行開來的信用狀修改書時，應即通知受益人；如受益人不同意修改內容時，通知銀行應取得受益人的聲明書，並迅速通知開狀銀行。

二、信用狀的保兌

即外匯銀行應國外開狀銀行的請求，擔保兌付該信用狀項下跟單匯票。經保兌的信用狀，因在開狀銀行之外，尚有保兌銀行負兌付的責任，對受益人極爲有利，而保兌銀行與開狀銀行是以個別、獨立的地位負兌付的責任，所以即使開狀銀行破產，保兌銀行也不能向押匯銀行或受益人行使追索權。因此保兌銀行必須謹慎審查單據，確認單據符合信用狀規定，才能兌付。

由於保兌銀行的責任重大，因此，銀行對於開狀銀行的保兌授權或委託，並無接受的義務，若無意保兌，須儘速告知開狀銀行，因此，保兌的作成，除了必須要有開狀銀行的授權或委託，還要有保兌銀行同意附加保兌的聲明，兩者缺一不可。

由於開狀銀行通常都直接請求信用狀的通知銀行對信用狀保兌，因此保兌銀行多由通知銀行擔任。

三、出口押匯

憑信用狀的出口結匯，又稱爲「出口押匯」。當受益人將貨物裝運出口後，便可準備信用狀所規定的各項單據，請出口地的外匯銀行以墊款、貼現或讓購的方式，先行墊付貨款，再由該外匯銀行（即押匯銀行）將各項單據向開狀銀行或指定付款銀行提示，請求付款。對押匯銀行而言，出口押匯乃銀行讓購或貼現信用狀下的單據，以資金協助出口商的一種授信行爲，故出口押匯也可以算是出口融資的一種。

(一)押匯手續

1.初次申請出口押匯的手續

出口商向外匯銀行申請押匯，如係初次往來，一般都須依照銀行規定辦妥各項手續，銀行才會受理。通常初次往來時，應辦的手續有以下四項：

(1) 提供各項徵信資料：例如：客戶資料表、股東名簿、近三年資產負債表、損益表及納稅證明等，供銀行徵信之用。經銀行徵信核可後，即授與押匯額度。若出口商財務狀況並不十分良好，押匯銀行有時會要求出口商提供擔保品或覓妥適當的保證人，才接受押匯申請。

(2) 簽訂出口押匯總質權書（Letter of Hypothecation，或General Letter of Hypothecation，簡稱L/H）：L/H是一種受益人與押匯銀行的往來約定書，約定雙方的權利義務，其格式由銀行印就，出口商只要覓妥連帶保證人並簽署即可，其效力爲永久，往後各次押匯時均適用。

(3) 簽蓋印鑑登記卡。

(4) 開設外匯存款帳戶。

2. 每次申請押匯時的手續

開戶手續完成後，出口商即可申請押匯。每次押匯時，應提供下列文件：

(1) 出口押匯申請書：空白格式由押匯銀行提供（參見表9-1）。
(2) 信用狀正本：若有修改書，也要一併提出。
(3) 匯票：應事先向押匯銀行索取或下載空白匯票，一式兩份，若信用狀未規定應提示匯票，則免提供。。
(4) 信用狀規定的各項單據：應提供單據的種類、份數及應具備的內容，須依信用狀或信用狀統一慣例（UCP）的規定。

出口商將以上文件遞送押匯銀行，經押匯銀行核對單據，如完全符合信用狀規定，即將押匯金額扣除押匯手續費、貼現息，以及其他各項費用後的淨額撥存入出口商的帳戶，出口商可將該筆外匯結售給外匯銀行，也可以外匯方式保有。

押匯銀行於辦理押匯後，即製作寄單伴書（covering letter），載明信用狀號碼、匯票金額、付款人名稱、地址，以及隨附的單據名稱與份數，連同單據寄送開狀銀行或付款銀行。

(二)轉押匯（re-negotiation）

當信用狀有指定押匯銀行，例如：信用狀載明「Available with XX bank by negotiation」，就是指定XX bank為押匯銀行。原則上，受益人應向該指定銀行辦理押匯；但若指定的押匯銀行並非受益人的往來銀行，則可能造成不便。在我國，外匯銀行為方便客戶辦理押匯而有轉押匯的制度，即由受益人逕向其往來銀行辦理押匯，再由該往來銀行向指定押匯銀行辦理轉押匯事宜。在此場合，該往來銀行稱為第一押匯銀行（first negotiating bank），該指定的押匯銀行稱為第二押匯銀行（second negotiating bank）。國外銀行原則上係付款給第二押匯銀行，但如經第二押匯銀行指示，也可將款項逕付第一押匯銀行。

兆豐國際商業銀行

出口押匯申請書
APPLICATION FOR NEGOTIATION OF DRAFTS/DOCUMENTS UNDER L/C

兆豐國際商業銀行　公鑒
TO: MEGA INTERNATIONAL COMMERCIAL BANK

日期：西元　　　年，　　月，　　日
Date　yyyy　mm　dd

Dear Sirs:

信用狀通知號碼　　　前次押匯編號

茲隨　函附專本公司所開匯票　第　　　　號計　　　　（金額）根據信用證第　　　　號

We Send you herewith for negotiation and/or discount our draft No　　　for　　　　drawn under L/C No.

dated：西元　　年，　月，　日 issued by (開發信用狀銀行)

及下列各項證件即請照並希准予辦理押匯；該匯票如為遠期匯票並希准予辦理貼現為荷：

accompanied by the following documents:

主要上列各項諮務具所開匯票事項絲法絲付；本公司負責保證確保貨到付沈絲收支上兩款項，並負責保證確保款實貨行所訂「出口押匯總約定書」，「貨押辦理換約書」，所列約定，茲所列各貨，凡係一切沈充章，係本充業行因望付上項匯票或下列事項匯率接無照期金貨等連得清貨鑑收支述支違充沈價；本充業寄付款處承兑之違票不無為結連支票或一單件，本充司於持遭貨行違知情處違充貨行業充或將來來兄於本充行款行本系列之費帳匯率絲本收支上支支述支遠支票充收支支法反查充匯；於本充法列置中盡處行絲支絲列充貨貨违充時，本充司遵列違本充充繼貨充支科件於繼違之貨件所违於繼達之持頭，本系將置連充以将來於鄉列貨貨貨貨貨件將充持頭，卷。

For the Proceeds, please have it settled in accordance with the Foreign Exchange Regulation. In consideration of your advancing the amount under the above mentioned documentary draft or shipping documents listed below, we guarantee the fulfillment of all legal obligation according to "consolidated export negotiation agreement"/" General Letter of Hypothecation" signed by us and guarantee that you can duly receive the proceeds and further undertake to hold you harmless and indemnified against non-payment and/or non-acceptance, and also against unreasonable delay payment of the said draft or documents and we shall refund you in original currency the whole and/or part of the draft or documents amount with interest and/or expenses that may be accrued and/or incurred in connection with the above on receipt of you notice to that effect, and release you from taking any legal procedure for safeguarding the right of claim on the draft(s) without any objection. Whenever it is deemed necessary for the protection of yourselves, you may either dispose of or make a set-off on our property including collaterals and deposit balance which may now or hereafter be in you or your branches' possession at your discretion without notice to us. We further agree to stand any loss in exchange which may occur from you receive drafts/document until you can settle it. In case of usance draft(s) discounted, we further agree you to deduct the discount charges calculated at your defined rate from the negotiating proceeds at the time of negotiation.

本筆押匯款項，請依下列方式處理：

□墊付新臺幣帳號　　　出口商：

　金額　　　統一編號：

□墊付外匯帳號　　　聯絡人：

　金額　　　張　電話：

□匯出匯款(附申請書)　　　號折換新臺幣　報關行：

□按預售契約　　　項下貸款　電話：

□其他：還下L/C No.

□收妥後入本公司新臺幣帳號

□收妥後入本公司外匯帳號

（請蓋國際貿易局廠商印鑑卡商編號或其他事業登記卡登記號碼）
Please　Put　Your　Assigned　Number　Chop

Yours　faithfull

_____

（請蓋國際貿易局廠商印鑑卡之廠商及負責人印章(Authorized siqnature)）

（接下頁）

（承上頁）

表9-1（續）

CHECK MEMO

Expiration :	Place :		Charge & Commission		☐Interest to be Charge
Latest date shipment			Title	Amount	Remark
	Credit balance :				
Latest presentation B/L Date		天=			
Tenor : days ☐after / ☐from / ☐Sight / ☐Negotiation / ☐B/L Date :			Value Date :		

COVER TYPE	Renego/Reim		ID	Renegotiation Charge	
☐ISSUE	Bank		Ref.No.	Paying ☐Check ☐Ticket	
☐RENEGO	Designated			Commission :	
☐REIM.	Party			Cable/Postage :	

求償審單方式		Document	Draft	Invoice	B/L	Cons/ Cust. Invoice	Cert of Origin	Insuran ce Cert	Packing/ Weight List	Insp/ Survey Cert	Benefi/ Shipper Cert	Assign Letter	Carrier Cert	Copy of Cable	Postal Receipt	Insuran ceCo's Cert	電文製作
Mail	Paying	Original															求償 MT742
DHL	Bank	Duplicate															電告 MT754
T/T	Issuing	Original															電詢 MT750
Renegotiation Hold	Bank	Duplicate															瑕疵電覆MT734
Courier Service																	其他 MT799
Courier IDC	Designated Party																

Payments Instruction	Special Instruction	Discrepancies to be corrected	Remark

Discrep.unable to be corrected

Discrepancies: (未列者審自行填寫)
- 01 CREDIT EXPIRED
- 02 LATE PRESENTATION
- 03 LATE SHIPMENT
- 04 PARTIAL SHIPMENT
- 05 IRREGULAR SHIPMENT
- 06 EARY SHIPMENT
- 07 TRANSHIPMENT
- 08 SHORT SHIPMENT
- 09 OVER DRAWN
- 10 SHORT DRAWN
- 11 UNIT PRICE DIFFERS
- 12 PRICE TERMS DIFFERS
- 13 AWB I/O B/L PRESENTED
- 14 CARGO RECEIPT I/O B/L
- 15 P.O. L/P.O.D. DIFFERS
- 16 DESTINATION DIFFERS
- 17 DESCRIPTION OF GOODS DIFFERS
- 18 CREDIT TRANSFERRED
- 19 CREDIT NOT TRANSFERRED BY BANK
- 20

本筆文件係由
☐擬同意以押匯方式承做。
☐擬同意由放款出具保證書後以押匯方式承做。
☐擬電詢開狀行，獲同意後以電報押匯方式承做。
☐擬以收妥人帳方式處理。

公司提示，金額

Approved by :　　　　Rechecked by :　　　　Checked by :

後補背書：☐件長　☐裏書　☐副理

(三)押匯單據有瑕疵的處理方式

當出口商辦理押匯時，押匯銀行發現單據有瑕疵，其處理的方式有：

1. 補全或更正單據

若單據的瑕疵是缺少若干應提示的單據，或單據上的記載有誤而得以更正者，出口商應於規定提示單據的期限內，將單據補全或更正。

2. 修改信用狀

若時間來得及，由出口商請進口商向開狀銀行申請修改信用狀，修改不符或無法做到的條款。

3. 電詢押匯（cable negotiation）

由押匯銀行將單據不符的內容以電傳詢問開狀銀行意見，遵照對方回電決定是否受理押匯。但是單據的瑕疵複雜時，難以詳細陳述於電傳中，若陳述不清，易引起日後糾紛。

4. 改採「信用狀項下託收」

若瑕疵情況嚴重或複雜，可能遭開狀銀行拒付時，押匯銀行往往徵得出口商同意後，改採信用狀項下託收方式辦理（通常仍使用出口押匯申請書辦理，由出口商於申請書上註明「請以信用狀項下託收處理」或類似文字，押匯銀行寄單伴書上亦應避免使用「collection」，以免造成誤解），押匯銀行不先墊款，待收妥貨款後，再將款項交付出口商。

5. 保結押匯（under reserve, under letter of indemnity, against a guarantee）

當瑕疵情況不甚嚴重，研判可能不會遭開狀銀行拒付時，出口商可以徵得押匯銀行同意，由出口商簽具認賠書（或稱損害賠償約定書）（Letter of Indemnity, L/I）（參見表9-2），必要時並提供擔保品，請押匯銀行准予押匯，此即「保結押匯」。如開狀銀行接受單據並付款，押匯銀行即通知出口商解除保證責任；如開狀銀行拒付，則出口商應將押匯款償還押匯銀行，並賠償押匯銀行的一切損失。若信

表9-2

損 害 賠 償 約 定 書

LETTER OF INDEMNITY

ABC 銀行外匯業務處公監：   日期

ABC BANK   Date:

FOREIGN DEPARTMENT

TAIPEI TAIWAN 100

Der Sirs,

    茲為請求貴處購買本公司所開匯票第   號

    In consideration of your negotiating our Draft No.

付 款 人

Drawn on

金額   係 屬 信 用 狀 號 碼

for   under Letter of Credit No.

開狀銀行名稱

Issued by

鑑於原條款規定

Which stipulates

與 所 提 有 關 文 件 內 容 不 符

Whereas the relative documents indicate

茲 本 公 司 保 證 設 若   貴 處 已 買 入 上 項 與 信 用 狀 條 款 不 符 之 匯 票

We hereby undertake to   indemnify you for whatever loss and/or damage that

致 遭 受 損 害 時 當 由 本 公 司 負 責 全 數 償 還

you may sustain due to the above-mentioned discrepancy (ies)

          Faitfully yours,

          立 約 人 簽 章

      地   址：

      Address：

用狀禁止保結押匯，例如：信用狀中規定 Negotiation under any guarantee whatsoever is not acceptable 時，即不得以保結方式辦理押匯。

四、出口託收

當出口商與進口商在貿易契約中，係約定以託收方式付款時，出口商應於貨物裝運出口後，簽發匯票（或連同貨運單據）向外匯銀行辦理託收，其手續如下：

(一)出口商填具出口託收申請書，如為光票託收則附上匯票，如為跟單託收（D/P或D/A）則除匯票外，尚須附上各項單據，向外匯銀行辦理出口託收。

(二)外匯銀行審核出口託收申請書及各項單據，審核無誤後，即在匯票上背書，繕製託收指示書，連同匯票（及各項單據）寄給進口地的通匯銀行，請其依託收指示書的條件，向進口商收款。

(三)銀行接到國外代收銀行貨款收妥的通知時，即可通知出口商辦理結匯取款或存入外匯存款帳戶。若收到國外代收銀行有關進口商拒絕付款或拒絕承兌的通知時，應立即就單據的處理方式給予指示。

外匯銀行辦理出口託收，應遵照出口商（即委託人）的指示，並根據外匯管理法令及國際商會所制定的「託收統一規則」（Uniform Rules for Collection, URC）辦理。由於銀行並不提供信用擔保，也不預墊貨款，故不是銀行的授信業務。

五、應收帳款收買業務（Factoring）

應收帳款收買業務係外匯銀行直接買進出口商對進口商的應收帳款債權，而承擔進口商的信用風險、進口國的政治風險及外匯移轉風

　　險並提供帳務管理、應收帳款收取與出口貿易融資等多項服務為一體的整合性金融業務。經營Factoring的金融機構，稱為Factor。

　　Factoring適用於以先交貨後付款的條件銷售貨物或提供勞務產生的應收帳款，在國際間，以專戶記帳（Open Account, O/A）或D/A方式與國外交易的出口商，交貨之後所產生的應收帳款，可透過Factoring賣給銀行，並由銀行墊付部分款項，不僅可移轉風險，還可獲得資金融通。至於以L/C或D/P方式出口的交易，則不適用於Factoring業務。

　　外匯銀行辦理的Factoring多為無追索權（without recourse），亦即若進口商到期不付款，外匯銀行仍應保證付款給出口商，無法向出口商行使追索權。出口商可有效藉此規避進口商的信用風險。不過，商業糾紛的不付款為例外，也就是說，即使是無追索權的Factoring，若因可歸責於賣方過失所產生的商業糾紛所導致的買方不付款（例如：品質或數量不符、遲延交貨），銀行可以要求出口商買回應收帳款，並償還銀行已墊款金額的本息。

　　目前國內金融機構所承作的Factoring，多屬雙承購商型（Two-Factor Service），其方式為位於出口國的出口承購商（Export Factor）承購出口商的應收帳款，並負責對出口商進行融資及帳戶管理等工作；位於進口國的進口承購商（Import Factor）則負責對進口商進行信用評估、審核信用額度、承擔進口商的信用風險，並且負責向進口商收款，收到款項後再支付給出口承購商。茲以Two-Factor Service說明Factoring的作業流程：

　　假設位於臺灣的出口商與位於美國的進口商約定以O/A方式付款，出口商對進口商的信用存有疑慮；此外，出口商因有資金調度的需求，希望能先獲得資金的融通，故決定向國內的金融機構辦理Factoring：

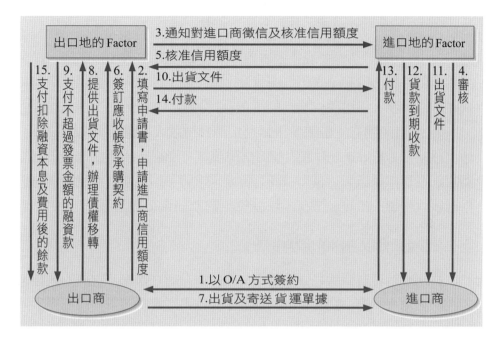

外匯銀行辦理Factoring業務除了是一項出口融資業務，必須承擔風險之外，並且負責辦理債權管理及應收帳款記帳（book keeping）等工作，此乃其特色。

六、中長期出口票據貼現（Forfaiting）

銀行對短期應收帳款（半年以下）的服務，常用上述的Factoring業務；至於中長期的應收帳款（半年至7年），則多採用Forfaiting。其作業方式是由外匯銀行在無追索權的基礎上，以固定利率貼現方式買進銀行保證的付款票據（匯票或本票），並於預扣利息後，將款項付給出口商。經營Forfaiting的金融機構，稱為Forfaitor。

常見的Forfaiting辦理方式有：

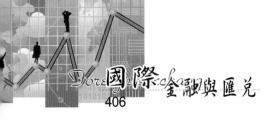

(一)以中長期賒購或分期付款方式付款

1. 進口商開立一張或多張本票，並請銀行對本票加以保證，以這些本票支付出口商。當出口商有資金需求時，即可向外匯銀行申辦Forfaiting業務，以這些本票向Forfaitor貼現。

2. 出口商開立一張或多張以進口商爲付款人的匯票，由進口商承兌匯票（若Forfaitor對進口商的信用風險有疑慮時，會要求須由銀行對匯票加以保證）。當出口商有資金需求時，即可憑該承兌匯票向外匯銀行申辦Forfaiting業務，以這些匯票向Forfaitor貼現。

(二)進口商以遠期信用狀付款

押匯銀行若對開狀銀行的信用或開狀銀行所在國家、地區的政經情況缺乏信心，擔心開狀銀行到期無法付款，通常不願對出口商提示的遠期跟單匯票辦理押匯，在此情況下，出口商可藉由Forfaiting業務的申辦，將遠期跟單匯票交付Forfaitor，Forfaitor於開狀銀行審查單據無誤並承兌匯票後，即買斷該承兌匯票，付款給出口商。出口商可藉此轉嫁開狀銀行的信用風險與進口國的政治風險，並獲得融資的便利。這種在遠期信用狀之下辦理的Forfaiting業務，又稱爲「遠期信用狀賣斷」。

茲以遠期信用狀之下的Forfaiting業務，說明其流程：

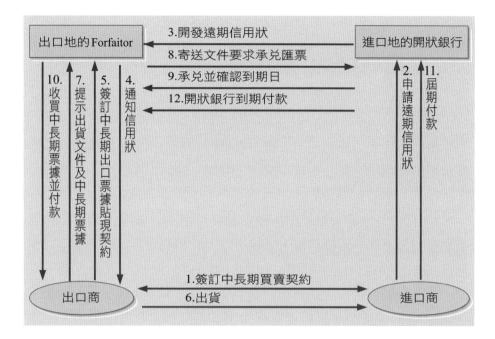

銀行承作Forfaiting須承擔開狀銀行、保證／承兌銀行或進口商於票據到期時，不付款的信用風險與政治風險，且係100%貼現（須扣減手續費與融資利息，其費率由Forfaitor依據貼現金額、期限與風險評估加以核定或與客戶議定）。

七、預售遠期外匯

(一)意義

外匯的收取者（例如：出口商）為避免匯率變動的風險，確保其兌換外匯的收入，預先以遠期匯率將外匯賣給銀行。

(二)限制

依據中央銀行的管理辦法，銀行辦理與顧客間的新臺幣與外幣間

遠期外匯交易，對象以有實際外匯收支需要者爲限。（此指有本金交割的遠期外匯交易DF，無本金交割的遠期外匯交易NDF，將於本章第七節說明。）

(三)程序

銀行辦理此項業務，須依據中央銀行頒布的指定銀行辦理遠期外匯業務的相關規定與各銀行作業規定辦理，處理程序爲：

1. 訂約：申請人應提出相關交易文件或主管機關核准文件，逐筆填具預售遠期外匯契約書，金額不得大於相關交易文件的金額。交割日可以是固定日期（例如：30天、60天等），也可以選定某一期間，在該期間內可一次或分次交割。交割日原則上最長以一年爲限。

2. 收取保證金：銀行可自行決定是否向顧客收取保證金，保證金收取的成數也是由承作銀行與顧客議定。

3. 交割：申請人於提示齊全的押匯單據，或收妥國外匯款或出口託收款項，即可於選定日期或選定期間辦理交割，銀行會在結匯證實書或水單上加註「遠期外匯交割」字樣。

4. 展期：申請人如因業務上的正當理由，無法於契約屆期前履行交割義務時，得檢附交易證明文件（如信用狀修改書）申請展期，重新訂約，匯率以另訂新約當時的匯率爲準。

5. 註銷：申請人若因貿易上的原因，未能於到期日履行部分或全部契約，得申請註銷，於繳納銀行匯率差價損失後，退還保證金。

第二節　進口外匯業務

銀行的進口外匯業務包括開發信用狀、修改信用狀、贖單及進口

託收等項。

一、開發信用狀

　　銀行為客戶開發信用狀，係一種進口融資的授信行為，因此銀行於辦理此項業務時，多依以下步驟謹慎處理：

(一)核予開狀額度

　　進口商填具授信申請書，向銀行申請開狀額度，銀行核准額度之後，始得申請開狀。進口商若以自備款全額結匯，則免申請開狀額度。

(二)進口商申請開狀

　　進口商提出下列文件，向外匯銀行申請開發信用狀：

　　1. 開發信用狀申請書（application for opening L/C）：銀行均備有空白申請書，進口商須自行填製。銀行開發信用狀時，係以開狀申請書的內容為依據，因此進口商應將必要事項詳細正確地填入。
　　2. 交易證明文件：例如：買賣契約、訂單或報價單等。
　　3. 保險單據：在FOB或CFR條件下，開狀銀行為保障其融資債權的安全，通常會要求進口商提供以開狀銀行為受益人的預約保險單據，並由開狀銀行保管。

(三)銀行審查開狀申請書

　　開狀申請書各項應填載內容是否均填載清楚，是否與交易文件所列者相符，申請書各項條件是否有相互矛盾之處，是否合乎國家法令規章，最重要的是，信用狀條件是否可確保開狀銀行的債權。

(四)進口商繳交保證金

是否收取保證金，或保證金的收取比率，由銀行依進口商信用及交易內容自行決定。一般稱此為「進口開狀第一次結匯」，至於進口商結匯的方式，可以自備外匯結付，也可以開狀當日的銀行牌告賣出匯率（可議價），或先前已辦妥的預購遠期外匯匯率，折合新臺幣計收。

(五)進口商繳納各項開狀費用後，由銀行依申請書開發信用狀

表9-3　開發信用狀申請書

約定書

下面開發信用狀之申請，倘荷貴行核准，立約人願遵守下列各條款：

一、關於本信用狀下之匯票及（或）有關單據等，如經貴行或貴代理行認為在表面上尚屬無訛，立約人一經貴行通知或提示匯票時，應立即贖單及付款或承兌並屆期照付。

二、上項匯票或單據等縱在事後證實，其為非真實，或屬偽造，或有其他瑕疵，概與貴行及貴代理行無涉，其匯票或有關債務仍應由立約人照付。

三、本信用狀之傳遞錯誤、遲延或其解釋上之錯誤，及關於上述單據或單據所載貨物或貨物之品質或數量或價值等之全部或一部滅失、遲遞或未經抵達交貨地，以及貨物無論因在洋面、陸上運輸中，運抵後或因未經保險或保額不足或因承辦商或任何第三者之阻滯或扣留及其他因素各等情況以致喪失或損害時，均與貴行或貴代理行無涉，該匯票仍應由立約人兌付，所生一切債務仍應由立約人負責清償。

四、與上述匯票及與匯票有關之債務，及立約人對貴行不論其現已發生或日後發生，已到期或尚未到期之其他債務，在未清償以前，貴行得就本信用狀項下所購運之貨物逕行處分，賣得價金用以償還對貴行之債務。立約人所有其他財產，例如：存在貴行及分支機構或貴行所管轄範圍內之保證金、存款等，均任憑貴行處分，用以清償票款及其他債務。

五、立約人並同意將本信用狀項下，以貴行為受貨人之貨物單據返還請求權及結匯保證金未用款項返還請求權，設定質權予貴行，以擔保立約人依本約定書所負之一切債務。

（接下頁）

（承上頁）

六、如上述匯票或債務到期而立約人不能照兌或給付時，或貴行因保障本身權
　　益認為必要時，貴行得不經通知，有權決定將上述財產（包括貨物在內）
　　以公開或其他方式自由變賣，就其賣得價金扣除費用後抵償貴行借墊各款，
　　無須另行通知立約人，且債務之抵充順序由貴行決定。

七、本申請書內容確與有關當局所發給之輸入許可證內所載各項條件及細則或
　　有關交易文件絕對相符，倘因立約人疏忽，致信用狀未能如期開發，貴行
　　概不負責，貴行且有刪改本申請書內容，俾與輸入許可證所載者相符之權，
　　此外，立約人應遵守國際商會最新修訂「信用狀統一慣例」之規定。

八、本信用狀如有展期或重開及修改任何條件之情事，立約人對於以上各款願
　　絕對遵守，不因展期重開或條件之修改而發生異議。

九、本申請書之簽署人如為二人或二人以上時，對於本申請書所列各項條款自
　　當共同負連帶責任，並負責向貴行辦理一切結匯手續。

十、連帶保證人願就立約人所簽署約定書、申請書及有關文件負連帶清償責任，
　　且事前同意嗣後申請書所列各項之允諾及協議行為並包括其展期、重開及
　　修改事項、債務人債務之延期或分期清償等行為在內，連帶保證人放棄民
　　法保證節除消滅時效以外之一切抗辯權。

十一、立約人同意銀行得將對立約人之徵信調查報告、立約人之財務及票據資
　　　料及其他有關授信之資料（含逾期、催收及呆帳紀錄）提供予財團法人
　　　金融聯合徵信中心、財團法人中小企業信用保證基金及與立約人往來之
　　　金融機構建檔，該二中心並得將上開資料提供予其會員機構。
　　　立約人之負責人及連帶保證人同意與其往來之金融機構（含貴行）、財
　　　團法人金融聯合徵信中心及財團法人中小企業信用保證基金，依其各該
　　　特定目的，得蒐集、電腦處理、國際傳遞及利用立約人之負責人及連帶
　　　保證人之個人資料。

十二、本申請書並作為向貴行動用購料借款之申請文件。

十三、如因本約定書有所涉訟時，立約人及連帶保證人同意以貴行所在地方法
　　　院為管轄法院。

廠商統一編號：
地址：
電話：

　　　　　　-----------------------------------　　　-----------------------------------
　　　　　　　立約人及其負責人（簽章）　　　連帶保證人及其負責人（簽章）

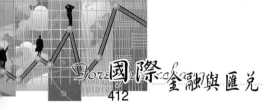
（承上頁）

表9-3　開發信用狀申請書（續）

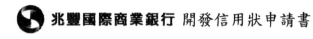

兆豐國際商業銀行 開發信用狀申請書

To:MEGA INTERNATIONAL COMMERCIAL BANK　　　Branch/Dept

（＊20）L/C No.　　　　　　（31C）Date：西元　　年(YYYY)，　月(MM)，　日(DD)

Dear Sirs：　　　　　　　　（40E)Applicable Rules：　UCP Latest Version

I　　　　myself

We　hereby bind　ourselves　to the terms of above and request you to the open on　（＊40A）irrevocable letter of　credit through

your correspondent available by draft（s）drawn without recourse on you or at your option as follows

L/C to be advised by　☐AIRMAIL　　☐BRIEF CABLE　　☐FULL CABLE(SWIFT)

（31D）Expiry Date：西元　　年(YYYY)，　　月(MM)，　　日(DD)

Place：IN BENEFICIARY'S COUNTRY

Advising Bank （由本行填列）	（＊50）Applicant （進口商名稱及地址）
（＊32B）Currency、Amount （大小寫金額均列） 小寫金額： 大寫金額： ☐（39A）Percentage credit amount tolerance 金額增減百分比： 　增　　／減 ☐（39B）Maximum credit amount 最大金額限制NOT EXCEEDING 註：（39A）及（39B）欄位不得同時使用	（＊59）Beneficiary （出口商名稱及地址）

We hereby issue in your favor this documentary credit which is available.

（＊41D）with ☐any bank ☐advising bank ☐　　by ☐ negotiation　of your

（42）draft at ☐sight ☐　days after ☐sight / ☐B/L date / ☐　date　for 100% of invoice value drawn on MEGA

INTERNATIONAL COMMERCIAL BANK CO.,LTD.　against the following conditions and documents required:

（43P）Partial Shipment ☐Allowed ☐Prohibited

（43T）Transhipments ☐Allowed ☐Prohibited （如為聯合運送或貨櫃運輸請勿禁止轉運）

（44A）Place of Taking in Charge/Dispatch From/Place of Receipt

（44E）Port of Loading/Airport of Departure

（44F）Port of Discharge/Airport of Destination

（44B）Place of Final Destination/For Transportation To/Place of Delivery

（44C）Not Later Than 西元　　年(YYYY)，　月(MM)，　日(DD)

（45A）Evidencing Shipment of （goods）若為免除輸入許可證者，須填列 C.C.C.Code

（接下頁）

（承上頁）

表9-3 開發信用狀申請書（續）

Price Terms： ☐FOB ☐FCA ☐CFR ☐CPT ☐CIF ☐CIP☐EXW ☐FAS ☐Others　Place：

（46A）Documents Required：

☐1.Manually signed Commercial invoice in ☐duplicate ☐triplicate ☐quadruplicate ☐

☐2. ☐Full set / ☐2/3 / ☐Copy of originals of "clean on board" ☐Bill of Lading ☐Multimodal or combined transport document ☐charter party Bill of Lading (☐plus　Non-Negotiable copy(ies))

made out to order of ☐ Mega International Commercial Bank Co.,Ltd. ☐Applicant

☐Shipper　and blank endorsed ☐

☐Clean Air Waybill consigned to ☐ Mega International Commercial Bank Co.,Ltd. ☐ Applicant ☐

☐Courier receipt / ☐ Post receipt addressed to ☐Applicant with full address ☐

Marked "freight ☐collect / ☐prepaid / ☐payable as per charter party "

Notifying ☐Applicant with full address. / ☐

☐and

☐3.Packing List in ☐duplicate ☐triplicate ☐quadruplicate ☐

☐4.Insurance policy/certificate in duplicate issued by an insurance company endorsed in blank covering

☐Institute Cargo Clauses ☐ (A) / ☐ (AIR)， ☐ (B)， ☐ (C)

☐Institute War Clauses (Cargo)

☐Institute Strikes Clauses (Cargo)

☐Theft, Pilferage and Non-Delivery

☐Warehouse to Warehouse clauses

☐and

For full invoice value plus 10% indicating the appointed settling agent ☐ in Taiwan ☐at destination.

Claim , if any ,payable in the currency of this credit ☐in Taiwan ☐at destination.

☐5.Beneficiary's certificate stating that

☐one original B/L ☐and one complete set of non-negotiable documents　have been sent directly to the applicant by

☐registered airmail ☐courier service ☐fax (fax No.　) ☐within　days after the date of shipment.

☐one complete set of non-negotiable documents have accompanied the cargo to the destination.

☐6.Others：

（47A）Additional Conditions：

（71B）All banking charges， including reimbursement charge， outside of issuing bank are for account of ☐beneficiary ☐applicant .

（48）Documents to be presented for negotiation within　days after the date of shipment.

（*49）Confirmation Instructions：☐ Without ☐Confirm　confirmation charges are for account of ☐ beneficiary☐ applicant.

☐This LC issuance charges are for account of ☐beneficiary ☐applicant.

☐Discount charges are for account of ☐beneficiary ☐applicant. (賣方遠期信用狀請勾選)

☐Acceptance commission are for account of ☐beneficiary ☐applicant. (賣方遠期信用狀請勾選)

☐others：(attach a separate sheet of paper to clarify if necessary)

AI	VE	DE	甲級主管	乙級主管	覆　核	經　辦

二、修改信用狀

信用狀開發之後，若申請人認為有修改內容的必要時，可向開狀銀行索取空白的「信用狀修改申請書」（application for amendment of letter of credit）（參見表9-4）。申請變更一項或多項的信用狀條款，開狀銀行接獲修改的申請後，若審核准許，即發出信用狀修改書，請通知銀行通知受益人。

依據信用狀統一慣例（UCP）規定，信用狀的修改或撤銷，除非經開狀銀行、保兌銀行（如有者）與受益人的同意，否則不生效力。因此，若修改內容對受益人不利，銀行應先向申請人說明上述規定，以避免日後糾紛。此外，修改書發出之後，若收到受益人拒絕接受修改的通知，應立即通知申請人。

三、贖單

開狀銀行接到押匯銀行寄來的跟單匯票後，即可通知申請人辦理贖單手續。茲依即期信用狀與遠期信用狀分別說明其贖單手續：

開狀銀行於接獲押匯銀行寄來的跟單匯票後，應仔細審查其內容是否完全符合信用狀及UCP的規定，並核對單據彼此之間是否有矛盾之處，單據審查無誤後，即應付款予押匯銀行，同時向申請人發出「單據到達通知書」，請申請人攜帶原結匯印鑑、結匯證實書（保證金部分）等前來繳付扣除保證金後的墊款本息（稱為「進口贖單第二次結匯」），憑以領取單據。

至於單據審查的時間，依據UCP的規定，最長不得超過提示日之次日起的五個營業日。

若審單發現瑕疵或瑕疵已經在押匯銀行的寄單伴書中列出，原則上應註記於到單通知書中，請申請人自行決定是否接受單據，若申請人拒絕接受，或自收到單據後即將逾五個營業日，顧客仍未表示接受

表9-4

| 🔘 **兆豐國際商業銀行** | **信用狀修改申請書** |

To：Mega International Commercial Bank Co.,Ltd.

[*20]Credit No.　　　　　　　　　　　　　　　[30]Date of Amendment：西元　　年，　月，　日
[*21]Advising Bank Ref. No.
[26E]Number of Amendment
[31C]Date of issue of the Credit：西元　　年，　月，　日
[59]Beneficiary：
　　Advising Bank：

　Please amend following by 　☐AIRMAIL 　☐SWIFT (CABLE) 　：注意：不需要修改事項，請勿填寫。
Alteration to be made：申請修改情形：
　　☐[31E]New date of expiry：西元　　年，　月，　日
　　☐[32B]Increase of documentary credit amount：
　　☐[33B]Decrease of documentary credit amount：
　　☐[34B]New documentary credit amount after amendment：
　　☐[44A] Place of Taking in Charge/Dispatch From/Place of Receipt：
　　☐[44E] Port of Loading/Airport of Departure：
　　☐[44F] Port of Discharge/Airport of Destination：
　　☐[44B] Place of Final Destination/For Transportation To/Place of Delivery：
　　☐[44C]Latest date of shipment：西元　　年，　月，　日
　　☐[79]NARRATIVE：(出口商、進口商各名稱及地址、商品、數量、價格條件及其他事項修改請填列本欄)

　[72]BANK TO BANK INFORMATION：　　　　　　　　申請人簽章

　　　　　　　　　　　　　　　　　（請加蓋開狀申請書原留印鑑）

摘要	金額	收訖之章				
手續費收入						
郵電費收入						
合計						
						地址：
AL	VE	DE	甲級主管	乙級主管	覆核	經辦 電話：

聯絡人：

顧客申請修改信用狀須知
一、表首各欄，除「通知銀行」欄外，均由申請人詳細填明。
二、申請修改事項由申請人詳細填入「申請修改情形」欄下各有關項目之內，
　　有必要時將原規定情形列示以便對照，不須修改項目不必填寫。
三、申請書上所填事項不得任意塗改，如必須塗改時，應於塗改處加蓋申請人
　　簽章。
四、修改費用係按照本行公告之收費準則收取。
五、修改手續完竣後，申請人應於十日內來行向經辦修改人員索閱修改函（電）
　　副本查核有無漏誤，逾期本行恕不保管並不再補發。

與否，開狀銀行應即向押匯銀行發出拒付通知。拒付通知中應敘明：1.銀行拒絕付款；2.單據的一切瑕疵；3.單據的處理方式（例如：留置單據待押匯銀行進一步指示，或退回單據等）。

　　除上述一般的贖單手續外，在特殊情況下，外匯銀行尚提供下列特殊手續，以便進口商辦理贖單：

　　當進出口兩地距離不遠，航程短，則往往貨物已到進口地，而押匯單據卻尚未寄達開狀銀行，進口商倘因業務需要急於提貨，或為節省倉租希望及早提貨，可在接獲運送人的「到貨通知書」時，辦埋「擔保提貨」或「副提單背書」手續。

　　1. 擔保提貨（delivery against letter of guarantee）

　　當進口商接到「到貨通知單」時，可先向船公司索取空白的「擔保提貨書」（letter of guarantee for production of bill of lading），填妥後，再到銀行填具「擔保提貨申請書」（application for countersigning letter of guarantee或application for shipping guarantee），附上擔保提貨書、結匯證實書，以及出口商寄來的提單抄本（non-negotiable B/L）、商業發票等有關證明文件，結清銀行墊付款及利息後，請銀行於「擔保提貨書」上簽署具保，進口商即可憑提單抄本及經銀行簽署的「擔保提貨書」向船公司換領提貨單（Delivery Order, D/O），辦理提貨，待提單正本寄到後，再由銀行（或進口商）憑以向船公司換回「擔保提貨書」，以解除銀行的擔保責任。圖9-1為擔保提貨的流程圖。

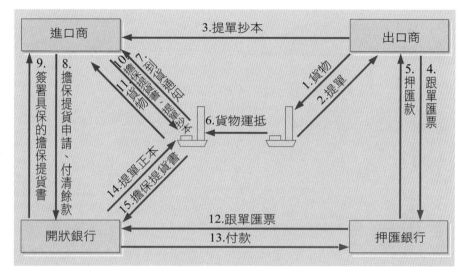

圖9-1 擔保提貨流程

2.（副）提單背書

若買賣契約或信用狀規定賣方應於交付貨物後將正本提單（一份、兩份或全套）直接寄給進口商，且提單受貨人為「to order of issuing bank」，則當進口商接到提單後，可向開狀銀行填具「（副）提單背書申請書」（application for B/L endorsement），連同商業發票、結匯證實書、提單，於結清銀行墊付本息後，請銀行在提單上簽名背書，將提單轉讓給進口商。進口商再憑提單向船公司換領提貨單，辦理報關提貨。此處所稱的「副提單」（duplicate B/L）乃指提單正本，而不是像擔保提貨下所使用的提單抄本（non-negotiable B/L）。圖9-2為（副）提單背書的流程。

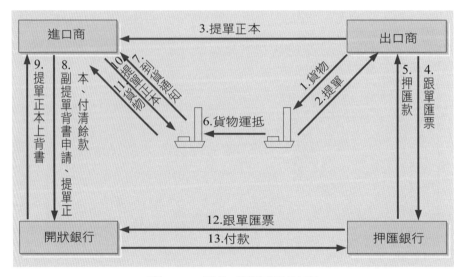

圖9-2　（副）提單背書流程

四、進口代收

在託收的方式之下，當外國（出口國）的託收銀行將託收指示書及匯票（或連同單據）寄往本國（進口國）的通匯銀行（代收銀行），委託其代向進口商收取款項時，對本國銀行而言，這項業務即為進口託收。

代收銀行僅係受託代向進口商收款，不保證付款，故亦無審查單據的義務。但在收到國外銀行寄來的託收單據時，仍應即依託收指示書的內容，核對匯票及／或各項單據的種類與份數，如有任何單據缺漏，或發現與所列載者不符，應儘速通知出口地的託收銀行。若無不符，即可依託收方式的不同，向進口商收取款項。

(一)光票託收（clean collection）

國外銀行寄來的只有匯票，並無附隨任何單據時，稱為光票。若

該匯票為即期匯票，則代收銀行即向進口商提示匯票請其付款；若為遠期匯票，則先向進口商提示請其承兌，俟到期時再提示承兌匯票請其付款，貨款收妥後，即將款項付予國外託收銀行。

(二)跟單託收（documentary collection）

跟單託收依交單條件的不同，分為付款交單（D/P）及承兌交單（D/A）兩種。

1. 付款交單

進口商向銀行付清票款後，即可領取單據辦理提貨，代收銀行於收妥貨款後，即將款項付予國外託收銀行。

2. 承兌交單

進口商向銀行辦理承兌匯票手續後，即可領取單據辦理提貨，俟匯票到期才付清票款，代收銀行收妥票款後，始將款項付予國外託收銀行。

若進口商承兌匯票領取單據後，於到期日拒絕付款，銀行可向法院公證處、商會或銀行公會等申請作成拒絕證書（protest）。拒絕證書的目的在證明執票人已經行使票據權利的必要行為，而未實現，作用在保全執票人向付款人或背書人行使追索的權利。拒絕證書對進口商（即匯票付款人）具有拘束力，若匯票善意執票人對他採取法律行動，他將無法抗辯。

一、匯出匯款業務

(一)匯出匯款的意義

外匯銀行依顧客的申請,以匯票、信函或電傳通知其國外通匯銀行,將款項解付給特定受款人的匯兌業務。

(二)可辦理機構

指定外匯銀行與中華郵政股份有限公司所屬郵局。

(三)匯出匯款的繳款方式

匯款人可以下列方式申請匯出匯款:

1. 以新臺幣結購。
2. 提領外匯存款支付。
3. 以外幣現鈔或旅行支票支付。
4. 部分以新臺幣結購,部分以外幣現鈔或提領外匯存款支付。
5. 以出口押匯款或匯入匯款轉匯。

(四)匯出匯款的方法

匯出匯款依匯款人委託付款方式的不同,可分爲以下三種:

1. 票匯(D/D)。

2. 信匯（M/T）。
3. 電匯（T/T）。

　　其中T/T的使用率最高。有關D/D、M/T及T/T的方式，請自行參閱第一章。

(五)辦理匯出匯款的相關規定

　　1. 若結購金額達新臺幣五十萬元以上，另依「外匯收支或交易申報辦法」填寫「外匯收支或交易申報書」。
　　2. 收取大額現金或匯款金額較大者，應依「洗錢防制法」規定辦理。

二、匯入匯款業務

(一)匯入匯款的意義

　　外匯銀行受國外通匯銀行以匯票、信函或電傳，委託將款項解付給特定受款人的匯兌業務。

(二)可辦理機構

指定外匯銀行與中華郵政股份有限公司所屬郵局。

(三)匯入匯款的方法

匯入匯款的方式與匯出匯款一樣，也可分為以下三種：

1. 票匯（D/D）。
2. 信匯（M/T）。
3. 電匯（T/T）。

(四)匯入匯款的通知

匯款匯入時，應核對押碼或核對簽章，並繕製「匯入匯款通知書」，通知受款人或其設帳銀行。

(五)匯入匯款的解付

1. 結售為新臺幣

(1) 掣發匯入匯款買匯水單，若結售金額達新臺幣五十萬元以上，應依「外匯收支或交易申報辦法」向受款人徵取所須的申報書。

(2) 按當時牌告即期買入匯率折算新臺幣，並依規定扣收手續費。

2. 存入外匯存款、匯出匯款、提領外幣現鈔、旅行支票或扣還外幣貸款，則應掣發匯入匯款交易憑證，並依規定計收手續費。

三、其他匯出及匯入業務

(一)經售旅行支票（traveler's check）

旅行支票係由著名銀行或金融機構所發行，專供持有者於旅途中簽發使用的支票。各種幣別的旅行支票均有不同的面額，例如：美元的旅行支票有 USD10、USD20、USD50、USD100、USD500及USD1,000等不同面額。外匯銀行經售旅行支票的手續如下：

1. 顧客向外匯銀行申請結購旅行支票。

2. 外匯銀行將結售的旅行支票交付申請人，並請申請人於旅行支票上逐張簽字。

3. 外匯銀行依約定方式將旅行支票價款外匯撥付發行銀行。

(二)買入或託收光票

票據可分為有隨附單據的「跟單票據」（documentary bill）與未隨附單據的「光票」（clean bill）。前述的信用狀出口押匯與跟單託收的D/P與D/A，使用的都是跟單匯票；而國外匯兌業務受理的票據多屬光票。

在我國，顧客向銀行提示外幣光票取得款項的方式有二：

1. 光票買入：銀行憑顧客提示的外幣票據先行墊款並收取利息（也稱為貼現），並委託國外通匯銀行代收入帳，待款項收妥後，再予以核銷已墊付的外幣金額。由於銀行買入光票係先行墊款，再委託國外通匯銀行收款，係屬一種先付後收的授信業務，因此銀行往往定有額度限制，須依顧客的信用狀況、票據品質、金額大小、發票人及付款地區等因素決定是否同意辦理，。

2. 光票託收：顧客向銀行提示外幣票據，委託銀行向國外付款銀行提示，銀行再委託國外通匯銀行代收，待票款收妥後再撥付給顧客。一般而言，不適合買入的光票，可以託收方式處理，銀行不先墊款，等收到票款後，才付款給顧客。

不論是光票買入或託收，銀行通常是選擇國外付款地的通匯行或存匯行為代收銀行。

第四節　外匯存款

一、外匯存款的存入

凡匯入匯款、外幣借款、外幣票據、外幣現鈔、出口所得外匯及新臺幣結購的外匯，均得存入外匯存款，但不得以支票存款及可轉讓

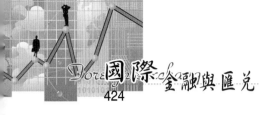

定期存單的方式辦理。除出口所得結售為新臺幣者，係由銀行發出口結匯證實書外，其以新臺幣結購存入者，銀行應掣發賣匯水單；其未以新臺幣結購存入者，銀行應掣發其他交易憑證。

二、外匯存款的提領

存戶提領外匯存款的方式，包括結售為新臺幣、提領外幣現鈔或旅行支票、辦理匯出匯款、支付進口貨款、轉存其他外匯存款戶、償還外幣貸款及掉換其他外幣等。除支付進口貨款係由銀行掣發進口結匯證實書外，其結售為新臺幣者，銀行應掣發買匯水單；其未結售為新臺幣者，銀行應掣發其他交易憑證。

第五節　外幣貸款

一、承作對象

以國內顧客為限。

二、憑辦文件

應憑顧客提供與國外交易的文件辦理。

三、兌換限制

外幣貸款不得兌換為新臺幣，但出口後的出口外幣貸款則不在此限。

四、外幣貸款的種類

(一)短期外幣融資

1. 進口短期外幣融資

(1) 進口信用狀外幣融資：外匯銀行受進口商的申請，開發信用狀，並先行墊付信用狀款項，再通知進口商辦理贖單的一種授信行為。這種授信業務雖係以進口貨物為擔保，但是由於信用狀乃單據的交易而非貨物的交易，如遇信用不良的出口商以偽劣貨物出口或偽造單據辦理押匯，均會影響開狀銀行的權益，因此在承辦此項業務時，應視進出口商的信用狀況、授信額度、貨物種類等因素，酌收保證金及（或）徵提擔保品。

(2) 進口託收周轉金外幣貸款：指定銀行對於廠商以D/P方式向國外採購貨物所辦理的貸款，以便進口商贖取跟單匯票。

2. 出口短期外幣融資

(1) 出口押匯外幣融資：指定銀行承作出口商憑信用狀辦理押匯業務，係由銀行先行墊付款項給出口商，因此也是一種出口授信業務。

(2) 出口託收周轉金外幣貸款：出口商以託收方式出口，在貨款收回之前，可向外匯銀行申請出口貸款，而以託收所得的款項償還貸款。

(二)中長期外幣融資

　　進口商以一年以上分期付款方式進口機器設備，以及出口商憑一年期以上的遠期信用狀辦理出口押匯，可向銀行辦理中長期外幣融資。

第六節　外幣擔保付款之保證業務

一、外幣擔保付款保證的意義

外匯銀行應顧客的申請向第三者所發出的一種文書，在該文書中，銀行承諾當申請人未能履行其與該第三者約定的義務時，該第三者可於規定的外幣金額內，出具一定形式的聲明書，向銀行兌取款項以為賠償。

二、銀行保證業務的性質

(一)銀行辦理的保證業務多是用以保證契約的履行、債務的清償或工程的完成等。

(二)在銀行保證下，銀行的付款義務為「一經請求即須付款」（to pay on first demand），既不得援用被保證人（即申請人）與保證受益人之間原始法律關係的抗辯，也不判斷、調查其爭執的是非曲直；換句話說，銀行並不涉入被保證人與保證受益人之間的爭執。這點與民法上的保證性質（保證人被要求代為履約時，必須先調查保證受益人與被保證人間的契約是否已履行，以致保證人往往被捲入爭執之中）不同。

由於銀行保證的使用是「一經請求即須付款」，且所需提示的單據非常簡單（通常只要求提示匯票與受益人聲明書），銀行拒付的機會很低，因此銀行承作此項業務需慎選顧客，並應將銀行保證的性質向顧客清楚說明，以免事後的無謂糾紛。

三、銀行保證的種類

銀行保證業務，依其保證目的之不同，可分為：

(一)投標保證（tender guarantee）

又稱為押標保證（bid bond），係銀行依循投標商的請求及指示，向招標商所發出的保證。銀行承諾於投標商開標前撤回報價、得標後拒絕簽約或拒絕繳交履約保證金時，招標商可憑銀行保證，在規定的外幣金額內，出具一定形式的聲明書，兌取款項以為賠償。

(二)履約保證（performance guarantee, performance bond）

銀行依循供應商或承攬人的請求及指示，向買方或定作人發出的保證。銀行承諾於供應商或承攬人不履約時，買方或定作人可憑銀行保證，在一定的外幣金額內，出具一定形式的聲明書，兌取款項以為賠償。

(三)預付款保證（advance guarantee）

又稱償還保證（repayment guarantee），在金額較大且期間較長的交易契約中，通常允許供應商或承攬人先行支領部分款項，為確保供應商或承攬人支領預付款後，仍確實履行契約，而要求提供的保證。

(四)借款保證（loan guarantee）

國內廠商向國外銀行借款時，本國外匯銀行依循國內廠商（借款人）的請求及指示，向國外銀行發出的保證。本國銀行承諾若借款人未能如期還本付息，國外銀行可憑銀行保證，在規定的外幣金額內，出具一定形式的聲明書，兌取其未收回的本息。

(五)分期付款保證（installment guarantee）

進口商以分期付款方式自國外進口機器設備時，本國銀行依循該進口商的請求及指示，向國外出口商發出的保證。銀行承諾若進口商未能如期匯付本息時，國外出口商可憑銀行保證，在規定的外幣金額內，出具一定形式的聲明書，兌取其未收回的本息。

(六)專戶記帳保證（open account guarantee）

進口商以專戶記帳方式（open account, O/A）進口貨物，由於係先交貨後付款，出口商為防止進口商未依約付款，要求進口商提供的保證。出口商收到這種銀行保證，只有在進口商未如期付款時，才能據以簽發匯票及聲明書向銀行求償，並非直接作為付款之用，也就是說，在未違約的情況下，進口商依據其與出口商的約定，係以專戶記帳方式交易，通常以電匯方式付款；若進口商未依約付款，出口商才能憑銀行簽發的保證向銀行請求付款。

(七)承兌匯票保證

進口商以D/A方式進口貨物時，本國銀行依循該進口商的請求及指示，向國外出口商發出的保證。銀行承諾若經進口商承兌的匯票到期遭拒付時，國外出口商可憑銀行保證，在規定的外幣金額內，出具一定形式的聲明書，請保證銀行代付。

(八)直接付款保證（direct pay guarantee）

上述各種保證係擔保契約的履行，屬於「備用」的性質（若契約雙方正常履約，則不會使用到銀行保證，只有在被保證人違反保證事項時，受益人才會要求銀行付款）。但是這種直接付款保證的性質不同，其主要用途是作為付款工具，例如：擔保企業發行債券或訂立債務契約時的到期支付本息義務，受益人於到期時直接向銀行請求支付

本金和利息，不論申請人到期是否違約；或是出口商交運貨物或提供勞務之後，直接向銀行請求支付貨款，而不是在進口商違約不付款時，才向保證銀行請求付款。這種直接付款保證已經突破了傳統的銀行保證的擔保性質。

四、銀行保證的方式

(一)開發銀行保證函（bank guarantee）

銀行以保證函的方式承作外幣保證業務，其簽發的保證承諾，並無特定名稱的限制，但一般均以「bank guarantee」的名稱簽發。

(二)開發擔保信用狀（standby L/C）

這種擔保信用狀與前述作為付款工具的跟單信用狀不同，其主要是擔保契約的履行，所要求提供的單據一般也僅有匯票與受益人聲明書。

五、中央銀行對本項業務的規定

(一)承作對象

以國內顧客為限。

(二)憑辦文件

外匯銀行應憑顧客提供之有外幣保證實際需求的證明文件辦理。

六、適用的國際規則

銀行承作外幣保證業務,除應遵守國內相關法規之外,也應遵循國際間關於銀行保證的相關規則或慣例,目前通行的有國際商會制定的「契約保證統一規則」(Uniform Rules for Contract Guarantee)、「請求即付保證統一規則」(Uniform Rules for Demand Guarantee, URDG)與「國際擔保函慣例」(International Standby Practice, ISP)。

第七節 衍生性外匯商品業務

依據「銀行業辦理外匯業務管理辦法」的規定,衍生性外匯商品業務,主要係指經營涉及外匯,而其價值由資產、利率、匯率、商品、股價、指數等,或其他相關產品所衍生之交易合約的交易、仲介、代理等業務行為。所謂交易合約,係指保證金的槓桿式契約、期貨、遠期契約、交換、選擇權或其他性質類似的契約。

一、指定用途信託資金投資國外有價證券業務

透過這項業務,廠商或個人可直接以外幣,或以新臺幣資金兌換成外幣資金,委託銀行投資國外有價證券,投資標的包括國外股票、債券、國外共同基金經理公司發行的受益憑證、基金股份或投資單位;同時該項投資的本金,得以受託銀行的名義,選擇辦理遠期外匯、換匯交易或期初期末皆交換本金的換匯換利交易,以規避匯率風險。

二、外幣衍生性金融商品業務

例如：外幣保證金交易、外幣遠期利率協議、店頭市場外匯選擇權交易、店頭市場外幣利率選擇權交易、換匯換利交易、利率交換等衍生性金融商品業務（詳請參閱第八章第二節），各外匯指定銀行應依以下規定辦理：

(一)「新臺幣與外幣間」遠期外匯業務

1. 以有實際外匯收支需要者為限，但同筆外匯收支需要不得重複簽約。

2. 與顧客訂約及交割時，均應查核其相關實際外匯收支需要之交易文件，或主管機關核准文件。

3. 期限：依實際外匯收支需要訂定。

4. 本項交易之展期應依當時市場匯率重訂展期價格，不得依原價格展期。

(二)「新臺幣與外幣間」換匯業務

1. 承作換匯交易時，於辦理即期外匯結匯或預售（預購）遠期外匯之同時，應即承作相等金額、不同方向之遠期外匯。

2. 承作對象：

國內法人——無須檢附文件。

國外法人及自然人——應查驗主管機關核准文件。

3. 本項交易之展期應依當時市場匯率重訂展期價格，不得依原價格展期。

(三)無本金交割新臺幣遠期外匯業務（NDF）

1. 承作對象以國內指定銀行及指定銀行本身之海外分行或總行為限。

2. 契約形式、內容及帳務處理應與遠期外匯業務（DF）有所區隔。

3. 承作本項交易不得展期、不得提前解約。

4. 到期結清時，一律採現金差價交割。

5. 不得以保證金交易（margin trading）槓桿方式處理。

6. 非經本行許可，不得與其他衍生性外匯商品、新臺幣存款、外匯存款或其他產品組合。

7. 無本金交割新臺幣遠期外匯交易，每筆金額在500萬美元以上之大額交易，應立即打電話告知央行外匯局。

(四)新臺幣匯率選擇權業務

1. 承作對象以國內外法人為限。

2. 到期履約時得以差額交割，亦得以總額交割，但應於契約中訂定。

3. 權利金及履約交割之幣別，得以所承作交易之外幣或新臺幣為之，但應於契約中訂定。

4. 僅得辦理陽春型（plain vanilla）選擇權。

習　　題

一、是非題

1. （　　）依UCP的規定，通知銀行於通知信用狀時，即表示其確信信用狀外觀之真實性。

2. （　　）銀行對信用狀的保兌，係依受益人的請求，並非依開狀銀行的請求。

3. （　　）L/H的效力為永久，並不需要每次押匯都簽訂。

4. （　　）開狀銀行可逕以受益人以保結方式辦理押匯為由拒付。

5. （　　）應收帳款收買業務乃外匯銀行進口外匯業務的一種。

6. （　　）擔保提貨係由進口商憑正本提單及銀行簽署的擔保提貨書向船公司辦理提貨。

7. （　　）拒絕證書的目的在證明執票人已經行使票據權利的必要行為，而未實現，作用在保全執票人向付款人或背書人行使追索的權利。

8. （　　）我國目前與貿易有關的外匯收支，其結匯完全自由，無限額規定。

9. （　　）中央銀行規定外幣貸款可兌換為新臺幣，但出口後的出口外幣貸款，不在此限。

10. （　　）在銀行保證下，銀行的付款義務為「一經請求即須付款」。

二、選擇題

1. （　　）保兌銀行通常多由：　(A)開狀銀行　(B)押匯銀行　(C)通知銀行　(D)償付銀行　擔任。

2. （　） 依UCP的規定，信用狀的修改不須何者同意？　(A)開狀銀行 (B)押匯銀行　(C)受益人　(D)保兌銀行。

3. （　） 以下有關factoring業務的敘述，何者有誤？　(A)為進口融資的一種　(B)經營factoring的金融機構稱為factor　(C)我國目前辦理的factoring係無追索權　(D)銀行須承擔進口商的信用風險。

4. （　） 以下何者不是屬於銀行的出口外匯業務？　(A)信用狀的通知 (B)信用狀的保兌　(C)信用狀的開發　(D)信用狀的押匯。

5. （　） 副提單背書係使用在何種場合？　(A)出口商將正本提單直接寄給進口商　(B)進口商將正本提單直接寄給開狀銀行　(C)出口商將正本提單直接寄給開狀銀行　(D)進口商將正本提單直接寄給出口商。

6. （　） 以下何種付款方式對出口商而言，風險最高？　(A)L/C (B)D/A　(C)D/P。

7. （　） 以下何者不是匯款的方式？　(A)D/D　(B)T/T　(C)D/P (D)M/T。

8. （　） 國際商會特別針對銀行擔保函證所制定的國際性規則為： (A)UCP　(B)URC　(C)ISP　(D)Incoterms。

9. （　） 依規定，凡每筆結匯金額達：　(A)新臺幣50萬　(B)美元50萬 (C)新臺幣500萬　(D)美元500萬　的結匯案件，應依規定申報。

10. （　） 中長期外幣融資係指期限在：　(A)一年　(B)二年　(C)三年 (D)五年　以上的融資。

三、填充題

1. 對押匯銀行而言，出口押匯乃銀行_____或_____信用狀下的單據，以資金協助_____的一種授信行為。

2. 依據我國目前的規定，外匯存款不得以＿＿＿＿及＿＿＿＿的方式辦理。

3. 跟單託收依交單條件的不同，分為＿＿＿＿及＿＿＿＿兩種。

4. 銀行辦理外幣保證的方式，多以下列兩種方式：(1)開發＿＿＿＿、(2)開發＿＿＿＿。

5. 匯入匯出款可以＿＿＿＿、＿＿＿＿或＿＿＿＿三種方式辦理。

四、解釋名詞

1. L/H

2. L/I

3. re-negotiation

4. factoring

5. traveler's check

五、問答題

1. 押匯單據有瑕疵時，押匯銀行的處理方式有哪些？

2. 擔保提貨及（副）提單背書使用在何種場合？兩者有何不同？

3. 銀行承辦的保證業務，與一般民法上所稱的保證，有何不同？

4. 銀行的外匯業務當中，有一種「買入光票」的業務，請略予說明。

10

外匯風險與管理

International Exchange

外匯風險（foreign exchange risk）係指因外匯交易而產生的風險。凡是在外匯市場參與交易的當事人，都會面臨外匯風險。不過由於不同的參與者進行外匯交易的目的不同、外匯交易方式的不同、對於風險偏好程度的不同、風險承擔能力的不同、外匯操作技巧的不同，以及各種避險方法的成本與效益的不同，因此參與者對於外匯風險的管理方式並不完全相同。本章主要是在說明外匯風險的種類，以及外匯市場的主要參與者——「外匯銀行」與「顧客」對於外匯風險的管理方法。

第一節　外匯風險的種類

一、匯率風險（foreign exchange rate risk）

　　匯率風險係指因外匯匯率變動所產生的風險。在各種外匯風險當中，匯率風險最為平常也最為重要，這是因為在當前的浮動匯率制度下，匯率是由外匯市場的供給需求所決定，而影響外匯供需的因素既多且複雜，因此匯率預測並不容易，尤其是心理因素很難掌握，而短期性投機資金的迅速移動，更使匯率變動的方向難以捉摸。

　　匯率風險包括以下三種：

(一)交易風險（transaction risk或transaction exposure）

　　交易風險係指在外匯交易的過程中，因匯率變動所導致的現金收支的變動。

例一 *Example*

出口商在USD：TWD的匯率為30時，與國外進口商簽訂一筆USD100,000的貿易契約，預計未來可收入TWD3,000,000。但是由於自簽約至履約需要一段時間，若當進口商付款時，USD：TWD的匯率變為28，則該出口商僅能收入TWD2,800,000，因為匯率的變動而產生收入減少TWD200,000的損失。

例二 *Example*

某銀行前一日進行外匯買賣時，由於買入USD的金額大於賣出USD的金額，因此持有USD10,000,000的長部位（前一日USD：TWD收盤匯率為30），如果今天USD：TWD的匯率變為28，則該銀行今天售出USD10,000,000僅能收進TWD280,000,000，因為匯率的變動而產生交易損失TWD20,000,000。

(二)折算風險（translation risk或translation exposure）

　　折算風險係指參與者所持有的各種以外幣計價的資產或負債（例如：外匯存款、外幣共同基金、外幣應收款、外幣應付款及外幣現鈔等），在未實際處分以前，可能因為編製會計報表的需要，須將這些以外幣計價的資產負債折算成本國幣來表示，在折算時，因適用的匯率與取得該資產負債時的匯率不同，所產生的帳面上的損失或利益。由於這種損失並未實際發生，只是帳面上的影響，因此折算風險又稱為會計風險（accounting risk）。

　　在例一中，如果該出口商的USD100,000出口所得並未兌換成TWD，則匯率的變動並未產生實際損益，有的只是帳面上的損益罷了。又在例二中，如果該銀行今天並未售出所持有的USD10,000,000，則匯率變動產生的也只是帳面上的損益而已，並無實際的損益。

(三)經濟風險（economic risk或economic exposure）

經濟風險係指因匯率變動所造成企業預期現金流量淨現值的改變；換句話說，就是因匯率變動，造成企業以本國通貨價值表示的未來獲利能力（例如：銷售數量、售價、營運成本）的改變，因此，經濟風險係將來的風險，影響企業的長遠利益。

對外匯市場的參與者而言，匯率風險的管理最重要的是控制匯率變動對其本身或投資的真實價值的減損，亦即會影響現金收支的交易風險，因此本章所討論的匯率風險主要係指交易風險。

事實上，匯率的變動並不一定會造成損失，對於持有外匯長部位的參與者而言，當外幣貶值時，固然會蒙受損失，但是當外幣升值時，則會有匯兌的收益；相反的，對於持有外匯短部位的參與者而言，當外幣升值時，會有匯兌的損失，當外幣貶值時，則會產生收益。由此可見，承擔匯率風險的結果是不確定的，有可能遭受損失，也有可能獲得收益。嫌惡風險的參與者，經常將匯率風險強調為「受損的可能性」；而偏好風險的參與者，則往往將匯率風險解釋為「獲利的機會」。

二、利率風險（interest rate risk）

利率風險係指參與者各筆外匯交易的到期日不一致，產生到期日缺口（maturity gap，或稱為期差部位），在這段期間因利率變動所產生的風險。

在自由的市場中，資金利率受到各種因素的影響，不但各個期別的利率有所不同，利率也經常變動，外匯市場的參與者在進行外匯買賣時，若各筆交易的到期日無法配合時，便會產生到期日缺口；若到期日結構發生缺口，便會面臨因兩種貨幣利率變動的風險。

例三 *Example*

某銀行於4月1日承作以下兩筆遠期外匯交易：

1. 買入三個月遠期USD1,000,000（賣出三個月遠期TWD）匯率32.50

2. 賣出六個月遠期USD1,000,000（買入六個月遠期TWD）匯率32.80

目前USD利率5%

　　TWD利率7%

該銀行承作的兩筆交易，一為買入USD1,000,000，一為賣出USD1,000,000，因此不會產生外匯部位，不會有匯率風險。

但是兩筆交易的到期日不同，一為7月1日，一為10月1日，該銀行於7月1日交割收進USD1,000,000，到10月1日才須付出，這段期間即為兩筆交易的到期日缺口，此缺口將使該銀行暴露於TWD利率上升或USD利率下跌的風險當中。

三、信用風險（credit risk）

信用風險係指外匯買賣契約的一方，不依約履行義務的風險。

例四 *Example*

甲乙兩銀行4月1日簽訂一筆一個月的遠期外匯契約，約定甲銀行應於5月1日以EUR1,500,000向乙銀行購入USD1,400,000，但是乙銀行由於某些原因不願於5月1日與甲銀行進行交割，致使該筆契約無法履行。

因為乙銀行不依約履行交割義務，致使甲銀行必須將多出的EUR1,500,000設法於市場拋售以軋平部位，若此時的即期匯率為0.85，則甲銀行將有損失USD125,000 (1,400,000 – 1,500,000×0.85 = 125,000)。

例五 *Example*

例四中，由於甲乙兩銀行的所在地位於不同的時區，當甲銀行於到期日已支付EUR1,500,000給乙銀行後，乙銀行因故無法依約交付USD1,400,000，則甲銀行將因而損失EUR1,500,000（百分之百的損失）。

四、流動性風險（liquidity risk）

流動性風險係指因參與者外匯交易的現金收支不平衡，產生現金收支缺口，其無法獲得所須的資金，以彌平現金收支缺口的風險。

例六　*Example*

甲銀行於4月1日向乙銀行買入一筆即期USD1,000,000，又向丙銀行賣出一筆即期USD1,000,000。4月3日當甲銀行與乙銀行辦理交割收進USD1,000,000時，丙銀行發生變故宣布倒閉，無法依約辦理交割。此時，甲銀行原先預計的USD1,000,000現金支出無法付出，致產生現金收支缺口。甲銀行為彌平此缺口，必須在市場拋售這筆USD資金，甲銀行是否能順利拋售這筆資金的風險，即為流動性風險。

例七　*Example*

某投機者預期兩個月後USD將會貶值，於是賣出兩個月的遠期USD，待兩個月後USD貶值時，再買入等額的即期USD，將兩筆交易抵銷以賺取差價。但若兩個月後由於某些原因（例如：市場投機風氣過盛，中央銀行宣布暫時關閉市場，或市場出現惜售情況，只有需求，沒有供給），不易在市場上購得即期USD，此時即有流動性風險。

例八　*Example*

某銀行於一日內，承作以下四筆外匯交易：

1. 買入三個月遠期USD4,000,000。
2. 買入即期USD3,000,000。
3. 賣出三個月遠期USD5,000,000。
4. 賣出即期USD2,000,000。

在上述四筆交易中，該銀行合計買入USD7,000,000，賣出USD7,000,000，

因此USD部位維持平衡。但是交易類別不平衡，即期交易有買超 USD1,000,000，遠期交易有賣超USD1,000,000，在即期交易的交割日，該銀 行持有USD1,000,000的現金，三個月後，該銀行又須籌措USD1,000,000的資 金以應交割需要，這種現金收支不平衡的情形，將使該銀行遭受流動性風險。

五、國家風險（country risk）

國家風險係指外匯交易的對方，因其所在國家政治情況發生變化 或法令規章有所變動，導致無法履行契約的風險。國家風險又稱為政 治風險（political risk）。

例九 *Example*

甲銀行與國外同業乙銀行簽訂一筆一個月遠期外匯交易，約定一個月後甲銀行 應支付EUR1,500,000向乙購入USD1,400,000，如果到期日前乙銀行所在國家 政府突然禁止外匯的流出，使得該筆外匯買賣無法如期履行，甲銀行因而產生 持有EUR1,500,000開放部位的風險。

六、管理風險（management risk）

管理風險係指參與者因內部作業疏忽，或人員舞弊所產生的風 險。例如：銀行的外匯交易員因疏忽將匯率報價錯誤，或忘記登錄交 易，使外匯部位發生錯誤，或將匯出款誤以為是匯入款，使外匯資金 流向發生錯誤，或接受賄賂而以較不利於銀行的匯率承作買賣，或利 用外匯買賣謀取個人私利，或是以作業上的方式來掩飾其發生的交易 錯誤等。以上這些行為，不論是有意或無意，都可能使銀行遭受損 失。

第二節　外匯風險的管理

一、匯率風險的管理

(一)外匯銀行對匯率風險的管理

外匯銀行在一營業日當中，進行各種不同幣別的外匯買賣，難免會有某些外幣出現買超（即持有外幣的長部位），某些外幣出現賣超（即持有外幣的短部位）的現象。當銀行持有外幣的未軋平開放部位時，就會面臨匯率變動的風險。為控制這種風險，外匯銀行通常採取以下各種管理措施：

1.訂定各種幣別的當日持有限額（daylight limit）

外匯銀行依外匯交易員的各項條件（例如：其交易經驗、績效等），分別訂定每位外匯交易員在當日營業時間，內對各種外幣的最大淨部位，交易員必須受限於當日限額去進行買賣。

2.訂定各種幣別的隔夜持有限額（overnight limit）

隔夜持有限額即可持有至下一營業日，而無須當天軋平的額度，這項未軋平的部位至下一營業日，即須計入當日持有限額內。隔夜持有限額也是依不同的交易員、不同的幣別，分別訂定。

一般而言，當日持有限額通常大於隔夜持有限額，主要原因是為因應顧客交易的需要。而外匯銀行對於不同的外幣，除了依其匯率風險的高低，訂定不同的當日持有限額及隔夜持有限額之外，還會依該外幣未來匯率的可能變動方向，訂定不同的買超限額及賣超限額，例如：對於有貶值趨勢的外幣，其訂定的買超限額會小於賣超限額。

3.訂定以美元表示的總限額（overall limit）

銀行對每一種幣別除訂有當日持有限額及隔夜持有限額之外，另

訂定以美元表示的總限額。所有交易的外幣均應將其淨部位以匯率折算美元，合併之後總部位不得超過該限額。

4. 訂定各種幣別的停損限額（stop loss limit）

銀行為避免市場發生驟變導致無可彌補的損失，對每一種幣別均訂有損失的最大容忍限額。雖然交易員每日的當日持有淨部位及隔夜持有淨部位均符合銀行的內部規定，但是當匯率走勢判斷錯誤且其未實現損失已達到停損限額時，應立即降低所持有的部位或軋平所持有的部位，以防止損失擴大。

(二)貿易商對匯率風險的管理

貿易商的匯率風險係因國際貿易而附帶產生的，因此除非風險很低或避險成本很高，否則，貿易商原則上應採取避險措施，以確定成本與利潤。貿易商規避匯率風險的方法有以下幾種：

1. 設定內部匯率

即在對外報價時，即將匯率風險因素考慮在內，亦即將可能產生的匯率損失包含在價格中，將風險轉嫁出去。

2. 訂定匯率條款

即在貿易契約中，議定匯率計算的水準或範圍，未來匯率的變動若脫離此水準或範圍，則風險由對方承擔。

3. 利用遠期外匯交易、外匯期貨交易或外匯選擇權交易規避風險

有關這些避險操作方法，請參閱本書第五、六章。

4. 外幣存款或借款

例如：以「即期對沖」的方式避險（有關即期對沖，請參閱第五章），或以factoring（應收帳款收買業務）、forfaiting（中長期應收票據收買業務）等出口融資的方式，將匯率風險轉嫁給經辦的銀行。

5. 改變付款方式

若預期外幣將貶值時，出口商可與進口商約定改採預付貨款等提前（leading）付款的方式；相反的，進口商可要求國外出口商改採延

後（lagging）付款的方式。

6. 調整價格

當出口商因為外幣貶值而有損失時，可與國外進口商商議酌予調高售價；反之，當進口商因外幣升值而有損失時，可要求出口商降低售價。

7. 分散貿易市場

貿易商的國外市場若集中於某一地區，容易因為該國貨幣的漲跌而有過高的風險。若能分散市場，採用不同的貨幣交易，可將風險分散或抵銷。

8. 兼營進出口

由於匯率的變動若對出口商不利（有利），則對進口商有利（不利），因此專營出口或進口的廠商，其所面臨的風險自然較大。若專營出口者可改為兼營進口，或專營進口者改為兼營出口，則匯率變動風險可以相互抵銷。

9. 強化企業體質

貿易商應致力提升產品品質及層次、降低生產成本、提高生產效率，以強化自身的體質，提高對匯率風險的承受能力。

10. 改採本國幣交易

以本國幣交易可完全避免匯率風險，但必須在本國廠商居於優勢地位，且本國幣為國際性通貨的情況下，才有採用的可能。

11. 投保匯率變動保險

各國官方金融或保險機構多有承辦輸出保險，匯率變動保險即為輸出保險的一種，貿易商可投保此項保險，將匯率風險轉嫁給承保機構。

理論上，規避匯率風險的方法有很多，但實務上，並非每一種方法都是可行或都會奏效，貿易商應視情況選用，必要時，還應將各種方法彈性調整，甚至各種方法互相搭配，混合運用。

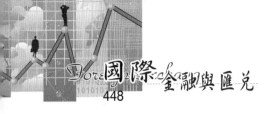

(三)外匯投資人對匯率風險的管理

匯率風險是外匯投資人一定要承擔的風險，因爲只要投資人持有外匯部位，在當前的浮動匯率制度下，就一定會面臨匯率風險。由於投資人的目的是在匯率變動中賺取差價，因此並不需要刻意規避匯率風險（這點與貿易商不同），但是要管理匯率風險，亦即不冒無謂的風險。一般而言，外匯投資人對匯率風險管理的原則有以下幾項：

1. 設定停損點

匯率風險的大小，全視匯率變動幅度的大小而定，因此潛在的可能損失，幾乎無法事先測知，尤其匯率是二十四小時都在波動，投資人不可能時時注視著行情的變化。爲防止損失過度擴大，投資人應預設停損點。停損點的設定方式，是在買進或賣出某種外幣時，預先設定某一價位，當匯率走勢與預期相反，而達到該設定價位時，立即認賠出場，以免損失繼續擴大。

例十 Example

某一投資人預期USD將對TWD升值，在USD：TWD匯率為30時買進USD100,000，該投資人對此項投資的可容忍最大損失為TWD200,000，因此設定停損點為28[100,000×(30 － 28) ＝ 200,000]。當USD不升反貶，至28的價位時，該投資人即將USD拋售，認賠了結，以免損失擴大。

而停損點設定得恰當與否，關係到投資的盈虧甚大，設得好，盈多虧少，長久下來獲利可觀；設得不好，總是被停損出場，虧多盈少，長久下來必鎩羽而歸。一般而言，投資人多以下列方式設定停損點：

(1) 以自己所能忍受的最大損失爲停損點。

(2) 以重大心理價位爲停損點。

(3) 以技術分析的壓力區或支撐區作爲停損點。

2. 不冒不必要的風險

匯率的變動，有些是可以預知的，有些則是無法預知的。前者例如：重大財經會議期間、重要經濟指標公布前夕、重大政治事件期間等，這些都可能造成匯率的大波動，但波動方向則不得而知；後者則是一些突發性的事件。後者的風險是無可避免的，但是前者的風險卻是可以不必承擔的，因此，在這些已預知發生事件的前夕，最好先退場觀望，否則萬一匯率的波動出乎意料，損失將十分可觀。

3. 分散風險

投資人應遵守重要的投資法則：「不要把全部的雞蛋放在同一個籃子裡」，應將資金分散投資在不同的標的上，以免風險過度集中。此外，對同一種投資標的，也應該將投資金額分成數等分，分段投入。例如：在某種外幣進入低價區之後，即陸續承接，開始時買進金額較小，等到價位回降時，酌量加碼買進，如此即可降低平均持有成本，減少風險。

二、利率風險的管理

(一)外匯銀行對利率的管理

利率風險和匯率風險一樣，是風險，也是獲利的機會。雖然銀行從事外匯交易的目的除服務顧客外，也為賺取交易的利潤，但銀行多不願從事風險過高的投機性交易，因此對於利率風險，也都會儘可能設法降低。銀行管理利率風險的方法常見的有：

1. 訂定各種幣別到期日缺口部位的限額

利率風險係源於外匯交易的到期日缺口，為有效控制及管理利率風險，外匯銀行大多會對各種幣別設定交易到期日缺口部位的限額。

2. 換匯交易

對於在限額以內的未軋平部位，外匯銀行通常是以換匯交易來消

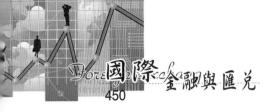

除利率風險。

例十二 Example

某銀行在今天承作以下兩筆交易：

1. 買入即期USD1,000,000，賣出即期CHF1,600,000。

2. 賣出三個月遠期USD1,000,000，買入三個月遠期CHF1,620,000。

由於兩筆交易的USD部位軋平，故無匯率風險；但是到期日不平衡，有到期日缺口，故有利率風險。為消除利率風險，該銀行可利用一筆「sell and buy，即期對三個月遠期，USD對CHF」的換匯交易，將即期買入的USD1,000,000賣出，並將賣出的三個月遠期USD1,000,000買入，以彌平到期日缺口，如此，不但不會有匯率風險，同時也消除了利率風險。

不過實際上，由於外匯銀行每日承作的外匯交易筆數甚多，每筆交易的到期日都可能不同；同時，由於銀行外匯帳上不斷有新的外匯交易成交，到期日結構隨時都會改變。因此銀行除了對較大金額的買賣到期日缺口，特別以如上例的「逐筆換匯」方式處理外，在利率無大波動的情形下，大多係以「逐日換匯」的方式來消除利率風險。

(二)顧客對利率風險的管理

由於顧客外匯操作策略的不同，所承受的利率風險也有不同，因此對利率風險的管理也就不同。

1. 短線操作者

如果顧客進行外匯交易係以短線操作為主，持有外匯的期間通常不超過一個星期（甚至更短），那麼他通常不會對利率風險進行避險措施，因為利率很少在一夕之間出現重大變化，所以短線操作者的利率風險並不高。

2. 中長期投資者

如果顧客持有外匯部位經常超過一個月以上，則多會進行利率風

險管理。

某投資人擬持有USD資金三個月,為增加利息收入,以三個月定期存款(固定利率)的方式存入銀行,若存入之後,USD的利率:

1. 下跌 ⇒ 可避免利率下跌的損失。

2. 上漲 ⇒ 雖無法獲得利率上漲的好處,但USD利率上漲,通常USD也會升值,所以仍有匯兌的收益。

三、信用風險的管理

(一)銀行對信用風險的管理

1. 依交易對手信用狀況訂定適當的授信交易額度

外匯銀行應審慎評估交易對手的信用狀況,並依據徵信結果分別訂定與其進行外匯交易的總額度,同時定期複審此額度是否繼續適用。

2. 訂定外匯交易對手的每日交割限額

由於「到期日違約的風險」(如例五)比「到期日前違約的風險」(如例四)高,因此銀行也應訂定交易對手的每日交割限額,以免交易過分集中於某一交易對手,並減少到期日違約的高風險。

(二)顧客對信用風險的管理

顧客在從事店頭市場的外匯交易(例如:即期、遠期、換匯或保證金交易等)時,應慎選合法且信用可靠的金融機構;至於集中市場的外匯交易(例如:外匯期貨交易及外匯選擇權交易等),雖不必承擔交易對手的信用風險,但仍有可能因為經紀商係非法營業,或經紀

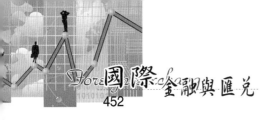

商信用不良欺騙客戶等情況而產生損失，所以顧客也應慎選合法且信用良好的經紀商。

四、流動性風險的管理

(一)銀行對流動性風險的管理

1. 對於因交易對手不履行契約義務所導致的流動性風險，銀行多以嚴格的信用風險管理及控制來降低或規避。

2. 訂定投機性交易的限額，並制定承作投機性交易的操作規則。

3. 訂定每日承作外匯交易的資金流進及流出總額及差額的上限。

(二)顧客對流動性風險的管理

由於顧客比較不可能一日之內進行多筆的外匯交易，因此在正常情況下其所面臨的流動性風險很低。尤其就投資者的立場來看，大多數的外匯金融商品，例如：外幣存款、共同基金、期貨及選擇權等的流動性風險都極低，所以並不需要特別採取流動性風險的規避措施。只有在遇到匯率有大幅波動，多空消息雜陳、交易情況紊亂時，拋空的人可能有借不到該外幣來進行交割，或必須以極高利率來取得該外幣的流動性風險，因此投資人應避免長期投資在市場一面倒拋空的外幣，以規避這種流動性風險。

五、國家風險的管理

(一)銀行對國家風險的管理

1. 由於與政經情勢不穩定或外匯管制較嚴格的國家的業者往來,較易發生國家風險,因此銀行應儘量避免與這類國家的業者進行交易。

2. 依據各國信用評等的等級,訂立與該國交易的最高限額。

3. 隨時留意各國政治、經濟、社會情勢及外匯法令的變化,俾適時採取應變措施。

(二)顧客對國家風險的管理

1. 避免投資政經濟情勢不穩定或外匯管制較嚴格的國家的通貨。

2. 隨時注意國際政經情勢的變化。

六、管理風險的管理

(一)銀行對管理風險的管理

1. 遴選適任的外匯交易員

應遴選素質高、操守佳並守紀律的人員,從事外匯交易或交割控管的工作,以減少作業上的錯誤或舞弊。

2. 加強內部稽核督導的能力

例如:制定外匯交易手冊,規定外匯交易業務作業程序,作為外匯交易人員的操作準則,並當作內部稽查考核的規範。

3. 提升交易系統電腦自動化的功能,並設置外匯交易電話錄音存證設備,以減少錯誤、提高效率,同時避免不必要的糾紛。

(二)顧客對管理風險的管理

　　為防止在緊張的外匯交易過程中，可能出現的作業上的錯誤，顧客應在交易完成之後，立即和交易對象就金額、幣別、買或賣、到期日等細節再確認一次。

習　題

一、是非題

1. （　） 凡是在外匯市場參與交易的當事人，都會面臨外匯風險。

2. （　） 匯率風險中的經濟風險，係指因匯率變動所產生的帳面上的損失或利益。

3. （　） 折算風險係指因參與者外匯交易的現金收支不平衡，產生現金收支缺口，其無法獲得所須的資金，以彌平現金收支缺口的風險。

4. （　） 銀行對每位外匯交易員所訂定的當日持有限額，通常大於隔夜持有限額。

5. （　） 若預期本國幣將貶值時，出口商可與進口商約定改採預付貨款等提前付款的方式，以規避匯率風險。

6. （　） 貿易商以本國幣交易，可完全避免匯率風險。

7. （　） 換匯交易可用以規避利率風險。

8. （　） 短線操作的外匯投資人所面臨的利率風險很高。

9. （　） 「到期日違約」的信用風險，比「到期日前違約」的信用風險高。

10. （　） 投資人在集中市場進行外匯選擇權交易或外匯期貨交易所面臨的交易對手，信用風險很低。

二、選擇題

1. （　） 在各種外匯風險中，　(A)匯率風險　(B)利率風險　(C)流動性風險　(D)國家風險　最為平常也最為重要。

2. （　）在各種匯率風險中，何者會對現金收支產生影響？　(A)經濟風險　(B)折算風險　(C)交易風險。

3. （　）(A)管理風險　(B)流動性風險　(C)信用風險　(D)國家風險係指外匯買賣的一方，不依約履行義務的風險。

4. （　）國家風險又稱為：　(A)戰爭風險　(B)經濟風險　(C)運送風險　(D)政治風險。

5. （　）以下何者不是外匯銀行對匯率風險的管理方法？　(A)訂定各種幣別的當日持有限額　(B)訂定各種幣別到期日缺口部位的限額　(C)訂定各種幣別的隔夜持有限額　(D)訂定各種幣別的停損限額。

6. （　）當預期本國幣將貶值時，進口商可採取何種避險措施？　(A)與出口商商議延後付款　(B)預售遠期外匯　(C)以factoring方式將風險轉嫁給銀行　(D)與出口商商議酌予調高售價。

7. （　）以下何者不是外匯投資人避免外匯風險的方法？　(A)不冒不必要的風險　(B)慎選合法且信用可靠的金融機構　(C)事先設定停損點　(D)不要將全部的雞蛋放在不同的籃子裡。

8. （　）以下何者最需要採取匯率風險的規避措施？　(A)貿易商　(B)外匯投資人　(C)外匯投機者　(D)外匯銀行。

9. （　）以下何者不是外匯風險中的管理風險？　(A)交易人員舞弊　(B)外匯交易人員操作上的錯誤　(C)外匯交易人員對匯率預測的錯誤　(D)外匯交易人員利用買賣謀個人私利。

10. （　）有關外匯「長部位」的敘述，何者正確？　(A)即有外匯的賣超　(B)會因外匯升值而有損失　(C)係外匯開放部位的一種　(D)會產生到期日缺口。

三、填充題

1. 匯率風險包含_____、_____及_____三種風險。

2. 嫌惡風險的參與者，經常將匯率風險強調為＿＿＿＿；而偏好風險的參
　　與者，則往往將匯率風險解釋為＿＿＿＿。

3. 國家風險係指外匯交易的對方，因其所在國家＿＿＿＿情況發生變化或
　　＿＿＿＿有所變動，致無法履約的風險。

4. 外匯銀行對利率風險的管理方法常見的有：(1)訂定各種幣別＿＿＿＿
　　缺口部位的限額、(2)利用＿＿＿＿交易。

5. 管理風險係指參與者因＿＿＿＿或＿＿＿＿所產生的風險。

四、解釋名詞

1. economic risk
2. maturity gap
3. overnight limit
4. stop loss limit
5. open position

五、問答題

1. 為什麼說匯率的變動是一種風險，也是一種機會？
2. 貿易商規避匯率變動風險的方法，有哪些？
3. 某銀行於一日內，承作以下五筆外匯交易：
   (1) 買入即期USD1,000,000
   (2) 賣出一個月遠期USD2,000,000
   (3) 賣出即期USD3,000,000
   (4) 買入三個月遠期USD500,000
   (5) 買入兩個月遠期USD1,000,000
   該銀行將因此面臨什麼風險？
4. 某銀行在一日內，承作以下兩筆交易：

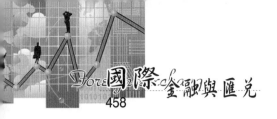

(1) 買入即期USD2,000,000，賣出即期TWD60,000,000

(2) 賣出一個月遠期USD2,000,000，買入一個月遠期TWD60,200,000

該銀行是否將因而有匯率風險或利率風險？應如何規避該項風險？

5. 何謂「到期日違約」的信用風險？「到期日前違約」的信用風險？試各舉一例說明。

國家圖書館出版品預行編目資料

國際金融與匯兌／張錦源,康蕙芬著. --
十四版. -- 臺北市：五南圖書出版股份有
限公司, 2021.04
　　面；　公分.
ISBN 978-986-522-598-8（平裝）

1.國際金融　2.匯兌　3.外匯

561.8　　　　　　　　　110004064

1M65

國際金融與匯兌

作　　者 — 張錦源、康蕙芬

發 行 人 — 楊榮川

總 經 理 — 楊士清

總 編 輯 — 楊秀麗

主　　編 — 侯家嵐

責任編輯 — 鄭乃甄

文字校對 — 許宸瑞

封面設計 — 姚孝慈

出 版 者 — 五南圖書出版股份有限公司

地　　址：106台北市大安區和平東路二段339號4樓

電　　話：(02)2705-5066　　傳　　真：(02)2706-6100

網　　址：https://www.wunan.com.tw

電子郵件：wunan@wunan.com.tw

劃撥帳號：01068953

戶　　名：五南圖書出版股份有限公司

法律顧問　林勝安律師事務所　林勝安律師

出版日期　1998年 5 月初版一刷
　　　　　1999年 8 月二版一刷
　　　　　2005年 3 月五版一刷
　　　　　2007年10月六版一刷
　　　　　2008年 7 月七版一刷
　　　　　2009年10月八版一刷
　　　　　2011年 3 月九版一刷
　　　　　2012年 9 月十版一刷
　　　　　2013年10月十一版一刷
　　　　　2015年10月十二版一刷
　　　　　2017年 9 月十三版一刷
　　　　　2021年 4 月十四版一刷

定　　價　新臺幣560元

經典永恆・名著常在

五十週年的獻禮 —— 經典名著文庫

五南，五十年了，半個世紀，人生旅程的一大半，走過來了。

思索著，邁向百年的未來歷程，能為知識界、文化學術界作些什麼？

在速食文化的生態下，有什麼值得讓人雋永品味的？

歷代經典・當今名著，經過時間的洗禮，千錘百鍊，流傳至今，光芒耀人；

不僅使我們能領悟前人的智慧，同時也增深加廣我們思考的深度與視野。

我們決心投入巨資，有計畫的系統梳選，成立「經典名著文庫」，

希望收入古今中外思想性的、充滿睿智與獨見的經典、名著。

這是一項理想性的、永續性的巨大出版工程。

不在意讀者的眾寡，只考慮它的學術價值，力求完整展現先哲思想的軌跡；

為知識界開啟一片智慧之窗，營造一座百花綻放的世界文明公園，

任君遨遊、取菁吸蜜、嘉惠學子！